7

Jul.

Feminism

李银河

著

女性主义

江苏凤凰文艺出版社
JIANGSU PHOENIX LITERATURE AND
ART PUBLISHING

图书在版编目（CIP）数据

女性主义 / 李银河著. -- 南京 ：江苏凤凰文艺出版社，2021.12（2023.4重印）
ISBN 978-7-5594-6015-8

Ⅰ．①女… Ⅱ．①李… Ⅲ．①女权运动－文集 Ⅳ.①D440-53

中国版本图书馆CIP数据核字(2021)第237984号

女性主义

李银河 著

责任编辑　张　倩
封面设计　@刘哲_NewJoy
出版发行　江苏凤凰文艺出版社
　　　　　南京市中央路165号，邮编：210009
网　　址　http://www.jswenyi.com
印　　刷　三河市中晟雅豪印务有限公司
开　　本　787mm×1092mm　1/32
印　　张　9.5
字　　数　240千字
版　　次　2021年12月第1版
印　　次　2023年4月第6次印刷
书　　号　ISBN 978-7-5594-6015-8
定　　价　55.00元

争取两性平等，
是希望两性关系变得更为和谐，更少冲突，
是希望世界变得更加美好。

目　录

第三章　　　**不同流派的女性主义**

新版序言

这是一本于 2003 年首次出版的书，由不同的出版社再版过三四次，这个最新版本已经是在初版的近 20 年之后。20 年间，中国和世界都发生了翻天覆地的变化，中国的变化尤其剧烈。女性主义这个词在 20 年间，从默默无闻到充满争议，到现在已经成了显学，成为社会学研究的一个中心议题，也是中国人社会生活中绕不开的一个重要思潮。

前不久，有一位粉丝众多的女主播，因为马上就要生孩子，兴奋之余将即将出生的孩子称为"小小胡"（她丈夫的姓），万万没想到这个无心之举引起了一场围绕女性主义的大辩论：孩子到底应当随父姓还是随母姓？让孩子随父姓是不是迎合父权？是不是屈从于男权的传统习俗？主张女性主义的人是不是就必须让孩子随母姓？各种观点唇枪舌剑，激烈交锋。这场风波说明，女性主义的思想和男女平权的观念已经渗透到人们日常生活的各个角落，使得人们对年深日久的性别秩序发出了质疑的声音：孩子为什么一定要随父姓？家务为什么一定要由女人来做？习俗和传统为什么要求男主女从、男尊女卑？这种性别秩序是如何形成的？我们应当如何看待它？这种性别秩序要不要去改变？能不能被改变？随着中国社会中两性地位的变迁，这些问题已经被提上了议事日程。

　　这本书之所以被一版再版，就是社会变迁一再遇到女性主义议题的反映。本书为人们提供了有关女性主义的基本知识，其中包括女性主义理论、女性主义运动、女性主义流派、女性主义论争以及女性主义之后的种种思潮。希望人们能够通过这本书对女性主义有一个大致的了解，对女性主义在各种社会问题中的不同观点和主张有一个大致的了解，从这一丰富、生动、深刻的思想流派中既获得理论视野的开拓和提升，又获得解决现实问题的观点和方法，使每个人能够在观察社会的时候增加一个女性主义的视角，从而更加深刻、更加透彻地理解这个世界上发生的一切。

李银河于 2021 年 12 月底

男女平等将走向何方

　　中国人争取男女平等走过一段曲折的道路。几千年来，说中国基本上是一个男权至上的社会是没有什么大错的。男性是第一性，女性是第二性，这是一个基本的事实。当然，与西方的情形相比，我们还是具有一些文化特色的。比如，母亲在中国家庭中的地位往往比西方家庭中要高一些，但是这并没有改变女性处于劣等地位这一基本事实。

　　共产党革命的胜利极大地改善了女性的社会地位，其中有多方面的原因，最主要的当然是大多数妇女参加社会劳动。在改革前的几十年间，性别是一个被忽略的因素。强调男女平等的基调是"时代不同了，男女都一样"。以致在这种社会环境中长大的新一代女性有一种忽略，甚至是掩盖自己的"女性气质"的倾向。在改革后，中国在性别问题上的风气为之一变，很多女性和男性又重新发现了所谓"女性气质"，很多人心向往之，沉浸在重新获得"做女人"权利的快乐之中，化妆品业和时装业的飞速发展就是这种变化的证据，这种变化的极端形式是"专职太太"群体的出现。

04

对于中国改革之后的妇女地位问题，西方女性主义有各不相同的看法，例如伊万斯（Harriet Evans）指出：中国自 1978 年以来，把家庭重新变成经济、社会和道德的重心，重新强调一夫一妻制关系，为女性的家内角色增加荣誉感。因此，正当妇女应当获得更多自由之时，正当她们应当参加更多家庭之外的活动之时，却被告知：家庭才是她们基本的社会责任所在。

我想，这种印象主要来自农村的家庭承包生产责任制；这个问题应分城、乡两个方面来看：在城市，并不存在妇女回到家庭去的问题，虽然有人提出这一建议，但是受到女界的强烈反对，目前并没有实施的可能性——尽管女性就业遇到种种困难。在 1979 年至 1988 年的十年间，城镇妇女就业增长率一直高于男性，年平均增长率为 4.9%，比全国职工队伍的年平均增长率高出 1.27 个百分点。在城市，1982 年至 1990 年间，在金融、文教、广播电视、卫生、体育、社会福利、商饮供储、机关团体等行业中，女职工人数增长速度分别超过男性 21 至 78 个百分点。

在农村，家庭取代生产队重新成为生产单位是事实，但这一点对妇女究竟有什么样的影响并不是一目了然的。首先，即使在集体生产时，农民的生活基本单位也始终是家庭，这一点在改革前后没什么变化；其次，以家庭为单位的生产并不完全意味着妇女回到家庭去做家务，妇女还在参加多种多样的生产劳动，如养殖业的绝大多数劳动者是妇女，有许多养殖专业户是以妇女为主的，许多妇女为家庭挣来的收入甚至超过从事农业劳动的男子；再次，不少地方男人外出打工，妇女成为农业劳动的主要劳动力；最后，还有不少妇女流向沿海地区和城市，投入新兴的喜招女工的乡镇企业和三资企业。例如：据统计，在周边各省农村流向珠江三角洲的打工者中，女工占到约六成。这些情况都是被海外研究者所忽略的。在 21 世纪，中国妇女会更活跃地参加家庭外的生产活动，妇女在家庭中的地位也会因此而有所提高。

　　在 21 世纪，世界家庭的发展趋势将进一步多元化，它具体表现为家庭结构进一步核心化，家庭规模进一步小型化，独身者增加，同居者增加，离婚率增高，无孩家庭和单亲家庭增加，等等。妇女家务劳动负担将会有所降低，原因主要有三个：一是家务劳动社会化的比重会有所提高，如托幼事业的发展、家庭劳务服务业的发展、快餐外卖业的发展、洗衣业的发展等；二是小型家电将进一步普及，减轻家务劳动强度，缩短劳动时间；三是男子分担家务的比例会有所上升，从而降低妇女家务劳动负担。

　　总之，无论从世界范围看还是从中国的情况看，妇女在家庭中的地位在 21 世纪将会有所提高。妇女的生活领域将进一步扩大——从以家庭为主到私人与公共领域并重。全世界妇女地位的提高将会使两性关系变得更为和谐，更少冲突，也将会使世界变得更加美好。

李银河

第一章

女性主义
到底在说什么

女性主义的理论千头万绪，归根结底就是一
句话：在全人类实现男女平等。

一、女性主义理论

女性主义的理论千头万绪，归根结底就是一句话：**在全人类实现男女平等**。综观女性主义的理论，有些激烈如火，有些平静如水，有些主张做决死抗争，有些认可退让妥协，但是所有的女性主义理论都有一个基本的前提，那就是：女性在全世界范围内是一个受压迫、受歧视的等级，即女性主义思想泰斗波伏娃（Simone de Beauvoir）所说的"第二性"。

女性的第二性地位是如此普遍，如此持久。在这样一个跨历史、跨文化的普遍存在的社会结构当中，女性在政治、经济、文化、思想、认知、观念、伦理等各个领域都处于与男性不平等的地位，即使在家庭这样的私人领域中，女性也处于与男性不平等的地位。男权制思想认为，这种男尊女卑的性别秩序不仅是普遍存在的，而且是不会改变的，因为它是自然形成的；而女性主义却认为，这一性别秩序既不是普遍存在的，也不是永不改变的，因为它并不是"自然形成"的，而是由社会和文化人为建构起来的。

性别秩序是如何建立的？
男权制思想 ⟶ 自然形成
女性主义 ⟶ 人为建构

在不同的年代和不同的文化当中，男性也受压迫，但是他们是由于属于某个阶级或阶层的成员而受压迫，而不是由于是男性而受压迫。女性则不同，除了属于某个阶级或阶层等原因之外，还仅仅因为身为女性而受压迫。由男性铸造的社会将女性视为低下的：她们只能通过挑战和改变男性的高等地位的途径来改变自身的低下地位。历史上有许多向统治集团挑战的革命，但是只有女性主义是向男权制本身挑战的。

女性主义理论可以划分为宏观理论和微观理论两大类。

女性主义宏观理论包括一些对世界和历史加以阐释的宏大叙事，如世界体系理论。这一理论原本只是将世界区分为中心地域、半边缘地域和边缘地域，分析这些地域之间的权力关系，完全忽略了女性主义的因素。但是经过女性主义的改造，增加了一些新的理论要点，其中包括不再把女性仅仅作为男性家长家庭的一个成员；不再认为家庭成员的利益总是一致的；分析女性独立的经济贡献，女性在全球经济中作为非正式劳动力、家庭工人、食品生产者的角色。

再如马克思主义的理论。女性主义循着马克思主义的思路，并对它做了女性主义的改造。一个最主要的改造是提出了下列论点：男权制是先于资本主义制度就存在的，因此推翻资本主义只是结束男性对女性压迫的必要条件，而不是充分条件。

女性主义的微观理论也是门类繁多，不胜枚举。在此试举几例：

交换理论。这一理论指出，理性的人一向被假定为自私的、相互隔离的、无情感的行为者，而女性主义理论则做出了另一种假设，它假设人是相互联结的、利他的、有情感的。女性主义还用交换理论解释男女两性之间的不平等：男性占有了份额较女性大得多的政治、经济、文化和知识资源。

网络理论。女性主义用这一理论分析性别差异与性别不平等。一个人的社会地位是他的社会关系的总和。男女两性由于从儿时起结识的人就不同，后来的关系网络也不同，因此造成了两性发展机会的巨大差异。

角色理论。这一理论涉及女性的家庭与工作的双重角色冲突问题。这两种角色一旦发生冲突，女性的工作角色往往要服从家庭角色，女性因此丧失了大量的工作和升迁的机会，致使女性做事业的动力降低。女性比较集中的职业由于缺勤率高、精力投入少，因此变得价值较低，报酬也较低。

地位期望理论。这一理论认为，男女两性在进入性别混合的目标动力群体时，由于群体对男性的期望值高于女性，就降低了女性在群体互动中的自信心、威望和权力。如果某位女性想反潮流而动，群体内的两性都会反对她，敌视她。在这种情况下，性别期望模式得到了巩固。

符号互动理论。这一理论认为，人的心灵、自我和社会都是通过符号交流和话语制造出来的。正如标签理论所揭示的那样，女性往往在社会教化的过程中接受了社会对男尊女卑的定义，于是遇事常常会自责，取悦和讨好男性以避免惩罚，久而久之就造成了两性之间的巨大差别。

新弗洛伊德理论。这一理论认为，儿童大多由女性抚养，无论男孩女孩在开始时爱慕的对象都是女性，因此男孩要成熟起来就必须否定母亲，女孩却不必否定母亲，结果是女孩在成为女人之后，更关注人际关系和养育性；男孩在成为男人之后，更关注个人，拒绝情感表达，总想通过在社会上的成功来证明自己的价值，并且导致了男性在公领域的统治和仇女倾向。男女两性发展出不同的道德和理性模式，男性强调抽象原则，女性则更加关注具体情况。[1]

在女性主义思想史中，被列为女性主义奠基作品的共有七部： [2]

第一部是彼森（Christine de Pizan）的《女性之城》（*The Book of the City of Ladies*），1405 年出版。该书反对仇女观点，反对关于女性的"天然"低劣性的观点。彼森专门讨论了历史和神话中所记载的那些出色女性的"天然"优越性。她的观点虽然有一点本质主义的味道，但是质疑了当时所谓的"客观真理"。

第二部是沃斯通克拉夫特（Mary Wollstonecraft）的《为女权辩护》（一译为《女权辩护》）（*A Vindication of the Rights of Woman*），1792

年出版。她的哲学源自法国革命，是对女性作为理性人类主体的权利的经典论述。她指出，虽然女性很温柔，缺乏抱负，有女气的狡黠，但是性别气质的区分是人为的，不是自然的。女性应当服从正义，而不是慈善，应当对自己的生活负责。她对将女性排除在教育之外和否定女性理性能力的社会后果进行了有力的批判。

第三部是伍尔夫（Virginia Woolf）的《一间自己的房间》（*A Room of One's Own*），1929 年出版。她的著作倡导女性文学在经济和艺术上的独立性，女性写作的差异性和记录一般女性生活的必要性。

第四部是波伏娃的《第二性》（*The Second Sex*），1949 年出版。作者从黑格尔的主人奴隶论述开始，分析了女性是男性的"他者"的处境。作为一个象征：女性是"他者"，母亲也是"他者"。该书还考察了生理学、历史和心理分析方面与女性有关的论述。在这部著作中，波伏娃提出了那句脍炙人口的名言："一个人并不是生而为女性而是变成女性的。"

第五部是弗里丹（Betty Friedan）的《女性的奥秘》（*The Feminine Mystique*），1963 年出版。它虽然不是一部理论著作，但是它描绘了 20世纪 50 年代美国女性对家庭主妇角色的不满，批判了文化人类学和社会学中保守的结构主义，表达了当时女性要解放、要自由的强烈愿望。从政治角度看，该书作者是一位保守的改革派，而不是激进派。

第六部是米利特（Kate Millett）的《性政治》（*Sexual Politics*），1970 年在美国出版，1972 年在英国出版。该书批判了性别之间的不平等关系，以文学批评为主。米利特在书中指出：军事、工业、技术、教育（主要是大学）、科学、政府机构、金融——简言之，社会的所有权力、领导位置，包括有强制力量的警察的职位，全部都被掌握在男性手中。基督教神学，古希腊哲学（柏拉图、亚里士多德），以及弗洛伊德心理学，全都是男权制的产物。

第七部是格里尔（Germaine Greer）的《女太监》（*The Female Eunuch*），1970 年在英国出版，1971 年在美国出版。该书指出，在男权社会中，每个女人都像太监一样被去势，以便获得女性气质，而强大的独立的女性气质才是全人类的革命性的未来。

社会学对"女性问题"的关注是 20 世纪 60 年代女权运动的产物，在弗里丹的《女性的奥秘》与米利特的《性政治》出版后，才真正进入了社会学的研究领域。其实，一般社会学一向会把对女性问题的研究包括在内，只不过性别问题一直处于边缘地位，直到 20 世纪 60 年代才开始进入主流。在 60 年代和 70 年代热闹的女性研究之后，女性研究转向了性别研究。

从对女性地位的总体看法上，女性主义的一个重要观点是：女性的地位是衡量一个民族文明程度的最好尺度[3]。马克思主义也认为：女性解放的程度是社会解放程度的天然尺度。在这个意义上说，女性的历史性的失败不只是女性的失败，也是男性的失败。虽然在两性关系中，男性地位高，女性地位低，但是男女两性都丧失了在平等的人际关系中生活的机会。在某些部族文化中，"自由"一词的本意是"回娘家"。由此逆推，在婆家就是失去自由的。等级和统治的观念占领了男性的头脑，导致了大规模的战争，逼迫式的进贡，普遍的卖淫和通奸，以致整个人类和所有的社会都丧失了平等和睦相处的可能性。

人类为什么一定要追求性别平等？历史上有相当大比例的被压迫群体成员是满意的、不抱怨的，例如一些奴隶是安于奴隶生活的。美国一个种植园发生过这样的事情：奴隶主决定给奴隶自由，但是奴隶集体请愿保留自己的奴隶身份。中国也有性质类似的事情发生：改革开放后，在结束了普遍的贫穷状态，一部分男性又有了供养妻子的能力之后，有一批职业女性自愿回家做专职太太。按照这两个事例的逻辑，平等似乎并不是人们普遍要求的和不可或缺的。那么人类为什么要追求性别平等呢？原因很简单：就像有一些奴隶不愿做奴隶一样，有一些女人不愿意忍受与男人不平等的关系。至于她们为什么不愿意忍受，原因是多种多样的：有些人认为，不平等会压抑下等人的潜能，使上等人腐败；有些人是因为不愿意在利益上处于不利地位；还有些人仅仅因为不喜欢不平等的感觉，认为它是对人格尊严的伤害。

社会物质条件和生产关系的改变已经使性别不平等成为不必要的、过时的制度和观念。因此，出现了对传统社会性别观念和男权制的批判。性别平等是一个无人能够阻挡的大趋势。所有想扭转这个趋势的人都显得愚昧可笑，而且势单力薄。

二、男权制的定义

到目前为止，全世界大多数文化都形成了男权制，并持续了数千年之久，只有少数例外，例子有人类学家米德所研究的一些岛国和蔡华研究的我国云南省的摩梭文化。因此，可以断言，男权制是一个跨文化的现象。

尽管女性主义理论千差万别，但是在一点上保持高度一致，那就是：男权制既不是"自然"的，也不是永恒的，它有人为建构的成分，而且是可以改变的。其实，在最近 100 年间，它已经发生了很大的变化。而这一改变与女性主义理论家、实践家的努力有关，是风起云涌的女性运动的直接后果。

男权制在西方学术话语中被称为父权制（patriarchy），原因大约在于从词根上讲男权制与父系的（patrilineal）、男性家长（patriarch）同源，相对于母系的（matrilineal）、女性家长（matriarch），表示一种男性占据统治地位的两性不平等的制度。但是从众多的关于父权制的定义来看，父权制与男权制完全重叠，应当可以通假，视为同义词。

下面我们看一组关于男权制（父权制）的定义：

——男权制就是将男性身体和生活模式视为正式和理想的社会组织形式。[4]

——这是一个系统的、结构化的、不公正的男性统治女性的制度。男权制包括这样一些制度（如政策、实践、地位、机构、角色和期望）和行为，它们为男性授予特权（较高的身份、价值和特权）。这些制度和行为构成了性别主义的概念框架，后者反过来维护前者，将前者合理化。男权制的核心是对男性特权和权力的维护并将其合理化。[5]

——长期以来最令人惊异的一个事实是，作为女性的对立面，男性的活动总是被当作绝对重要的，文化体系对男性的角色和活动赋予了绝对的权威和价值。[6]

——男权制：一个社会由男性统治，是认同男性的、男性中心的，这个社会的关键因素之一是压迫女性。[7]

——男权制（父权制）又称"男性中心主义"（androcentrism）。所谓"男性中心"是指：注意的中心在于男性及其活动。[8]

概括地说，男权制包括以下内容：

第一，男性统治。在一个社会中，无论在政治、经济、法律、宗教、教育、军事等领域，还是在家庭领域中，所有权威的位置都保留给男性。用男性的标准评价女性，而不是相反。例如，想象一下在报纸上出现对总统的这样一句评价：我想知道他是否能够像女性那样做个好总统。所有人都会觉得匪夷所思，根本没有人会这样说话。与此同时，在报纸上对一位女性总统竞选人做这样的评价——我想知道她是否能够像男性那样做个好总统——却显得那么"自然而然"，司空见惯。这就表明，男尊女卑已经是一个深入人心

16

的既定事实，人们在日常生活中甚至感觉不到它的存在，直到你把一个常见的陈述中的男性换成女性，才能发现日常生活逻辑的触目惊心的荒谬。

男权制强调男性统治的自然基础，认为男女的差别是自然的，因此男性的统治也是自然的。男权制是一个控制女性的性别结构。男性对资源的控制限制了女性的选择。

第二，男性认同。核心文化观念关于什么是好的、值得向往的、值得追求的或正常的，总是同男性和男性气质理想联系在一起的。例如，用"男人"的"他"代表两性都在内的人类；男人在前台，女人是背景，使女性边缘化，把女性变为规范之外的人和例外；在男主外女主内的前提下，把挣钱的工作当作劳动和事业，不挣钱的家务不视为劳动和事业。

男权社会对男性气质和理想男人的文化描绘与整个社会的核心价值十分接近，如下列特征：有控制权，强大有力，有效率，有竞争性，有强迫性，爱拿主意，有理性，能自立自足，能控制情感等。女性气质、理想女性同男性气质、理想男性相比则是次等的。当然，女性的价值也不是完全被否定的，女性的美丽被视为男性性欲的对象，许多文化将女性浪漫化，尤其是将母性浪漫化。

第三，将女性客体化。在男性事务和交易中将女性用作客体。限制和阻碍女性的创造力。不让女性接触社会知识和文化成就的很多领域。[9]男权制社会的特征中有：否定女性的性；将男性的性强加于女性；统治和剥削女性的劳动力，控制其产品；控制两性共同生育的孩子；肉体上限制女性，阻止女性的活动。社会上常见的文化意识形态和信息总是将女性摆在次等的地位，贬低女性的角色，女性的工作、产品和社会环境均低于男性。各类传媒中的符号设计暗含对女性的贬低。社会结构安排从社会最高权力机制上排斥女性。

第四，男权制的思维模式。其中包括两分思维，即非此即彼的思考方式，将所有的事物分为黑白两极，忽略中间状态。例如，阳刚与阴柔、主体与客体、浅肤色与深肤色、理智与感情、心灵与肉体、善与恶。线性思维：时间和历史都依线性前进，忽略了循环。等级思维：忽略了只是不同没有高低之分的事物。[10]崇尚直线发展型模式：认为现在永远优于过去。由于社会的进化和选择自有规律，如果采取社会行动、革命或改变社会秩序的行动，就会打断进化进程，导致社会的不平衡。[11]

为什么现代社会仍然存在性别歧视？主要原因在于性别歧视深种于文化之中，这一文化已有数千年的历史。

《圣经·创世记》这样写男人和女人："上帝用从男人身上取出的肋骨造了女人，把她领到男人面前。亚当说，这是我的骨中骨，肉中肉；要把她叫作女人，因为她是从男人身上取出来的。"（2:22-23）由于女人犯了吃智慧之果的原罪，上帝对女人说："我必多多加增你怀胎的苦楚，你生产儿女必多受苦楚。你必恋慕你丈夫，你丈夫必管辖你。"（3:16）让一个性别"管辖"另一个性别，这样的不公平，既没有像样的理由，也没有什么事实的依据，显得如此蛮横霸道。

基督教认为，女性是不洁之物。德尔图主教说："女人，为了使你不要忘记，你是使人类走向灭亡的东西，你要常常双眼含着忏悔的泪，用乞求的目光，愁眉苦脸，衣衫褴褛地度日。女人！你该进地狱之门！"他又说道："哪怕人类灭亡，也必须选择独身之路。"[12]如果说男尊女卑的观点还仅仅是当时社会现实的反映，那么这位主教的言论简直就是仇女和相当刻毒的了。作为一个以爱心为本的宗教，能够对人类中的一半有如此的怨毒，真让人感到匪夷所思。

古罗马法中有这样的条文："女人由于心性轻浮，即使长大成人也要有人监护。"（《十二铜表法》）直到现代，人们仍然常常把女性和儿童联系在一起，根源原来在这里。

伊斯兰教也是重男轻女的，它主张："男人掌管女人，因为真主把他们中的一个造得比另一个更好，因为男人用财产供养女人。所以好女人是驯服的。"（《古兰经》）

柏拉图是轻视女性的人，他说过：一个男人可能会因为胆怯或不正经，下辈子被罚做女人。在《理想国》一书中，他未来的统治者、导师不应接近女人、奴隶和下等人。他认为女人贪婪、野心勃勃，会贬抑她的后代和丈夫。虽然柏拉图说过，"从照看公共财产的角度看，女人与男人的人性是一样的"，因此女人可以作公共财产的监护人，但他仍然认为，具有这种天赋的女人少于男人，"女人在各个方面都是弱者"。公元前4世纪的《律法》一书中记载着他的话："女人天生的道德潜能劣于男人，因此她相应地就是个更大的危险，也许要比男人危险一倍。"

亚里士多德的生理学认为，男性高于女性，女性是男性有缺陷的、发展不完备的形态。他说："男人天生高贵，女人天生低贱；男人统治，女人被统治。""男人是主动的，他很活跃，在政治、商业和文化中有创造性。男性塑造社会和世界。在另一方面，女人是被动的。她天性就是待在家中的。她是等待着活跃的男性原则塑造的物质。当然，在任何尺度上，活跃的成分总是地位更高、更神圣。因此男人在生殖中起主要作用，而女人只是他的种子的被动孵化器。" [13]

卢梭攻击所有的社会不公正，但忽略了其中一项：男女的不平等。在《爱弥尔》中，他写道："男人和女人是为对方而存在的，然而他们的相互依赖性是不平等的。没有女人，男人仍然存在；没有了男人，女人的存在便有问题。女人依靠男人的感觉而活，依靠男人对她们的奖赏而活，依靠男人对她们的吸引力、对她们的美德所设定的价值而活。女人一生的教育都应该依照和男人的相对关系而计划，女人要取悦男人，要贡献给男人，要赢得男人的爱和尊重，要哺育男人，要照顾男人，要安慰、劝慰男人，并要使男人的生活甜蜜且愉悦。"[14] 卢梭大言不惭的男权制观点使他成为女性主义的最佳批判目标。女性主义对卢梭的挑战不仅指向他对女性不公正的忽视，还有他对男女差异充满偏见的描述。

叔本华的思想深邃、睿智，但是在他所有那些充满智慧的言论中，男权制的观念和论述是一大败笔。他说："女人本身是幼稚而不成熟的，她们轻佻琐碎、缺乏远见；简言之，她们永远不会成熟，只能是大孩子——是介于儿童与成年人之间的一种中间体。"他反对女性拥有财产，他甚至将法国大革命的起因归咎于宫廷女人的腐败。"女人从本性上来说意味着服从，对于这一点，我们可以把它看作这样一个事实，即每一位处于完全独立的非自然位置上的女人都要直接依附于某个男人，使自己接受他的统治和支配。这是因为她需要一位丈夫和主人。"[15]

尼采说："所有衰退的、病态的、腐败的文化都会有一种'女性'的味道。"[16] 这是一种阴茎中心主义文化的论点，极其不公正。

社会学创始人孔德认为，女人的制度性低于男人。

斯宾塞的进化论和有机体论关于女性的看法强调平衡，认为男主外女主内是最好的制度安排，女人扮演好妻子母亲的角色，男人挣钱养家，就达到了社会的平衡。

康德是在女性主义那里口碑最坏的哲学家，主要是因为他的厌女倾向和他对身体的轻视。例如他说："女性的天性完全由自然需要来定义，缺乏主见。由于这些弱点，女人需要男人的保护。由于恐惧和胆怯，女人不适宜做学术工作。"他有一次甚至说过这样无理的话："女学者的学问就像一块表，只是为了向他人展示炫耀，实际上是停摆的，显示不了时间。"他说："女人的哲学不是理性，只是感觉而已。"他还说："只有女人想做男人，没有男人想做女人。"[17] 由于这些言论和观点，康德成为女性主义主要的攻击对象。

康德强调理性和客观性，将"人"等同于男性模式，仅仅在与男性的关系中定义女性，强调妻子对丈夫的服从，排斥女性的智力与政治权利，被认为是性别主义在哲学领域中的典型表现。在关于客观性和理性的辩论中，所谓理性完全是一副男性的面孔。女性主义挑战启蒙理性、普适性和道德共识的原因就在这里。

但是也有人认为，从生态主义的视角来看，康德把女性与自然连在一起具有正面的意义。它为女性在生态问题上占据优势地位提供了理论依据。

黑格尔认为："女人担任政府首脑时，国家就立即陷入危险，因为她们不是靠普遍标准来办事，而是凭一时之见和偏好来行事。"[18] 他认为，公共领域的非个人化的互动是由家庭中个人化的互动来补偿的。他的这些观点被女性主义批评为"性别的情感劳动分工"——由女性补偿男性在公共领域的艰辛。对于黑格尔，女性主义的批判角度主要在于将女性限制在家庭领域，将家庭领域的活动和道德等同于女性的活动和道德。"黑格尔是女性的掘墓人。"[19] 而他所掘的这个墓就是"家庭"，或"私人领域"。女性主义反对将这种"男主外女主内"的劳动分工永恒化、自然化，主张高度评价女性在公共领域的作用。

女性主义认为，即使是为社会底层的工人阶级说话的马克思主义也没有完全摆脱男权制思维的羁绊，认为马克思主义只把生产无生命的物品当作劳动，而没有将养育孩子视为劳动。在"家庭中的自然劳动分工"问题上，"马克思主义理论没有为劳动的性别分工提供令人满意的历史解释。"[20] 在马克思主义那里，性别没有成为统治的特殊形式、独立的社会组织原则，这一点直到法兰克福学派的新马克思主义兴起时才有所改观。"工作"概念的性别盲点在马克思主义之后的当代经济理论中继续存在。女性在劳动力市场上仍旧被赋予较小的价值，得到较少的报酬。

存在主义与现象学是最多关注女性主义的哲学，反对抽象、理性，强调具体的"活的经验"，包括身体和情感经验。但所谓"人的存在"往往还是"男性存在"。在存在主义现象学中，海德格尔或多或少受到女性主义的青睐，因为他反对两分思维，提出过大量的女性主义命题。即使如此，他在其篇幅巨大的著述中也从未提及女性主义。

梅洛·庞蒂特别关注女性主义，认为人的经验是"身体—主体"，心照不宣的、感官的、感觉的知识先于明确的、有意识的知识，人的身体不是自然形成的机体，而是由"历史的观念"建构而成。身体，特别是性，是经由历史和文化塑造而成的。性不是孤立的生命动力，不是自然的禀赋。这些思想十分深刻。可惜他的男性异性恋视角将女性的身体放在观淫的男性凝视对象的位置上，将女性的身体自然化了。[21]

萨特的《存在与虚无》是高度性别主义（sexism）的，有人说这是偶然的，但有人认为是必然的。他的"为其自身的存在"是主动的、自由的、升华的男性的存在；他的"在其自身的存在"是内在的、被动的、害怕自由的女性存在。

总而言之，当所有的男权制思想家、理论家为男性统治女性的历史、现实、制度和思想辩护时，他们说的是：是上帝或是自然迫使女性服从男性的。他们通过赋予男性某些品质（理性、逻辑、智力、灵魂），赋予女性另外一些品质（混乱的情感、无法控制的性欲等），将女性边缘化。男权制的逻辑并不直接说女性什么，而是用委婉的话去掩饰真正的含义，当它想维护既存制度促使女性屈从于男性时，所使用的却是诸如"保护家庭"一类的口号。

在当今社会，男权制思想精英不敢再公开说女性是天生的二等公民，关于有某一类人生而低人一等的话语在 21 世纪的话语中没有合法性。但是，性别歧视的话语和观念还远远没有退出公共话语的舞台。男女平等的事业还将经历一个漫长而艰苦的跋涉过程。

三、同与异的问题

在西方女性主义思想史中，差异是一个最充满争议，也是最重要的概念。关于在性别关系中争取平等与保持差异的论争是女性主义理论的一个中心问题。到底女性应当争取同男性平等还是保持差异？同与异的问题因此成为女性主义理论论争中引起最多关注的问题。

概括地说，在这个问题上有五种立场：

（1）男女相异——男尊女卑，男权制，父权制

（2）男女相同——男女平等，社会主义女性主义

（3）男女相异——男女平等，自由主义女性主义

（4）男女相异——女尊男卑，文化女性主义和激进女性主义

（5）男女混合——男女界限不清因此难分高低，后现代女性主义

这五种立场虽然是并存的，但是它们又是基本上按时间顺序兴起与衰落的。传统的性别观念主张男强女弱，男尊女卑，男主女从，男主外女主内，强调男女的区别和差异，并以此作为性别不平等的基础。现代的性别观念不强调男女差异，提出"男女都一样"，批判男性气质和女性气质的刻板印象。随后发生了否定之否定，女性主义又重新强调男女差别，但是更激进、极端者为女性气质赋予前所未有的价值，发掘各种"女尊男卑"的文化、伦理和

道德理念。最后，后现代的性别观念主张弱化两性的界限，以量的差异代替质的两分。

在性别异同问题上的第一种立场是传统的男权制思想，它认为男女两性当然不同而且是天差地别，男尊女卑是再自然不过的正常秩序。这种思想观念已经盛行了几千年，是不公正、不正义的，又是十分陈旧过时的。

在过去的数千年间，这种思想观念与当时的社会现实互为因果，相辅相成，就连许多优秀的思想家也不能免俗。如前文所引，许多以智慧、深刻著称的思想家都有男尊女卑的看法。有时我想，对前人不应过分苛责，对他们的预见能力也不能抱太高的期望。当时的社会现实是女人终生待在私领域中，她们在公领域中行动的能力完全无法显现。如果要求一个属于既得利益群体的成员能够意识到边缘群体的利益和要求，那是奢望。前面引述的许多大思想家在性别问题上令人遗憾的浅薄看法，其实只是当时世人的一般看法而已，我们只能说它不高明，但是并不特别令人鄙夷。倒是在 21 世纪世事大变、女性生存状况大变之后还坚持此种立场的人，才真正不可救药。

性别异同问题上的第二种立场是早期女性主义的观点，认为男女两性没有什么差异，因此要争取男女平等。

女性运动第一波时（19 世纪），女性主义认为：男女在本质上没有不同，由于教育等后天原因才分出了等级。因为男女原本无差异，所以男女才应当平等。波伏娃就是从理性角度否认差异的。

男女无差异的思想最早出现于 1588 年，启蒙思想家蒙田（Michel de Montaigne）指出："我认为男性和女性是同一个模型制造出来的。如果不看教育和风俗，两性的区别不大。" [22]

持这一立场的女性主义者即使承认男女两性有差异，也一定要强调两性的相似点超过相异点。"男人女人当然不同。但他们的不同并不像白天与黑夜、天与地、阴与阳、生与死那么不同。事实上，从自然的观点来看，男人和女人比他们同其他许多事物都更接近——比如大山、袋鼠或可可树。那种认为男人女人之间的差别大于他们与其他事物差别的观点必定不符合自然……相互排斥的性别认同所反映出来的远远不是自然的区别，而是对自然相似性的压制。它要求这种压制，所使用的标准是男人根据'男性'特征的地方版本，女人根据'女性'特征的地方定义。性别的分工具有压制每个人的个性特征某些方面的作用，无论男人还是女人。"[23]

在性别问题上，从认为男女不同，到主张男女相同，再到强调差异的否定之否定，最早是由法国女性主义者提出来的。20 世纪 70 年代中期，后结构主义女性主义反对波伏娃的观点，强调差异，强调不要用男性的标准要求自己。伊丽加莱（Luce Irigaray）强调把政治的重心从回应式批判改变为肯定正面的与男性价值相对立的价值，在主张男女平等的前提之下强调男女之间的差异。直接的原因是，她们认为此前的女性主义已经丢掉了女性的特征。

米利特也持这种观点，她说："男性和女性确实属于两种文化。"[24]

这种观点既反对夸大差异，也反对缩小差异。它提出要同时反对两种偏差：阿尔法偏差是指夸大差异，认为男女有对立的相互不包容的品质和特征；贝塔偏差是指忽视、缩小差异，只看男性特征。[25]

在中国，此种观点的典型表达是这样的："女性解放历程中，关于女人有了许多新的说法，比如说'男女都一样'，站在男性优势的角度力图抬举女人。还有当今风靡西学界的'后现代'，在'反本质主义'的旗帜下坚决否认男女两性之间'质'的差异，也是为了更彻底地解放女性——但，无论你在政治上在理论上怎样操作，男女其实仍然不同。至少在今天乃至相当长一段时间内，天生就有的'生理'差异和不可更改的'历史'差距仍然主导着男女两性不尽相同的'集体命运'，男男女女仍然难以逃脱。""在反对生物决定论的意义上，我赞同波伏娃的立场，但并不认为这些生物学上的性别差异于女人的社会存在'毫无意义'。不错，它不能证明女人'不如'男人，但它确定使得女人'不同'于男人。"[26] 这种观点既不赞成男女相同的看法，也不赞成抹杀男女界限的看法，既主张男女平等，又坚持承认差异。

第四种观点比较激进和极端，它强调男女两性的差异，并且认为在这种区别中女性属于比较高明的一方。例如：从伦理道德方面看，女性就高于男性，女性的自我牺牲、母性和关怀伦理高于男性的自我中心、残忍、看重攻击性和竞争性的道德标准。吉利根在其名著《不同的声音》中提出，过去的伦理只关注正义和权利，贬低关爱与责任，剥夺了女性的独立性，否定了女性气质的优越性。

这种观点又被批评为颠倒过来的生理决定论。它不仅承认两性的基本区别，并且赞美它，使之纳入女性主义的政治议程。例如，赞美诸如和平、关爱、养育性一类的女性特征，贬低以攻击性、好战性、毁灭性为典型的男性特征。19世纪的女性达尔文主义者甘博(Eliza Gamble)赞美"地球母亲""大地女神"，反达尔文之道而行之，主张女性在本质上高于男性。无独有偶，有为男同性恋者辩护的学者认为，男同性恋者比异性恋男性优越，因为他们的敏感度较强，具有更多的艺术创造性、更发达的情感发展。

艾格说："强调男女区别，这一区别是女性最可喜的解放。她们不必再参与男性的世界，而可以超越男性的世界。男性被剥夺了非线性的想象力。"[27]

强调两性差异的做法在女性主义运动中具有明显的策略动机。女性主义运动中形成了两个策略派别：差异最小化和差异最大化。例如，在争取投票权时，前者强调女性像男性的方面较多，不像男性的方面较少，因此应当像男性一样拥有投票权；而后者则强调女性的特长，比如哺育性和道德感强，因此应当拥有选举权。在 20 世纪 60 至 70 年代，差异最小化的一派占上风；80 年代以后，差异最大化一派占了上风。[28]

20 世纪 90 年代，一种新的思潮在女性主义运动中崛起，它从根本上反对两分的思维模式，认为两性的界限其实是模糊不清的，并且主张进一步混淆两性之间的界限。对性别问题的这种看法受到后现代思潮和多元文化论的影响。

这种观点认为，过去人们心中的差异总是分上下等级的，总是两分的。这是一种应当批判和否定的思维方式。这种理论主张：同中有异，异中有同。与过去两分世界的对立政治不同，这种立场主张差异政治：人有各种差异，但是不一定是对立和截然两分的状况，而是一个以黑白为两极的充满各种间色的色谱样系统。在他们眼中，性别问题不再是简单的两极分化，而被视为一个复杂的、多侧面的、动态的体系。

后现代的本体论否定本体性的传统模式，力图克服心灵身体两分模式，主张身体是可变的，不是天生和永恒不变。它甚至反对女性主义早期提出的对生理性别和社会性别的经典区分，反对那种一向占据统治地位的普遍看法：生理性别是自然的、生理的、肉体的，社会性别是政治的、文化的。他们认为，就连生理性别也是经由社会建构而成的。

在同与异的问题上，强调差异曾是法西斯主义把人分出等级的基础，差异实际上就是"不如"。生理决定论和本质主义的一个基本观点就是，一些人比另一些人低级。同异问题上的两难来自现实生活的需求：在现实生活中，否定差异是不对的，因为男女两性的需求是有差异的，需要不同的对待。这主要表现在生育、哺养孩子方面的差异。但是如果承认两性差别，似乎又为男女不平等的现状找到了依据。

银河说 如何看待性别异同问题

　　在我看来，性别的异同问题其实可以按照一个简单的原则来处理：

　　争取两性政治权利上的平等，但是承认并保持其他方面的差异。将性别问题上的立场区分为战略和策略两个层面：在短期的策略层面上，强调男女两性的同一性，以争取现实生活之中两性的平等权利；在长期的战略层面上，消解男性与女性的性别身份，保留个人的差异，为丰富多彩的个性的实现创造充分的条件。

28

引文注释

[1] Chafetz, J.S. (ed.) *Handbook of the Sociology of Gender*. Kluwer Academic/ Plenum Publishers, 1999.

[2] Amico, E. B. (ed.) *Reader's Guide to Women's Studies.* Fitzroy Dearborn Publishers.Chicago and London.1998.

[3] 倍倍尔著，葛斯，朱霞译. 妇女与社会主义 [M]. 北京: 中央编译出版社，1995.

[4] Battersby, C.*The Pheonmenal Woman*. Feminist Metaphysis and the Patterns of Identity Polity Press, 1998.

[5] Hatfield, S.B.*Gender and Environment*. Routledge, London and New York, 2000.

[6] Lugo, A. and Maurer, B. (ed.) *Gender Matters*. Rereading Mechelle Z. Rosaldo, The University of Michican Press, Ann Arbor, 2000.

[7] Johnson, A. G. *The Gender Knot, Unraveling Our Patriarchal Legacy.* Temple University Press, Philadelphia, 1997.

[8] 同上条

[9] Jackson, S.and Scott, S.*Feminism and Sexuality.* A Reader, Columbia University Press, 1996.

[10] 斯坦能著，罗勒译. 内在革命. 内蒙古人民出版社，1998.

[11] Ollenburger.J. C and Moore, H. A. *A Sociology of Women, The Interscction of Patriarchy, Capitalism and Colonization*. Prentice Hall, 1998.

[12] 转引自第 3 条

[13] 史蒂布编，蒋显璟主译 . 女人语录. 中国社会科学出版社 / 光明日报出版社，2001.

[14] 沃特金斯著，朱侃如译. 女性主义. 广州出版社，1998.

[15] 叔本华著，范进，柯锦华，秦典华，孟庆时等译. 叔本华论说文集，商务印书馆，1999.

[16] 转引自 Braidotti, R. Nomadic Subjects, *Embodiment and Sexual Defference*

in contemporary Feminist Theory. Columbia University Press, New York, 1994.

［17］转引自 Jaggar, A. M.and Young, I. M. *A Comparision to Feminist Philosophy*. Blasckwell Publishers, 1998.

［18］见 13 条

［19］见 17 条

［20］见上条

［21］见上条

［22］Blakemore, C.and Iversen, S. (ed.) *Gender and Society Oxford* University Press. New York, 2000.

［23］Glover, D. and Kaplan, C. *Genders*. Routledge, London and New York, 2000.

［24］转引自第 22 条

［25］Herrmann, A. C. and Stewart. A. *Theorizing Feminism, Parallel trends in the Humanities and Social Sciences*. Westview Press, 2001.

［26］李小江. 解读女人. 江苏人民出版社, 1999.

［27］Agger, B. *Gender, Culture, and Power, Toward a Feminist Postmodern Critical Theory*. Pareger, Westport, Connecticut, London, 1993.

［28］Ben, S. L. *The Lenses of Gender, Transforming the Debare on Sexual Inequality*. Yale Universiry Press, New Haven and London, 1993.

第二章

历史上的
女性主义运动

什么是女性主义运动的主要目标？最简单的定义是：女性主义运动是向传统劳动分工方式的挑战。

两个世纪以来，世界经历了两次女性主义运动的高潮。女性主义运动的第一次浪潮（以下或简称"第一波"）发生在 19 世纪下半叶到 20 世纪初；女性主义运动的第二次浪潮（以下或简称"第二波"）是在 20 世纪的 60 至 70 年代。

什么是女性主义运动的主要目标？最简单的定义是：女性主义运动是向传统劳动分工方式的挑战。原有的劳动分工让男性得以控制所有的公共领域——工作、运动、战争、政府，同时使女性成为家庭中没有报酬的奴工，承担整个家庭生活的重担。女性要求享有人的完整权利，向男性（所有男人为一个族群）和女性（所有女人为另一族群）之间的不平等关系挑战，向所有造成女性无自主性、附属性和屈居次要地位的权力结构、法律和习俗挑战。[1]

一、女性主义运动的第一次浪潮

1．运动的兴起

早在大规模的女性运动出现之前，西方社会中就有一些零星的女性主义思想和代表人物出现。在欧洲，有人已追溯到中世纪。据说从 15 世纪开始，已经可以听到一些女性的声音。据西方学者考证，全世界第一位女性主义者是前文提到过的法国的彼森（1364—1430 年）。

在 17 世纪，英国的艾斯泰尔（Mary Astell）成为那个时代最激进也是最系统的女性主义者。她的行动被誉为英国第一次稍具规模的女性主义抗争。这次抗争的形成原因是，英国当时处于资本主义发展的初级阶段，工厂里出现了女工，社会的性别劳动分工（男主外女主内）发生了变化。艾斯泰尔提出的一些主要观点是：第一，女人虽然要服从丈夫，但并不一定要承认他高于自己；第二，对男权的服从不可以延伸到单身女人身上；第三，受过教育的女人应当避免家庭奴役，也就是避免结婚；第四，女人的生活目标不应当只是一味追求美貌以便吸引到一个男人同自己结婚，而应当注重改进自己的灵魂；最后，她提出应当建立女性自己的社区，过一种摆脱了男人的生活。此外她还指出，男女有同等的理性能力，两性应当受到同等的教育，以便在社会生活中运用其智慧。[2]

在欧洲大陆，女性运动的源头一般被认为来自法国大革命自由平等思潮的影响。18 世纪 90 年代，巴黎出现了一些女性的俱乐部，她们要求教育权和就业权，著名女性活动家玛丽·戈兹（Marie Gouze）代表她的俱乐部发表了第一个"女权宣言"，主张自由平等的公平权利不能仅限于男性。她在法国大革命后期遇害，女性俱乐部也被解散。在以后的年代中，女性组织一再重组，但总是遇到男权社会的敌意，有时甚至激起暴力冲突。

女性的可悲地位是由特殊的社会与文化因素造成的，因此，女性运动的任务就是向既存秩序挑战，改变既存秩序，提高女性地位。

关于女性运动的第一次浪潮始于何时有两种说法，一种说法认为它始于 19 世纪后半叶，历时约 70 余年，到第一次世界大战时达到最高点；另一种说法认为是在 20 世纪初年。目前人们普遍认同的说法是：女性主义运动第一波发生在 1840 年到 1925 年间，运动的目标主要是争取与男性平等的政治权利。

1848 年 7 月 19 日，在纽约州塞尼卡·福尔斯村的韦斯利安卫理公会教堂，召开了美国第一届女性权利大会。会上通过了一份《权利和意见宣言》。大会的主要组织者是废奴运动的积极参加者、被后人称为"女权运动之母"的莫特（Lucretia Coffin Motl），斯坦顿（Elizabeth Cady Stanton）和安东尼（Susan B. Anthony）。有历史学家认为，这次大会的召开标志着美国女权运动的正式开始。

1859 年，英国第一个女权组织"朗汉姆女士"（Ladies of Langham Place）成立了"促进女性就业协会"。女性运动第一次浪潮中最著名的领导人是沃斯通克拉夫特。她是第一代女性运动的活动家。她提出两性充分平等的要求，包括两性平等的公民权和政治权利，反对贵族特权，强调男女两性在智力和能力上是没有区别的。她主张，女人应当不再受制于她们的身体以及由身体所带来的情感。她的名著《为女权辩护》成为女性运动的经典。

沃斯通克拉夫特在《为女权辩护》一书中为女性要求工作权、教育权、政治权和投票权。她激情澎湃地说："我久已认为，独立乃是人生的最大幸福，是一切美德的基础；即使我生活在一片不毛之地，我也要减低我的需求以取得独立。"[3]

她还激愤地指出："既然女性不是一群寿命短促、微不足道的人，为什么要使她们保持无知的状态而美其名曰天真呢？这样劝告我们，要我们仅仅成为文雅的家畜的人，把我们侮辱得多么厉害啊！例如，他们十分热心而又经常地劝告我们：要有迷人的温柔，要用服从来取得支配权。这是多么幼稚的说法。一个堕落到用这种阴险方式取得支配权的人是多么不足取啊。"她认为，自从远古时候起，男人就觉得使用他的实力来征服他的终身伴侣对他有利，并且用捏造的事实来说明她应该甘受压迫，因为整个宇宙都是为了他的便利和享乐而创造的。[4] 她的思想就像一道闪电，照亮了漆黑的夜空，在当时沉闷的性别秩序中造成了振聋发聩的影响。

女性运动第一次浪潮中还有两位值得提起的代表人物。一位是泰勒（Harriet Taylor），其代表作是《女性的选举权》（一译《妇女的选举权》）；另一位是穆勒（John Stuart Mill）。穆勒是女性主义运动第一波时最著名

36

的女性主义男性学者，他于 1869 年出版了一部以"女性的屈从地位"（一译"妇女的屈从地位"）为题的著作，提出女性没有理由被排除在领导职位之外，并提出只有在女性有了选择自由之后，才能知道她们的"自然"能力是什么样的。这两部著作也被视作女性运动的经典之作。

穆勒以一种英国式的高度理性态度来看待两性平等问题。他冷静地分析道："如果男人对女性的权威在最初确立时曾是有意识地比较了组成社会的政府的不同方式的结果；如果在试行了社会组织的其他各种方式——女人驾驭男人、双方平等以及可能设计出的诸如混合的和分离的方式——的经验证明了的基础上做出决定，这种方式，即女性完全受男人管理，公共事情不许她们过问，私下里，每个女性对她的命运所宗的男人只有法律上的服从义务，是对于双方幸福和安宁最有利的安排；那么，它的普遍推行就相当可能被认为是种证据，证明当它被采用时，它是最佳方案，虽然在当时选择它的种种考虑可能像很多原始时代最重要的社会现象一样，随着时代的推移不再存在。但是，这个问题的情况在各方面均与之相反。"[5] 他的意思是，那些"如果"并未发生，男性对女性的统治并没有经过比较和实验，没有证据表明这样的男尊女卑的秩序和等级的实行是人类两性关系能够选择的最佳方案。

穆勒论述道："在早期，男性的大多数以及女性的全体都是奴隶。许多时代逝去了，其中也有高度文明的时代，没有一个思想家有勇气对这一种或那一种奴役状态的合理性和绝对的社会需要质疑过。后来，人类终于废除了对男性的奴役制，对女性的奴役也逐渐变成了一种较温和的依附形式，但是它并未失去其残酷无情的渊源的污点。"

穆勒还独具慧眼地深刻指出，在男性对女性的统治"这件事上，拥有权力者比在其他事例中的拥有权力者有更多的防止反抗的手段。每个从属者生活在主人的眼皮底下，也可说几乎是在他的手掌之中，同他比同自己的伙伴亲近得多，没有联合起来反抗他的手段，没有哪怕是局部征服他的力量；另一方面，却有寻求他的欢心，避免得罪他的最强烈的动机"。

穆勒认为，男性对女性的统治已经被当作一种"自然"的秩序被人们普遍接受下来。"不自然，通常的意思是不习惯，一切惯常的事都是自然的，这是千真万确的。女性从属于男人是个普遍的习惯，任何背离这种习惯的事就自然地显得不自然。""男人对女性的统治与其他形式的不同在于它不是暴力的统治，它是自愿地接受的，女性不抱怨并同意参与。"

穆勒痛恨那种"男人从小就可以不凭任何本事凌驾于女性之上"的状况，认为这是一种不公平、不正义的状况。他所期待的现代社会的理想的两性关系是什么样的呢？"什么是现代世界的特点，即区别于早已过去的时代的现代制度、现代社会观念、现代生活呢？那就是：人不再是生而即有其生活地位，并不可改变地被钉在那个位置上，而是可以自由地运用其才能和有利的机会去获取他们最期望的命运。"

穆勒的女性主义思想是当时自由主义思想家能够达到的最高境界。他身为男性，本已享有了这个特权阶层的一切便利，却能够为当时很难发出自己的声音的弱势群体仗义执言，十分难能可贵。他写于一百多年前的著作至今被人们提及并被译成各种文字介绍到世界各地，有力地证明了他的思想所蕴含的巨大生命力。

1897 年，一位名叫胡德伦斯的加拿大农业工人的妻子在初生婴儿死后，认为孩子之死是由于她的无知和不会照料造成的，她以亲身经历向安大略城的一百多名女性做了报告，讲明女性应当学习科学知识，组织起来，安排好家务活动。她的讲话被英国和北美女性当作了她们的组织——女性协会的宣言。

1915 年，英国女性协会成立。第一次世界大战期间，女性协会在各国如雨后春笋般涌现出来，女性运动的第一次浪潮至此进入高峰期。

2．运动的目标

女性运动第一次浪潮的第一个目标是为女性争取选举权。在早期，女性运动还只是提出男女应当享有同等的选举权；到后期的选举权运动中，已经有人提出了"女性优越"的观点。在争取选举权的女性运动中，还出现过一种反民主的倾向，害怕"无知大众"，要求将选举权限制在识字者当中。

美国女性在争取选举权的斗争中遇到了很大的阻力，男权主义者甚至用医学观点来为自己反对女性选举权做辩护。例如，马萨诸塞州的立法者曾宣称："如果给女性选举权，你就得在每个县建立疯人院，在每座城镇建立离婚法庭。女人太神经质和歇斯底里，不能介入政治。"[6]

尽管遇到了强大的阻力，女性运动争取选举权的斗争还是相继取得了成功：第一个为女性争得选举权的国家是新西兰，那是在 1894 年；第二个是澳大利亚。1914 年，芬兰和挪威女性取得选举权，其他欧洲国家女性大多在第一次世界大战之后取得了选举权。英国女性的选举权是分两步获得的：在 1918 年，30 岁以上女性获得选举权；到 1928 年，女性才最终获得同男子同等的选举权。在美国，最早争得女性选举权的是怀俄明州（1868 年）；其次是犹他州（1870 年）；1914 年，通过相应法律的州增至 11 个；直到1920 年 8 月，美国女性才获得完全的选举权，这一权利被载入美国宪法的第十九条修正案。

女性运动第一次浪潮中的第二个争论焦点是：女性应不应该有受教育的权利，应该受什么样的教育。各国女性纷纷提出实现受教育权利的要求，女子学校大量涌现，很多女童直接进入原来只收男童的学校。在 19 世纪中期，女性主义者们曾就女童的教育内容应不应与男童一样，男女学生的考试内容应不应当相同等问题展开辩论。在 1868 年，剑桥大学为女生提供了单独的考试。这一做法在女性主义者当中引起激烈争论，有的赞成，有的反对。具有讽刺意味的是，世事演变到 20 世纪 80 年代，中国一些学校为招到更多的男生，不得不将女生的录取分数线提高。回想当年人们为女生的学习能力和能不能与男生参加一样的考试而争论过，真是恍若隔世，令人感到从女权运动的先驱为女人争取受教育权到如今，世事已经有了多大的变化，女性教育已经走了多么远。

当时的人们还为女孩应不应当上家政课的问题展开过激烈的争论，有学者认为，这一争论更多涉及的是阶级问题而非性别问题。因为只有中产阶级的女孩才有学习以持家为目标的家政课的需要。

女性运动第一次浪潮的第三个焦点是女性就业问题，尤其是已婚女性的就业问题。 在 19 世纪，一种被人们普遍接受的观念认为，女性赋有与男性不同的特殊素质，比如生育和抚养子女就是女人的天性，因此女人的天职就是留在家里生育和抚养儿女。女性到社会上就业之后，工作和婚姻的矛盾变得突出起来，于是有的女人就用保持独身的方法来解决这个矛盾。但是，这并不能在广大的人群里真正解决这个问题。因此，当时关于女人尤其是已婚女人要不要就业的争论十分激烈。争论围绕着下列两个问题展开：女人婚后还应不应该工作？女人做母亲之后还应不应该工作？许多希望出来工作的女性对于必须在工作和家庭中选择一项感到不公平，她们提出，男人可以同时拥有工作和家庭，为什么女人就不可以？这个时期的女性主义提出：为了经济独立，所有的女性都应当在劳动力市场上与男人作自由平等的竞争，争取同工同酬。

在女性运动的第一次浪潮进入尾声时，女性在选举权、教育和就业方面取得了极大的成就，它表现在有越来越多的女性获得选举权；女性教育广泛开展；女性就业增加。但是，传统的性别角色规范并没有得到多大的改变。因此，女性运动第一次浪潮的其他目标还包括为女性争取在婚后保留财产的权利，在婚后保留自己工资的权利，不受丈夫虐待的权利，为女性争取儿童抚育费，提高女孩同意性交的年龄线等。19 世纪美国女性运动的一项内容就是把强奸罪的幼女年龄线从 18 岁提高到 21 岁。相关法律规定，不允许同未成年者发生性关系，即使她本人同意，如果没到"自愿年龄线"（the age of consent），那么她的同意也是无效的。这个时期女性运动涉及的问题还有产假问题和堕胎问题。

女性主义运动第一波除了一般地要求女性权利之外还有以下几个特点：

一个是女性运动要求净化社会，它赞同书刊审查、删改制度，反对卖淫，有一种带有那个时代特征的禁欲或"反性"的色彩，它提出的一个口号是："女性投票，男性贞洁。"但是也有例外，女性主义运动领导人斯坦顿就是一个例外，她曾经说过，健康的女人和男人一样充满热情。

女性运动的另一个特征是对家庭价值和女性道德水平的强调，认为女性的高尚道德可以改造男权制的政治世界。这一点被认为是后来的文化女性主义的最早表现。

还有一个特征是，在这次运动中，社会主义者与女性运动之间是有界限的。一些早期社会主义者当中原本是有女性主义思想的，如俄国十月革命时的柯伦泰（Alexandra Kollontai）。她主张结婚自由、离婚自由、性自由等两性平等的价值，但是在十月革命胜利后不久她就遭到批判。斯大林实行的是"强化家庭"、批判"自由恋爱"、鼓励生育的政策。1936 年，苏联通过了反堕胎法，反离婚法，并且使同性恋非法化。[7] 从此，在苏联，女性主义的思想和观点被视为越轨，被排除在主流政治文化之外。

3. 各国女性运动的特色

在女性运动的第一次浪潮中，女性运动的各种力量之间存在着策略与意识形态上的分歧，各国的女性运动也有着各自的特点和差别：在英国，女性运动与工会运动相呼应，美国的女性运动却不具备这个特点；在英国，女性主义一直同马克思主义保持着密切关系，在美国却并非如此；美国女性运动的主要目标是争取平等权利立法，英国女性运动的主要目标是争取福利立法，澳大利亚女性运动则具有二者兼备的特点。

20 世纪初，德国女工运动的声势较西欧其他国家更强大，德国女工是女性运动的先锋。1920 年，独立党女成员吉尔拟订了一个救济计划，内容包括：生育前后要给女工八周休息时间，在此期间照发工资；对产妇和哺乳母亲发放除医疗救济之外的救济金等。经过长时间辩论，得到批准的计划包括如下内容：第一，每个参加保险的女工在分娩期间总共可得五十马克的救济；第二，分娩前四个月和分娩后六个月，每个女工每天可得一马克五十芬尼；第三，分娩女性可得二十五马克医疗费；第四，哺乳期母亲十二周中每天可得七十五芬尼。

在这个时期，英国女工的斗争集中在保护女性儿童权益，争取男女同工同酬；要求给分娩女工六周休息时间。她们的斗争并未立即获得成功，而是经过反复斗争才取得进展的。瑞士和意大利女工也参加了罢工斗争。奥地利、捷克、匈牙利、荷兰、西班牙女工运动的一个共同特点则是积极参加选举，参与政治。

有的国家的女性运动还从女性角度提出反战口号。1915 年，荷兰女性在国际女性大会上抗议第一次世界大战这场"由男人发起的战争"，认为这场战争使女人成为受害者。

在俄国，中产阶级女性提出了与西欧女性运动相似的口号，那就是开展女性教育，主张女性就业，要求在法律上和选举权上的男女平权。

希特勒的纳粹德国是强调家庭价值、反对女性主义的男女平等主张的，希特勒臭名昭著的言论是："女人该待的地方是床上、厨房和教堂。"[8]
女界对于 20 世纪 30 年代德国的国家社会主义的女性政策的评价是不一致
的。一种意见认为，当时政策的基调虽然是种族主义的，但对女性是好的，
国家奖励母亲，褒扬家庭，使生育受到了尊重；另一种意见则认为，当时的
政策将女性降低为仅仅是一个母亲，实行严厉的反堕胎法和反绝育法，实际
上是把国家的利益放在婚姻家庭生活之上，仍旧使女性处于无权状态。

在中国，最早的民间女性社团可以追溯到一千年以前，有两件发现于敦
煌的古文书证明，早在五代后周恭帝显德六年（959 年），中国就有了由女
子组成的以自护、自助、自娱为目的的民间女性社团"女人社"。[9] 19 世
纪末 20 世纪初，中国女性运动的主要内容有：要求女子参政权；兴办女子
实业；争取女子社会权利，如放足、剪发、入学与婚姻自由等。讲到中国近
代女性的觉醒，不能不提及西方教会到中国办女学的影响。1844 年，英国
东方女子教育协进会会员、传教士爱尔德赛在宁波创办女塾，课程有圣经、
国文、算术等，并学习缝纫和刺绣。这是近代外国人在华设立的最早的一所
教会女学。据不完全统计，到 1876 年为止，基督教教会创办的女子教育机
构有：女日校 82 所，女寄宿学校 39 所，学生共计 2000 多人。1878 年至
1879 年，天主教教办的女校仅江南一带就有 213 所，学生达 2791 人。而
当时中国人自己还没有创办任何女子教育机构。[10]

中国的女性解放运动就是从兴女学开始的。我国近代第一所国人自办的
女校是 1898 年经元善在上海创办的经正女学。1902 年，蔡元培等在上海创
办爱国女学。当时的女学大多集中在江苏、上海等发达地区。除教会女校学
生外，1906 年全国有女学生 306 名，1907 年为 1853 名，1908 年为 2679
名，1909 年为 12164 名，1915 年增至 180949 名。从全国范围看女子初等
教育，1907 年全国共有女校 391 所，学生数 11936 人，占学生总数的 2%；

到 1918 至 1919 年，全国初等小学女生达 190882 人，占初等小学生总数的 4.3%。[11]女子受教育无疑是中国女性觉醒、摆脱传统女性生活方式的第一步。

1903 年，中国最早的女性组织"共爱会"在日本东京成立。1905 年，中国同盟会在东京成立，据统计，参加同盟会的女知识分子约有 200 人，其中有姓名可查的有 105 人。当时，女性运动精英创办的女子报刊共有 40 余种，如秋瑾于 1907 年创办的《中国女报》，燕斌于 1907 年创办的《中国新女界杂志》，陈撷芬于 1902 至 1903 年创办的《女报》等。她们还发起女性参政运动，争取参政权利。这一运动以"中华民国女子参政同盟会"的成立为其标志。该会提出以下九项政纲：一是男女平权之实现，二是女子教育之普及，三是家庭女性地位的向上，四是一夫一妇主义之实行，五是自由结婚之实行与无故离婚之禁止，六是女性职业之励行，七是蓄妾及女性买卖之禁止，八是女性政治地位之确立，九是公娼制度之改良。这个时期最著名的女性运动领袖是秋瑾，她提出了在当时看来最完备的女性解放思想，其要点有以下五个方面：

第一，要求实现男女平等；

第二，要求婚姻自由；

第三，反对女子缠足；

第四，提倡女学和主张女性经济自主；

第五，主张女性走向社会，参与国事。[12]

1912 年，"女子参政同盟会"在南京成立，由上海女子参政同志会、女子后援会、尚武会、湖南女国民会等联合而成；同年，"神州女界共和协济社"亦宣告成立。

1912 年，袁世凯政府规定，选举权和被选举权为男子独享；袁政府教育司长史宝安声称"女子参政不适合女子生理及本国国情，女子以生育为其唯一天职"；袁世凯还曾悬赏万元通缉女性运动的领袖人物唐群英、张汉英等。[13] 这一史实反映出当时女性运动的高涨和运动阻力的强大。

中国革命中，一批女性领导人除了一般的革命目标外，还提出了女性解放的独特目标。1913 年，宋庆龄发表了《现代中国女性》一文，指出："中国必将成为世界上最大的教育发达的国家，而其女性将与男子并驾齐驱。"1924 年 11 月，宋庆龄在日本神户县立女子高等学校作了关于女性运动的讲演，她说："女性地位是一个民族发展的尺度。我希望中国和日本的女性，争取实现那个人类不为动物本能所支配，而由理性所指导的日子。"从她对理性的强调，可以看出她当时的思想接近自由主义女性主义。在随后发表的关于女性的论述中，她越来越倾向于社会主义女性主义，即把女性的解放同阶级斗争、革命联系在一起。例如，她指出："女性是国民一分子，女性解放运动是中国国民革命一部分，所以为求全民族的自由平等，女性应当参加国民革命；为求女性自身的自由平等，女性也应当参加国民革命。"她又将女性运动同阶级斗争的关系阐释如下："我们不但应当反对男子压迫女子的举动，我们并且应当反对女子压迫女子的举动，我们假使一方面反对男子的压迫，一方面凭借特殊的地位欺凌我们同类的贫苦女性，这种矛盾的举动，只会使女性的地位愈加堕落。因此，女性要求平等，应当先以平等待同类，打破富贵贫贱的阶级界限。"[14]

4. 革命中的女性问题

在中国和苏联革命中，女性问题从来都是同阶级问题一起被提起的，女性解放一向被认为是阶级解放的一部分。在马克思主义经典作家和职业革命家当中，倍倍尔是对女性问题发表过重要意见的人物。他出版了《妇女与社会主义》一书。这部出版于 1878 年的著作被认为比恩格斯的《家庭、私有制与国家的起源》影响更大，对女性运动的影响更为直接，虽然后者被视为马克思主义对女性问题的经典之作。与恩格斯相同的一点是，倍倍尔也认为，女性的受压迫状况是阶级社会的产物，只有无产阶级革命的胜利才能最终结束这一压迫。到那时，家务劳动和子女的抚养将成为集体的事。倍倍尔认为，没有性别的社会独立与平等，就没有人类的解放。既然历史上男性对女性的奴役是与私有制同时发生的，那么女性的完全解放和男女平等的实现也只有在一群人统治另一群人——资本家统治工人——的社会消亡时，才能最终实现。他比恩格斯更深入一步地提出了非经济因素性质的压迫，其中包括性道德上的男女双重标准，传统女性服饰的禁锢人的作用，等等。马克思和恩格斯都认为，从母系继承转变为父系继承是女性的最大失败，而女性体力上的弱小是她们丧失权力的主要原因；倍倍尔在这一因素之外又加上了生理因素——女性的生育功能。

克拉拉·蔡特金是重视女性问题的另一位革命领袖人物。她认为，女性的解放是工人阶级历史使命的重要组成部分，女性的解放同全人类的解放一样，最终将是劳动从资本中解放出来的事业；她担任书记的共产国际女性书记处的任务就是要吸引劳动女性参加革命的阶级斗争。蔡特金是"三八国际劳动女性节"的倡导者。她认为，由于在资本主义制度下，劳动女性和她们的丈夫一样受资本的剥削，所以，无产阶级女性所反对的不应当是本阶级的男子，而应当与他们一起共同投入对资产阶级的斗争。

列宁夫人克鲁普斯卡娅写了一部《女工》，她提出，女工加入劳动大军是最终的进步，因为只有通过参与到阶级斗争里面去，女性才能最终获得解放。她还从另一角度鼓励女性参加劳动大军，那就是女性在经济上的独立地位。由于列宁和共产党认定经济独立是女性解放的前提和第一步骤，而女性要获得经济独立就要参加社会生产劳动，所以俄国在 20 世纪 20 年代和 30

年代一直非常重视女性参加劳动的问题；而为了使女性充分就业，避孕和堕胎又是不可避免的，因此，当时的苏联政府成为世界上第一个使堕胎合法化的国家（1920 年）。

关注女性问题的另一位代表人物是前文曾提及的柯伦泰。她一开始并未注意到女性问题，只是当她感到女性主义对社会主义运动造成的威胁时，才开始关注这个问题。她认为，资产阶级的女性运动是自私的、利己主义的，应当由无产阶级男女的团结来取而代之。可是到了后来，她转而批评社会主义的实践，因为她发现，女性的需要被男性统治的党的等级制边缘化了。于是，她要求在党内建立独立的女性组织，争取将女性问题挤进政治议事日程。她出任社会福利部长之后，为女性争得了法律独立权、婚姻平等权、合法堕胎权、男女同工同酬、由国家提供的母婴健康保护以及家务劳动和育婴的部分社会化。

柯伦泰还以其性观念而变得十分有名。她认为，社会主义改变了两性关系的性质，过去的资产阶级道德是虚伪的、不平等的，新的道德应当建立在新的经济基础之上。人们一向都以一夫一妻制为性的最佳形式，但她却宣称，性的排他性是危险的，认为它对女性自身和社会福利都造成了威胁；再加上她对革命成功后那个混乱时期的性试验抱有同情态度，因此被人称为"杯水主义"，意指可以像解渴一样解决性欲问题。她指出，无产阶级的意识形态不能接受排他性的和全封闭式的爱情，因为两个人之间的深爱就其本质来说必定是反社会的，它会使这一对情侣与更广大的社区隔绝开来，降低他们对一般社会公益的兴趣。因此，这种关系在新的社会中将成为不必要的，它是资本主义社会中人与人隔绝状态的残余。在资本主义社会中，只是在情侣关系中有爱情和亲密关系，除此之外哪里也没有；而共产主义社会则应建立在伙伴关系和人们的团结友爱关系之上。因此，亲密情感的享受不能被限制家庭和性关系的范围之内，性爱应当成为人类扩大的爱的能力的一部分，它将是集体的快乐而非个人的快乐。性爱不是简单的动物行为，不是仅仅建立在肉体吸引的基础上（她称此种情况为"无翅的爱神"）；而是要富于敏感和同志式的平等爱情，恋爱双方应当分别保留各自完整的自我以及对集体的忠诚。[15] 柯伦泰的性爱观被当时的人们视为不现实的、过于浪漫主义和空想主义的。在革命胜利后的短暂浪漫狂欢时期过后，柯伦泰就销声匿迹了。

在中国，早在 1922 年，共产党的第二次代表大会就制定了关于女性问题的第一个文件《关于女性运动的决议》，其中也表达了女性运动是革命的一部分的思想："女性解放是要伴着劳动解放进行的，只有无产阶级获得了政权，女性才能得到真正的解放。"《决议》确定的当时具体斗争目标是：努力保护女劳动者的利益，争得平等工价，制定妇孺劳动法等。在 1928 年的中共第六次代表大会上，又进一步提出许多关于农妇本身利益的具体要求，如承继权、土地权、反对多妻制、反对年龄过小之出嫁（童养媳）、反对强迫出嫁、离婚权、反对买卖女性、保护女雇农的劳动等。尽管女性有一些具体要求，但女性的利益与革命的利益是不可分割的，女性的解放始终被视为更为重要的阶级解放的一部分。

关于中国革命与女性的关系，西方女性主义者有着不尽相同的看法，其中较有代表性的一种观点认为，中国共产党领导的社会主义革命为了获得农民的支持，采取了同男权制妥协的策略，因此这一革命是以牺牲女性为其代价的。著名女性主义者丝黛西（Judith Stacey）和约翰逊（Kay Ann Johnson）等人都持有这种观点。在我看来，这种批评对中国的情况相当隔膜。在中国，革命的目的只是夺取政权，保持政权，使这个国家的经济得到发展，人民生活得到改善；革命的利益和人民的利益一直被视为一个整体；而一些子群体的利益，如工人的利益、农民的利益、女性的利益，在革命中从来都没有任何特殊的重要性。因此，革命并不会为农民的利益牺牲女性的利益，因为这些特殊的"利益集团"在革命的眼中是不存在的。在传统的中国社会中，也只有官和民这两大阶层，一向缺乏西方意义上的利益集团。用西方的利益集团分析法来解释中国的事情，难免有隔靴搔痒、文不对题之感。

二、女性主义运动的第二次浪潮

一般认为，女性运动的第二次浪潮发生在 20 世纪的六七十年代，最早兴起于美国。也有人认为，女性运动的第二次浪潮一直持续到 20 世纪 80 年代。

1．运动的基调

女性主义运动第二次浪潮的主要目标是批判性别主义、性别歧视和男性权力，认为当时虽然女性有了选举权、工作权和受教育权，但是表面的性别平等掩盖了实际上的性别不平等。这次女性运动的基调是要消除两性差别，并把这种差别视为造成女性对男性从属地位的基础。女性运动要求各个公共领域对女性开放，缩小男性和女性的差别，使两性趋同。当时的女性主义者认为，女人应当克服自己的女性气质，努力发展男性气质，其中包括攻击性和独立性；她们不赞成母性是与生俱来的，也不赞成女性在道德上天生高于男性；她们否定女人缘于做母亲的经验就在性格上与男人有了根本的差异这一论断，而是认为许多男人也很温柔，甚至更爱照顾人；这些特征和气质不是先天的遗传，而是后天培养的结果。

在女性运动第二波到来之前，也就是在两次女性运动之间，波伏娃是女性主义唯一的声音。1949年出版的《第二性》一书后来成为女性主义的"圣经"。在《第二性》一书中，波伏娃除了论述"女性"的处境之外，还提出了"他者"和"他者性"的问题。但是在20世纪70年代末的法国后结构主义女性主义看来，波伏娃是认同男性的、生殖器中心的启蒙主义思想家，她的思想已经被人们抛弃了。人们现在赞美差异，认为波伏娃把女人描绘为与男人完全一样进入男性领域的人是对女性评价过低，她的两分思维方式以及她对女性身体的厌恶和仇恨，是没有高度评价女性品质的表现，究其思想根源是她接受了萨特的哲学框架。她的"独立女性"的形象是无子女的不婚的职业女性，而这一女性形象受到高度评价女性特征的人们的批判。

波伏娃的《第二性》虽然发表较早，但它对女性运动的第二次浪潮起到了推波助澜的作用。在这部著作中，波伏娃用大量哲学、心理学、人类学、历史、文学及逸事材料证明：女性自由的障碍不是其生理条件，而是政治和法律的限制造成的。她的最广为人知的观点就是：一个人并非生下来就是女人，而是变成女人的。在这一点上，波伏娃的观点与沃斯通克拉夫特是一致的，她们两人观点的区别在于，波伏娃认为女性解放与做母亲这二者无法共存，而沃斯通克拉夫特却认为这二者是可以兼容的。这并不是因为在沃斯通克拉夫特生活的时代女人还无法避孕，无法轻易做出过单身无孩生活的选择，而是因为她十分看重女人的生育能力，把这一能力称为"女人生存的伟大目标之一"。[16] 波伏娃则强调生育视为女性受奴役的直接原因。她指出："母性毕竟是使女性成为奴隶的最技巧的方法。我不是说每一个做母亲的女性都自动成为奴隶——可以有某些生存方式使母性不等于奴役，但现代的母性仍然万变不离其宗。只要人们仍然认为女性的主要工作便是养育小孩，女性便不会投身政治、科技。进一步说，她们便不会怀疑男人的优越性。……我们几乎不可能告诉女性洗碗盘是她们的神圣任务，于是告诉她们养育孩子是她们的神圣任务。"

波伏娃认为，人们已经接受了两性之间的既存关系，"把它看成是基本的和自然的，以致最后再也无法意识到这一点。……我想，几个世纪以后，当人们发现我们社会中女性所处的境遇，也会感到无比的惊奇，就像我们现在发现雅典民主政体中的奴隶制时所发出的惊叹一样"。波伏娃在书中指出了男人如何将自己定义为"自我"（self），而将女人定义为"他者"（other）；如何以男性为主体，以女性为非主体。她犀利地指出，世上只有一种人性，那就是男性；女性只不过是从男性的偏离；这个世界是一个男人的世界。在英文中，man 可以指称男人，也可以指称人类；woman 却只能指称女人，不可以指称人类。在这种指称方式背后，是对男女两性不同评价的文化积淀——女人只是人类中的一部分，但男人可以是全部。中文的"他"和"他们"也是这样：用这两个词可以指称男人，也可以指称略去性别的人类；但是"她"和"她们"却只能指称女人。由此得出男性是主体、女性非主体的结论并不太过分。

波伏娃像马克思主义一样，并不把女性的解放运动当作一种非历史的行动，而认为，只有在现代的生产形态下，女性才能释放其自由自主行动的全部潜力。波伏娃把自己的存在主义哲学运用于对女性状况的分析和研究之中，那就是对一切现存的习俗、价值和信仰置疑，反对个人命运天定的思想，认为无论是传统的期望、早年的经验，还是经济条件，都不能规定女性的命运。在这一点上，她既反对弗洛伊德（Freud）关于女性特性的许多论断，也反对马克思主义经济决定论的观点。关于女性解放的途径，她更强调个人的努力，而非整体的行动。她认为，尽管现存的性别压迫是结构性的，解决问题却要靠个人战胜环境的努力。她提出了三种途径：第一，女性只有到社会上去工作，才能掌握自己的命运；第二，成为知识分子；第三，争取对社会进行社会主义的改造，以便最终解决主体与客体、自我与他人的冲突。

尽管有人从不同的立场批判波伏娃，例如那些对其自由主义女性主义立场难以苟同的人们就曾批评她试图用个人主义的办法来解决集体的问题，忽视了工人女性和农民女性的问题；但是她的《第二性》一书在女性主义和女性运动中的经典地位是毋庸置疑的。

这个时期女性运动中另一部引起广泛关注的著作是费尔斯通（Shulamith Firestone）的《性的辩证法》。这部著作被认为是生理本质主义的代表作。费尔斯通在这部著作中表达了这样一种观点：生育机制是女性受压迫的根源。像波伏娃一样，费尔斯通也认为，男女两性的区别并不必然导致一群人对另一群人的统治，主要是女性的生育功能导致了两性权力的不平等——在孕产期，女人的基本生活来源要依赖于男人；人类的婴儿比其他物种需要更长的育婴期；母亲和婴儿的相互需要与依赖；以及建立在生育生理区别基础上的性别劳动分工。她提出的解决办法是，如果用技术改造生育机制，使生育得以在女体外进行，女性就可以从这一生理角色当中解放出来了。她认为，改造儿童抚育机制和有偿工作机制都不能最终解决男女不平等的问题，只有重建生育生理机制，女性才能最终获得解放。

同费尔斯通持相同观点的女性主义者列举了不生育的许多好处，例如，它可以给女人更多的时间过自己的生活；她们还提出，生育的生理不应当决定女性的生活，女性应当对自己的生活做个人的决定；不生育的女人可以同年轻人在一起生活和交流，也可以去过集体生活或领养孩子。

不少女性主义者很不同意波伏娃和费尔斯通对生育问题的看法。女性运动第二次浪潮中的著名女性主义者米歇尔（Juliet Michell）就批评了波伏娃把母性当作一种"可能的存在主义主题"的观点，她甚至说："严格地说，《第二性》不应当被算作女性运动第二次浪潮的一部分。" [17]

　　如果说波伏娃的《第二性》是横空出世，那么弗里丹《女性的奥秘》就是凝结了空气中已经弥漫的东西写作而成的。这部著作成为女性运动第二次浪潮兴起之时对当时女性心中所想的事情的最杰出的表达。到1970年时，这本书在英、美两国已销到100万册以上，还有各种文字的译本。它是美国自由主义女性主义的代表作，它的千言万语如果用一句最响亮的话语来概括就是：对家庭主妇的形象说一声"不"！弗里丹在书中提出，20世纪二三十年代的美国女性是生气勃勃的，但在战后沉湎于舒适的家庭生活，只想做一个"幸福的家庭主妇"，不再到社会上去干事业，"女性解放"和"事业"之类的字眼听起来已使人感到陌生和不自在；女人的唯一梦想就是当个无可挑剔的贤妻良母；最大的奢望就是生五个孩子并拥有一幢漂亮住宅；唯一的奋斗目标就是找到中意的丈夫并保持稳定的夫妻关系。弗里丹生动地描写了这代女性在得到这一切以后的深深的失落感和自我实现感的缺乏。她们充满无名的烦躁感和无意义感。她认为，对于女性发自内心的呼声——除了我的丈夫、孩子和家庭之外，我还有所企求——再也不能漠然不顾了。

　　弗里丹指出，看到美国女性的现状，令她想起一句德国口号——Kinder, Kuche, Kirche（小孩、教堂、厨房），那是当年纳粹分子规定女性必须重新被限制在其生理功能中时所使用的口号。在20世纪40年代的美国，也有人提醒女人们注意，追求事业上的成就和接受高等教育正在导致女子的男性化，其后果极其危险——丈夫们会因此得不到性满足，对家庭、子女和女性的能力都会造成威胁。这一舆论导向使事业型女性感到窘困不安，以为自己正在丧失女性的特征。将女性主义当作一种过时的肮脏玩笑加以嘲笑成为一时的风尚，"女性主义者"和"事业型女性"这类词汇成了肮脏的字眼。人们总是对那些为争取女性受高等教育、干事业、参加选举的权利而奋斗的老式女性主义者讥笑一番，同时又表示怜悯。弗里丹辛辣地指出：女性们花了半个世纪为权利而战，在下半个世纪却又对自己是否真正需要这些权利产生了怀疑。

弗里丹批判了女性在事业和婚姻上二者不可兼得的观点。这种观点认为，要在婚姻上成功，就需要自我否定；而要在事业上成功，则需要如醉如痴的献身精神。婚姻需要合作，事业需要竞争，二者结合起来非常困难，需要不同类型的品性。因此男主外女主内才是最完美的互为补充的结合。

弗里丹在这部著作中猛烈地抨击了关于女性的"神话"，这一神话企图使人们相信：女人的最高价值和唯一使命就是她们自身女性特征的完善；西方文化的错误就是低估了女性特征的价值；过去女人犯错误的根源就在于她们妒忌男人，力图要跟男人一样，而没有认识到自己的本性；而这种本性的完美，只存在于由男人主宰一切、女人在性方面温顺服从和对孩子的母爱之中。

伊丽加莱是继波伏娃之后最引人注目的法国女性主义理论家，她在一部被译成多种文字的女性主义著作中全面论述了女性的权利。她把女性的权利概括为七个方面：第一，人类尊严的权利，其中包括制止对女性身体和形象的商业用途，女性拥有在行动、语言和公众形象方面的地位和代表，制止世俗和宗教权力对母性的剥削。第二，在人类身份方面的权利，其中包括女性的贞洁（指肉体和精神的整合）不被金钱、家庭、国家或宗教实体所侵犯，母亲身为女性所应有的权利。第三，世俗法律应当保护母婴的相互责任。第四，女性应当拥有保护自身及子女生命、生活空间、传统和宗教的权利，有反对男性法律（充满好斗精神的、污染环境的）的权利。第五，在财产权利方面，女性应当拥有在不受税收制度惩罚的前提之下选择独身生活方式的权利，女性应当享有国家发放的家庭福利费、平等对待男孩女孩的权利，各类传媒应有一半时间以女人为对象。第六，交换体系如语言交换体系应当更有利于保障男女两性平等交流的权利。第七，女性在世俗与宗教的决策机构中应当与男性拥有同等数量的代表。

遭到她猛烈抨击的社会现象包括：招工的男女区别和失业的男女区别所反映出来的两性不平等问题；在那些对女性开放的职位中，女性为了得到提拔就要出卖肉体或者否定自己的女性气质，致使她们不是作为女性成功的，而是作为一个中性成功的；女工比重较大的职业价值就低，不论这些职业对社会的生产和再生产有多么重要，不论是在农业、工业还是文化领域都是如此；工作组织的法规都是由男人制定的，女人只能被动接受；生产些什么也总是由男性权威来确定，如武器生产、环境污染和很多无用产品的生产都不是由女人决定的；产品的规范都是男性的，无论是显在的还是潜在的流行话语的内容和风格都是以男性为中心的；广告的基调也是男性中心的；表现在职业地位上的男女两性在劳动中的不平等价值。

伊丽加莱提出，性别主义是种族主义的无意识形式；她呼吁女性注重每个生命的基本权利；减少那些由一人或少数几人统治的团体或公司的权利；重新定义和评价住房法律，确保私人财产权；减少与权力、金钱，尤其是与豪富的欲望相关的剩余价值，把交换建立在成本上，反对增加从土地、空气、海洋和人体角度衡量的不必要的生产和过度生产；对源于强力的法律提出质疑。[18] 她的主张代表了女性主义对现存的男权社会价值的批判和挑战。

在众多的性别研究类别中，斯坦能创造了一种特殊类型的女性主义写作，其代表作是《假如弗洛伊德是费丽丝》。该文将弗洛伊德的传奇生活用一个女性主体来重写，极具启发性。将很多人们司空见惯、习以为常的事情和说法放在另一种性别身上，显得妙趣横生，使人们意识到现存性别结构中的荒谬之处。

2．运动的规模和特色

女性运动的第二次浪潮规模宏大，涉及了各主要发达国家。到 20 世纪 70 年代末期，仅英国就拥有了 9000 多个女性协会，美国、加拿大涌现出大量女性组织。

1966 年，全国女性组织（National Organization for Women，简称 NOW）在美国成立，弗里丹任主席，这一组织成为西方最大的女性组织，其宗旨是：献身于这样一种信念，即女性首先是人，是个像我们社会中的其他人一样的人，女性必须有机会发展她们作为人的潜能；立即行动起来，使女性充分参与到美国社会的主流当中去，享有真正平等伙伴关系的一切特权和责任。20 世纪 80 年代末，全国女性组织已拥有 15 万成员，176 个分会。1974 年，美国 58 个工会的 3300 多名女性，代表 40 个州和数百个地方工会在芝加哥开会，成立了第一个全国性的女性工会组织——"工会女性联盟"。1975 年，全国性的黑人女性组织"黑人女性联合战线"在底特律成立，并代表少数民族女性抗议针对少数民族女性的阶级、性别和民族压迫。1977 年，代表 50 个州和地方会议的 1400 多名代表举行了第一次全国女性大会，并通过了争取女性平等权利的 25 项重要决议。许多群众性女性组织为推动女性解放运动做出了贡献。

1979 年，第 34 届联合国大会通过了《消除对女性一切形式的歧视公约》（一译《消除对妇女一切形式的歧视公约》），这是女性运动的一个重要文件。许多国家陆续成立了有关机构，从事维护女性权益事宜。苏联和东欧国家大都是由党政部门统筹管理，西方和第三世界国家则在政府内外分别成立了相关机构。如加拿大政府在 1981 年 12 月成立了女性地位部，并由政府指派人员成立了女性地位顾问委员会，作为独立组织，负责调查女性问题。奥地利于 1979 年在联邦总理府设立了一个国务秘书办公室，专门负责与女性有关的问题。埃及政府在社会事务部内设立了女性事务总局，还成立了由政府各部门代表组成的女性全国委员会，以协调政府部门间的工作。一些国家修改了宪法和法律。挪威的《男女工作平等法案》于1980年7月开始生效。墨西哥于1979年修改了80个法律，去掉了原条款中有关歧视女性的内容。奥地利修改了《家庭法》，规定夫妻双方在维持家庭方面具有同等的权利和义务。

到女性运动第二次浪潮兴起之后，关于女性应不应当就业的争论已经不再热闹，因为女性大量就业已经成为现实；随着女性的普遍就业，关于女性角色的争论也结束了——过去人们一直为女人的角色是否应当主要是母亲和妻子、她们是否天生适合留在家里争论不休。在美国，20世纪20年代时只有四分之一的女性就业；到了60年代，就业女性已占到女性总数的40%。在这个时期，女性的就业也带来了一些新问题，比如，社会上已经改变了男主外女主内的传统观念，但女人仍旧面临着一个如何在平等工作机会与传统母亲的角色与职责之间取得平衡的问题。

但是，在女性运动的第二次浪潮中，一些早期女性运动中争论过的问题又在多年沉寂之后被重新提了出来。例如，关于女人究竟应当在劳动力市场上同男人平等竞争还是应当争取对女性的特殊保护政策的问题。有人进一步指出：在这个时期，争论的焦点转移到女性是应当模仿男性的生活方式，还是应当创造一种女性自己的生活方式。女性运动的新口号是：女性的特质是世界的唯一希望所在。

在女性运动第二次浪潮中流行过一个普遍的说法：个人问题就是政治问题（the personal is political）。过去人们一向以为，某男经理对女秘书的性骚扰或某男强奸了某女都是属于个人性质的问题，是由于有某个道德水准不高的男人或某个穷凶极恶的罪犯，或是由于女秘书或那个被强奸的女人有过某种不恰当的行为举止诱发了男人对她们的侵犯。现在，女性主义运动指出，这些行为绝不仅仅是个人的行为，而是男性控制女性的政治表现。

女性运动第二波向公领域与私领域的分界挑战，按照"个人问题就是政治问题"的思路，强调在性别政治中身体的重要性。此次女性主义运动在美国的第一个大动作是反对选美，抵制女性必须遵从的规则和某些女性身体标准。在1968年，女性主义抨击了"美国小姐"选美活动。她们指出，女人在日常生活中便是在进行一场持续不断的选美——为男性打扮自己，美容瘦身，深恐自己的相貌和身材达不到男性的审美标准。女性主义者们为一头羊加冕，用以讽刺被选中的美国小姐，并设置了自由垃圾桶，将乳罩、腹带、紧身褡、假睫毛一类的东西扔进垃圾桶。据说，虽然当时并没有人焚烧乳罩，但是由于传媒的大肆敌意报道，"烧乳罩"不仅成了一个轰动一时的新闻事件，而且成了女性主义的象征——女性主义就是"非女性的"、长相丑陋的和充满挫折感的女人们弄出来的，她们对真正的美女充满忌妒。[19]"烧乳罩"的事情并未发生，女性主义运动只是反对选美，反对按照男性的要求打扮自己，反对将女性作为性对象而已。

在女性的身体形象问题上，女性主义的观点是：女性一直处在美貌竞赛的巨大压力之下，即以男性的观点判断、批评女性的身体，只注重"外在"的形象，而否定了女性身体"内在"的感觉。女性永远在与模特的幽灵做不公平的竞争，以绝大多数女性镜子中平凡的自我形象与模特做泯灭女性自信心的竞争。

女性运动的概念和议题除了传统的参政、就业、教育等问题，还从女性主义角度提出了对性问题的全面审视，其主旨是反对阴茎中心主义的传统，关注阴蒂，关注女性的性欲望和性权利。社会和家庭针对女性的暴力问题、性骚扰问题也是女性主义运动关注的新问题。

有人将女性主义运动第二波分为制度女性主义与基层女性主义。前者在现行制度中争取女性权利；后者在社区基础上工作，强调集体组织化，大力开展提高觉悟的运动。

20 世纪 60 年代末 70 年代初，西方国家中的女性兴起了"提高觉悟"小组的活动热潮。唤醒意识、提高觉悟、关注健康等女性活动团体超过两千个。一个主要的活动形式是大家聚在一起谈话以提高觉悟。这一活动在当时与其他治疗结合在一起，成为教育女性的有效形式。这些团体开展分享个人经验和情感的小组活动，用女性主义思想分析这些经验和情感，指导女性调整与男友的关系，进而开展为通过有利于提高女性地位的新法案而争取公众同情的活动。

在提高觉悟活动中，女性用自己作为女儿、妻子、母亲、情人、学生和工人的个人经历来批判社会结构，这一社会结构使女性沉默、悲哀，使女性相信她们在日常生活中所感受到的不满足、不快乐是个人的原因导致的。提高觉悟活动在 1970 年至 1974 年间达到高峰，当时的情况是：5 至 15 个女人组成的小组每周聚会一次，聚谈两个小时，持续几星期至一年，甚至更长时间。她们谈论一切，用个人的经历来检验社会上占主流地位的文化观念。这种活动方式后来发展成为一种知识的生产形式，一种女性主义的新型实践。

提高觉悟的进程有四条主线：

第一，使女性认识到，个人问题就是政治问题，通过倾听每个人的个人经历，将其编织成一幅社会生活图景，建立以个人生活经历为核心的社会分析；

第二，以家庭为重点，使女性认识到在社会化过程中，家庭是如何对女性进行性别角色教育的，社会化过程又是如何内化为个体的心理结构的；

第三，鼓励每位参与者讲述个人的感情生活，使女性有机会抒发感情，减轻不安心理；

　　第四，关注和讨论女性的性行为经历，使女性理解性欲的形成，性的意义；等等。

　　举例言之：

　　某女人被丈夫殴打过，在提高觉悟小组中，她发现还有别的几位女性也挨过丈夫或男友的打。这种交流使她认识到：自己个人的问题也是个政治问题；个人挨丈夫的打是社会权力模式的一个组成部分；自己遭遇的问题其实扎根于社会结构之中，是外部因素造成的，而不是她自身的内部缺陷造成的。最后，提高觉悟团体还可能成为政治行动的权力基地——她和其他挨过打的女性可能决定为受虐女性创立一个庇护所。总之，广泛开展的提高觉悟小组的活动是女性运动第二次浪潮中最具特色的活动。社会批判所导致的组织活动，从知识到行动，印证了"个人问题就是政治问题"这一口号，使它成为美国女性运动最有效的组织工具。[20]

　　有一位普通的女性对女性主义运动的回忆很形象地反映出女性主义流派和主张的多样性以及参加小组活动的女性对这一活动的印象。她说："在女权运动浪潮早期，我每周去参加一个提高觉悟小组的活动，同去的还有一个朋友。最近我们比较了两人的笔记，你猜发生了什么事？我的朋友说，她觉得'现在我能做一个女人了。这件事不再是可羞的了。我不再秘密地幻想我是个男人，就像以前那样，在我有孩子之前。现在我可以看得起过去我认为可耻的事了'。她的回答令我惊异。在那些年里，我们同在一起开会学习，我的想法却大致相反——现在我不必再做一个女人了。我不必做母亲了。做个女人一向是可羞的，但我以前以为没有别的出路。现在'女人'这个想法本身已经可以不要了，'女人'是我的奴隶姓名。女性主义将给我自由去寻找一个另外的全新的身份。"[21] 女性主义的思想流派以及它们对女性所造成的不同角度的影响由此可见一斑。

运动中异常活跃的波士顿小组主张：女性主义应当意识到、承认和关怀女性的日常生活，关心女性健康的实践、科学和服务。她们所编撰的《我们的身体，我们自己》在女性中影响很大，成为女性关注自身状况的教科书。

1973 年的罗伊诉韦德案的判决，使美国女性争得了自由选择堕胎权。这也是美国女性主义运动的一个实际成果。虽然这一权利的获得几经挫折，至今还是触动西方社会神经的敏感问题，有针对女性堕胎权利的反对甚至暴力（爆炸）行动不时发生，但是女性主义在这个领域毕竟已经迈出了坚实的一步。

3. 女性研究和理论流派

在女性运动第二次浪潮中，形成了一个女性研究的热潮。女性研究（又称性别研究）作为正式的研究领域于 20 世纪 60 年代首先在美国和英国出现。在过去的几十年间，女性研究在西方学界已经发展成为一个重要的研究领域。人们现在一般都认为，女性运动的第二次浪潮对于女性研究这一学科的建立有着根本性的影响。有人认为，女性研究本身就是女性主义运动在学术领域的延伸。

在如何看待女性研究和女性主义理论的问题上，女性运动的活跃分子分为两派，持两种截然对立的态度：一派认为女性主义理论很重要；另一派则认为女性主义理论过于干涩、无趣，也无用。前者批评后者太不重视理论的作用；后者则认为前者未免太学究气、太精英气，也太不易接近了，并批评她们把学院派女性主义者与一般女性隔开了，忘记了女性运动的主要任务在于提高女性的社会地位。

概括地说，社会学对于女性的研究经历了三个阶段：

第一阶段，女性问题只是被包括进社会学的研究来填填空。

第二阶段，女性研究成为一个独立的研究领域，进入社会学研究的主流，在女性研究领域建立了一些新的理论。

第三阶段，女性研究开始影响到现存的理论，由于现存的理论当中有许多是性别主义的，女性研究中的成果被用来对现存理论做出修正。女性主义的社会学理论的主要观点是：性别构成了理论的中心论题；性别关系中是存在问题的；不应当把性别关系看作是与生俱来的，固定不变的；女性主义社会学理论的任务是向不利于女性的身份地位挑战，争取改变女性的地位。

有人为女性主义理论下了这样一个定义："女性主义理论就是对女性屈从地位的批判性解释。"[22] 所谓女权意识概括地说就是一种受害者意识，即意识到社会权力分配的不公平，意识到自己是这种不公平的受害者。正如英国女性主义领导人帕克拉斯特（Christabel Parkhrust）所说："作为一个群体的女性对于作为一个群体的男性的屈从是社会生活其他一切方面的基本决定因素。"[23] 这就涉及了社会生活的一切方面，其中包括政治权力、意识形态、经济及性方面的控制与屈从。

虽然女性主义有很多流派，有着差别很大甚至是针锋相对的主张，但是它们有一个共同的目标，那就是消灭两性间的不平等关系，这个共同的目标把各个流派的女性主义者团结在一起。各个流派也有若干能够取得共识的女性主义原则，其中包括相信男女两性是不平等的，而且这种情况是应当加以改变的，即用两性间的平等关系取代等级和不平等；对既存两性关系的改造将对更广泛的社会关系产生影响；两性关系是政治性的；反对划分公领域和私领域，认为政治权力既运作于个人层面，又运作于社会层面，即"个人问题就是政治问题"；公民的社会权利源于存在本身，而非源于社会地位，即

"我存在，因此我有权利"。[24]

　　作为一种分类分析，社会性别一词与女性运动第二波同步出现，旨在强调生理性别与社会性别二者的区别。女性主义者认为，如果女孩子不喜欢数学，那不是因为生理性别，而是由于社会性别。女性主义并不特别关注生理性别，而是关注性别差异的文化和心理的意义。女性主义反对本质主义和生理决定论的观点，赞成性别的差异和特征是由社会建构起来的观点。女性主义因此受到来自生理学和医学的抵制。

　　通过社会学的经验调查和对社会行为变迁的研究，后世的人们对女性主义运动第二波所做的评价是：在工业革命初期，男性比女性变化快；在20世纪60年代的女性运动时期，女性比男性变化快。在社会生活的各个领域，女性主义运动第二波使女性在所有的指标上迅速与男性接近。这些指标不仅包括参政、就业、教育等直接反映女性社会地位的公领域指标，也包括那些间接反映女性社会地位的私领域指标，如家务劳动的分担、性行为方式，等等。

银河说 女性主义仍在不断探索创新

概括地说，在20世纪60年代和20世纪70年代的女性主义运动第二次浪潮，女性主义信心十足，但是经过20世纪80年代的保守势力回潮，而到了20世纪90年代末，女性主义自信心有所下降，基本上取守势。但是，在21世纪的今天，许多新的理论和流派仍在不断探索创新，形成了一股女性主义运动的潜流，并在更大规模上渗透到社会生活的各个领域，逐步进入了主流意识形态。

引文注释

［1］沃特金斯著，朱侃如译 . 女性主义. 广州出版社，1998.

［2］转引自 Bryson，V.*Feminist Political Theory*. The Macmillan Press LTD，1992.

［3］沃斯通克拉夫特著，王蓁译. 女权辩护. 商务印书馆，1995.

［4］见上条

［5］穆勒著，汪溪译. 妇女的屈从地位. 商务印书馆，1995.（以下穆勒语句均见于这本书）

［6］埃伦赖特等. 疾病和错乱——疾病的性别政治学. 女性与发展，1993.

［7］见第 1 条

［8］转引自第 1 条

［9］大成 . 最早的民间女性社团女人社. 光明日报，1993-09-26.

［10］王新田. 中国近代女学发展概说. 镇江师专学报，1990（4）：16-18.

［11］韩志俊等. 我国近代史上三次女性文化教育运动探讨. 唐都学刊，1989（3）：71-76.

［12］沈智. 辛亥革命时期的女知识分子. 上海社会科学院学术季刊，1991（4）：57-66.

［13］马庚存. 民国初年新旧势力较量中的女性运动. 青岛大学学报，1991（3）：44-49.

［14］转引自程绍珍. 宋庆龄民主革命时期的女性解放思想. 郑州大学学报，1991（5）：80-84.

［15］转引自第 2 条

［16］转引自 Chapman，J. *Politics, Feminism and the Reformarion of Gender*. Routledge. London and New York，1993.

［17］转引自 Butler.J.and Scott，J. W.（ed.）*Feminists Theorize the Political*. Roudedge，New York and London，1992.

［18］Irigaray，I.*Je, tu.nous, Toward a Cukure of Difference*. Translated From the French by Alison Martin，Roudedge，New York and London，1993.

［19］Robinson，V and Richardson，D.（ed.）*Inrroducing Women' s Studies, Feminist Theory and Practice*. MacMillan，1997.

［20］爱森堡等著，屈小玲，罗义坤等译 . 了解女性，光明日报出版社，1990.

海德著，陈主珍等译. 妇女心理学. 广东高等教育出版社，1987.

［21］Glover，D.and Kaplan，C Genders，Routledge，London and New York，2000.

［22］Richardson，D. and Robinson，V.（ed.）*Introducing Women' s Studies*. macmillan， 1993.

［23］转引自第 2 条

［24］Campbell，K.（ed.）*Critical Feminism, Argument in the Disciplines*. Open Universiry Press.Buckingham，Philadelphia，1992.

第三章

不同流派的
女性主义

尽管女性主义在争取男女平等的目标上有着基本的共识，各个女性主义流派关于"性别主义"（sexism）的起源和性质却有着极不相同的看法，对于如何消除性别主义也有不尽相同的观点。各个文化当中女性主义的阶层归属和现实斗争目标也不尽相同。

一般人一提到女性主义就以为它是铁板一块的，其实女性主义阵营中流派繁多，主张各异，最流行的概括方法是所谓"三大家"（big three）的概括，即自由主义女性主义、社会主义女性主义和激进女性主义。除了公认的"三大家"之外，近年来又出现了一个重要的新女性主义流派——后现代女性主义。由于这一新流派观点新颖，影响很大，所以在本书中将单列一节加以介绍。此外，还有一些不属于这四大流派的女性主义小流派、小分支，也会一一在后文加以介绍和阐述。

尽管女性主义在争取男女平等的目标上有着基本的共识，各个女性主义流派关于"性别主义"（sexism）的起源和性质却有着极不相同的看法，对于如何消除性别主义也有不尽相同的观点。各个文化当中女性主义的阶层归属和现实斗争目标也不尽相同。例如，英美女性运动就有区别：英国女性运动有更多工人阶级女性，属于社会主义女性主义；美国多中产阶级女性，属于自由主义女性主义或激进女性主义。

有学者对各个女性主义流派的研究框架作了这样的概括：自由主义女性主义的主要研究框架是理性与感情的问题；社会主义女性主义的关注点是关于公共领域与私人领域的问题；激进女性主义的关注点是关于自然与文化的问题；心理分析女性主义的关注点是关于主体与客体的问题；文化女性主义的关注点是关于心灵与肉体的问题。也有人对除早期主要在英国流行的自由主义女性主义之外当代最活跃的激进女性主义和社会主义女性主义作了这样的概括：激进女性主义主要关注对女性的暴力、性、生育等问题，以及男性从对女性的压迫中获益的情况；而社会主义女性主义则更关注于资本主义阶级社会所造成的男女不平等，关注女性的有偿劳动和无偿劳动以及国家问题。这类概括虽然由于其刻意追求工整而显得有些牵强，但不失为引领我们了解女性主义运动各个流派主要理论倾向的线索。

在许多具体问题上，各女性主义流派都有各不相同的立场和观点。举例言之，在如何看待公领域与私领域这两大领域划分的问题上，不同的女性主义流派就有不同的看法。激进女性主义的观点是：首先承认两个领域的划分，承认女人的活动天地主要在私领域，但同时却对私领域不如公领域重要的观点持坚决的否定态度。自由主义女性主义的态度是：为什么女人不能使自己更像男人呢？它希望女性能够走出私领域，到公领域中去同男人展开一场公平竞争。马克思主义和社会主义女性主义的观点则是：为什么女人不能使自己更像无产阶级？它希望女性把自己的解放斗争同无产阶级的解放斗争融为一体。

还有人将女性主义理论流派划分为两大派，一派是修正派（reformist），另一派是再分配派（redistributive）。修正派的主要观点是，现行制度可以通过修正加以完善；再分配派则认为，对现行制度的改良不能解决女性地位问题，必须在国家之间、阶级之间和两性之间进行系统而广泛的改革，实现社会资源的再分配。前者认为变革应当是自上而下的，从中受益的女性是客体；后者则认为变革应是自下而上的，受益的女性是主体。

值得一提的是，有人认为，过去几十年间女性主义流派的大量分化与重新组合，已经使过去"三大家"的区分变得不再清晰可辨，目前，女性主义的理论呈现出一派多元的格局。

在 20 世纪 90 年代，女性主义理论中的性别概念出现危机，批判者为性差异理论家，后殖民理论家，黑人女性主义理论家，自然科学领域中的女性主义认识论学者，尤其在生理学领域，女同性恋思想家的挑战显得特别活跃。后女性主义、后现代主义、后殖民主义层出不穷，她们的思想向女性主义运动第二波的共识提出挑战并且打碎了这种共识。她们强调女性主义理论中的差异，促使女性主义转向各式各样的"文化"，其结果是女性主义理论的范式转换。

一、自由主义女性主义

1. 自由主义女性主义的思想沿革

早期自由主义女性主义出现的背景可以追溯到沙龙知识分子的"蓝袜子团体"（blue stocking group of salon intellectuals）。这群中产阶级的文学女性以在集会时着蓝袜子著称，以致后来"蓝袜子"一词成了对卖弄学识的女人的略带贬义的代名词。虽然这个团体是反对女性主义的，而且接受了女人在文学世界中的二等公民地位，但是她们的存在本身及其在18世纪中期以后的出版活动，显示了女性的能力和能够扮演的新角色——女性不再属于完全被排除在公共论争之外的沉默的大多数。

从18世纪到20世纪60年代，女性运动的主导倾向是跟随着自由主义传统的，它关注女性的个人权利和政治、宗教自由，女性的选择权与自我决定权。法国革命的"自由、平等、博爱"口号、美国革命的"人人生而平等"口号是女性运动的主导思潮，天赋人权，主要是生命权、自由权和追求幸福权的诉求，也是女性运动的主要诉求。

自由主义女性主义直接面对的严酷现实是女性被全面排除于社会生活之外，它为将女性包括进社会生活奋斗了二百多年。它认为，社会剥夺了女性的平等权利这一点是不能容忍的。女性无论是作为一个群体还是一个个人，都应当享有与男性相等的权利。它主张将过去大多仅仅与男性连在一起的与个人自由和社会平等有关的价值扩大到女性中间。

概括地说，自由主义女性主义的基本观点是：理性、公正、机会均等和选择的自由。

首先，自由主义女性主义早期的代表思想是提倡理性，向传统的权威质疑，其背景是法国大革命和西欧的启蒙运动。自由主义女性主义的思想脉络发源于 16 世纪、17 世纪的社会契约理论。这一理论依据人们具有同等的理性潜能这一假设，主张人人生而平等。在自由主义的思想传统中，平等主要被解释为机会均等。早期的自由主义女性主义代表人物沃斯通克拉夫特、泰勒和穆勒都属于这一思想脉络。

自由主义女性主义的理论基础是启蒙理性。从自然状态开始，霍布斯视生命是危险的、丑恶的、不道德的、兽性的、无人性的和短暂的。因此人需要理性。洛克比霍布斯的观点乐观一些，他认为，如果人是理性的，那么他们就应当是自由的、平等的和独立的。理性的作用是最重要的。应当由国家来保卫人的自由，因此他要求依法治国。自由主义女性主义的思维是在这一思路的延长线上的。它反对改变社会的极端态度，认为制度需要修正而不是推翻。因此，它的斗争形式注重向政府游说，注重对决策者施加影响。

其次，自由主义女性主义十分看重公正和机会均等，认为女性的地位受到习俗法的局限，限制了女性对社会的参与。女性受压迫的根源在于个人和群体缺乏公平竞争机会与受教育的机会。解决途径是通过教育和经济制度的改善，争取到平等机会。在自由主义女性主义看来，所谓机会均等是指，人生而有不同资质、资源，只有极大的不平等发生时，才可人为干涉。它反对对女性的照顾性政策，认为此类政策虽然短期看可以使女性获益，但是长久看对女性不利。自由主义女性主义的目标是要建立能人统治（meritocracy）的社会，以人的能力素质来建构社会，争取与男性的"同等机会"。

因此，自由主义女性主义的基本立场可以表述为一种社会正义的观点：在一个公平的社会里，每一个成员都应该得到发挥自己潜力的机会，男女两性应当拥有同等的竞争机会。换言之，在关于平等（equality）和公正（equity）的争论当中，自由主义站在公正一边，主张公平竞争（公正），反对照顾弱者或弱势群体（平等）。她们假定，如果女人得到了与男人同等的竞争机会，她们将会成功。她们不太看重对结构因素所做的系统分析，而认为社会可以被个人的努力和政府的干预所克服。自由主义女性主义认为，一旦在现存体制内部争取到男女的平等法律权利，使男女享有平等的机会之后，剩下的事就靠每位女性个人的努力了。

自由主义女性主义关注的是那些拒绝了女性个人利益和选择的不公正的法律与教育体制，主张纠正这些不公正。他们特别强调女性受教育的权利。他们认为，女性之所以显得智力低下，是因为她们没有得到与男性相同的受教育机会。女性一旦争取到与男性同等的机会，一切问题就迎刃而解了。

第三，自由主义女性主义反对关于女性的传统哲学思想，即女性与男性相比在理性上是低劣的。它认为，是教育方面的机会不均等造成了两性之间在理性上的差异。在未来，虽然两性在生理上的差异会依然存在，但是性别心理的差异将会因男女之间教育机会的均等而消失。自由主义女性主义反对强调性别的差异，而非常强调男女两性的相似性。例如，它认为，女性在攻击性、抱负、力量和理性等方面拥有与男性相同的能力。自由主义女性主义者同马克思主义女性主义的区别主要在于二者对人性的不同看法上。自由主义女性主义诉诸人的本质和理性；而马克思主义女性主义认为，没有什么抽象的人的本质，人的特质都是社会的产物，人的本质就是一切社会关系的总和。

美国的自由主义女性主义者消除男女不平等的主要战略是：为女性争取受教育的权利、同工同酬的权利并争取相应的法律改革。她们认为，美国基本上是遵循对所有人一律给予公平和自由的原则的，只是这种公平和自由还应当进一步扩展到女性身上。由于女性解放运动的推动，1963 年，美国国会通过了《同工同酬法案》；20 世纪 60 年代末，又对民权法案作了修改，把雇佣中禁止性别歧视的内容列入了法案。

进入 20 世纪 70 年代后，美国自由主义女性主义的代表全国女性组织（NOW）掀起了通过《平等权利修正案》的运动。这一修正案要求以宪法修正案的形式规定"合众国或任何州不得以性别为由，剥夺或限制法律所规定的女性的平等权利"。迄今为止，美国宪法修正案共有 26 条，所以《平等权利修正案》又被称为宪法第 27 条修正案。早在 1971 年和 1972 年，美国众参两院分别通过了这项修正案。但是根据规定，宪法修正案还必须得到美国 50 个州中四分之三的州即 38 个州的批准，才能最终成为宪法的一部分。但是到 1978 年为止，这项修正案只得到了 35 个州的批准，为此，国会不得不将批准的期限从原来的 1979 年延长到 1982 年，但到 1982 年 6 月 30 日为止，支持此修正案的州仍然只有 35 个，因此这项修正案只得被废弃。尽管如此，美国女性争取平等权利的运动从未止息。在美国总统竞选期间，两党的候选人都曾对此项修正案发表看法。虽然通过《平等权利修正案》的阻力很大，但女界还会继续斗争下去。

自由主义女性主义所关注的焦点问题还有：将性别定义为一个基本问题；精英管理与女性的理性能力；平等教育权；同等经济权；平等公民权和政治权；生育权；堕胎；社会服务，如危机咨询、庇护所、乱伦救助、强奸咨询等。

2．自由主义女性主义的代表人物

早期自由主义女性主义的主要代表人物是沃斯通克拉夫特和穆勒。

沃斯通克拉夫特是早期自由主义女性主义最主要的代表人物。她的代表作是《为女权辩护》。在这部名著中，她批判了卢梭的女性观。卢梭的女性观认为：男女两性的特质和能力是不同的，这种生理上的差别决定了两性在社会中扮演不同的角色——男人成为公民，女人成为妻子和母亲。卢梭曾武断地说，女孩不喜欢学习读书和写字，但喜欢学习缝纫，所以应当训练男孩有理性的公民意识，同时训练女孩如何取悦男性，为他们生儿育女。沃斯通克拉夫特激烈地批判了这种性别观念，她的主要观点是：首先，否认女性在理性和理智方面的能力低于男性；其次，提倡男女两性受同等的理性教育；再次，她认为，男女两性的道德水准是相同的，都可以对品德做出自由的理性的选择；最后，她明确提出，两性的价值平等必然会导致两性的权利平等。她认为，理性是公民资格的基础，理性包含着克服或控制爱情与热情的能力。虽然她承认女性的性存在，却坚决认为，同爱情一样，女性的性欲也必须服从于理性，因此，女性的结婚和生育必须建立在理性的选择之上。

自由主义女性主义的另一位代表人物是穆勒。穆勒在其名著《女性的屈从地位》中全面地阐述了自由主义女性主义的观点。在 19 世纪中叶，穆勒是唯一一位讨论过自由主义女性主义原则的主要政治哲学家。他的名著《女性的屈从地位》在 1869 年出版时，曾引起许多人的敌意和嘲笑，他的出版商为此蒙受了巨大损失，但是这部著作还是产生了世界性的影响。他在这部著作中阐述了这样一个观点：应当将启蒙主义用于女性，这种启蒙主义认为，一种体制唯一的存在理由在于符合理性。女性的屈从地位是早期历史野蛮时代的产物，是一群人强迫另一群人的结果，远非一种自然的秩序，只是因为人们对此早已习以为常，它才被当作了自然的秩序。他当时提出的一个著名论断是"一个性别从属于另一性别是错误的"。[1] 他认为，女性的能力看上去确实低于男性，但这是长期的社会压迫和错误教育的结果，是压抑一方激励另一方的结果。

当代的女性主义者对穆勒的功绩不能忘怀，但对他的一些观点也并非全盘接受。例如，他有一个相当本质主义的观点，认为女人的思维模式更倾向于直觉，更现实，而男人的思维模式则更宽阔宏大。尽管他说女人的直觉现实的思维模式对男性会有助益，他这种概括本身还是受到了抨击。此外，穆勒虽然主张男女两性在政治、教育和就业上的平等，但仍坚持认为男女在社会上应有不同的角色，这种社会角色的区分与公私两大领域划分的观点十分接近。批评穆勒的人一方面认为他没有遵循自由主义原则，未能在所有的问题上得到符合这一原则的逻辑结论；另一方面，他们认为自由主义原则本身也有局限性。

早期自由主义女性主义在美国的代表人物是斯坦顿，她当时提出的主要要求是，将自由共和主义的原则适用于女性。她有意模仿《独立宣言》中的"人生而平等"的句式指出，所有的男人和女人都是生而平等的，反对在道德上的男女双重标准。但是，她忽视阶级与种族问题，甚至发表过"白种女人比前奴隶更有选举资格"这样的言论。斯坦顿还流露过女性比男性优越的思想，但她的观点基本上还保留在自由主义女性主义的范畴之内。

自由主义女性主义在女性运动第二波中的代表是波伏娃。

波伏娃在《第二性》中指出："男性将他自己定义为'自我'，将女性定义为'他者'。女性不仅与男人不同，而且低于男性。虽然压迫是结构性的（如经济歧视），但是反抗是个人性的。女性无法逃避'女人性'以及在男权社会中女性的地位。"波伏娃提出了"三步策略"：第一步，一定要工作，即使在资本主义社会中工作是受剥削受压迫的；第二步，一定要有知识，包括思想、观察和定义；第三步，争取社会的社会主义变革，这一变革将对主体与客体、自我与他者的冲突有所帮助。[2]

1963年，弗里丹在其代表作《女性的奥秘》中提出那个"无名的问题"，即中产阶级女性在家庭主妇的"幸福"生活中所共同感受到的那个烦恼的问题。她是美国全国女性组织的创建人和主要领导人，该组织的主要成员都是中产阶级女性。她们的观点大都属于自由主义女性主义流派。

多年之后，在《非常女人》一书中，弗里丹又提出"第二阶段"的问题。她提出这一问题的出发点在于，女性在走出家庭之后虽然社会地位提高了，有事业可做了，但是她们又面临新的问题——在选择是否要孩子时，在追求事业的成功时，她们感觉到冲突、恐惧和无奈，以及与此有关的具体问题。[3]

弗里丹提出的"两阶段论"是指：第一阶段，走出家庭；第二阶段，在男女真正平等的基础上重塑我们的制度，以使我们能够生活在对生活和爱的新的肯定之中，能够选择要孩子。

弗里丹认为，问题的根源在于女性运动不愿意着手处理家庭问题。美国早期女性主义者大多是反对婚姻和家庭的单身女性，有的虽然结了婚，却没有要孩子。现代女性主义者的大众化形象，要么是一个以其人之道还治其人之身地攻击男人的事业型"女强人"，要么是一个年轻的"解放女士"，反对婚姻，反对生孩子做母亲，反对家庭，反对男女私谊，抨击过去女人取悦男人、吸引男人的所有特性。她们推崇反对男人的"亚马逊女战士"形象，例如，一个题名为"摧毁男人协会"的女性组织公然宣称"所有的已婚女性都是妓女"。她们宣称，除非彻底消除家庭，除非女性抛弃为母之道，不与男人性交，否则女性永远不能得到解放。让婴儿在试管中孕育，把男人与女人间的所有关系以及男人与国家的军事和经济掠夺间的关系，简单地概括为"强奸"二字。弗里丹认为，"个人问题就是政治问题"这一口号指的是：不要刮你的腿毛和腋毛，拒不上美容院或用化妆品，不让男人为你付餐馆的账单或为你开门，不给他做早餐或晚餐，不洗他的袜子。弗里丹是不赞成这样过激的主张的，她明确地说："反对男人、反对家庭、焚烧胸罩的'女性解放论者'……可那不是我的意思，根本不是。"

弗里丹批评激进女性主义者在女人反对男人的情绪中犯了一个错误：过于生搬硬套阶级斗争、种族压迫那一套。把早期针对"白鬼"或"老板工贼"的怨恨转向针对男人，用马克思主义的术语发起一场新的革命事业，捣毁作为所有压迫根源的"男权制的核心家庭"。

在选美问题上，弗里丹一开始是反对选美的，后来，在她宣称已经到来的"第二阶段"，她的观点已经改变。她说："女性运动开始时宣布反对美国小姐选美赛，是因为它象征着一种对女性普遍意义上的蔑视，把她们不当作人看，仿佛她们只不过是三围的尺寸——36-24-36（英寸）。但现在，既然女性已经能够觉得自己是个人，并能像人一样进入社会，被当作人来看待和对待，那么她们就可以选择喜欢变得更加美丽。"

总之，自由主义女性主义在许多问题上属于温和派、稳健派，远不如激进女性主义那么极端激烈。

3. 对自由主义女性主义的批评
对自由主义女性主义的批评集中在这样几个方面：

第一，自由主义女性主义不承认非性别形式的其他种类的压迫，尤其不承认阶级压迫的存在。因此有人批评沃斯通克拉夫特的女性主义的基本要求是争得与资产阶级男性的平等权利，虽然她也批评过等级制度和导致贫困的财产继承制度。此外，自由主义女性主义的平等理论忽略了黑人、少数民族和其他边缘的无权群体的状况。

第二，自由主义女性主义未能在工作和政治领域争得两性平等，甚至在法律方面的平等也没有完全争得。

第三，自由主义女性主义只是一般自由主义原则的简单扩张，没有对它做什么修正；而自由主义原则本身就有问题，对女性主义是不适用的。自由主义原则的最根本错误在于它对国家作用的理解是错误的，以为所谓多元政治真是所有利益集团都有同等机会接近政治权力的一种机制，其实不然。

第四，自由主义女性主义的两性平等要求忽略了性别社会角色的差异，忽略了两性的生理区别。例如，在子女抚养权方面就不能仅仅要求与男性平等，还要考虑到儿童的需要与女性的福利。

第五，自由主义女性主义坚持忽视性别式的（sex blind）立法，而这种立法忽视了男女两性的生理差别，对这个性别社会的社会现实视而不见。

第六，自由主义女性主义的人性观视个人基本上是理性的、独立的、竞争的和自治的存在，忽视了人类社会的抚育、合作和相互支持的性质。而如果对人性的理解不完整，就不能理解人们的动机和行为，就不可能有恰当可行的政治策略。

第七，自由主义女性主义仍旧以男性的规范为标准，要求女人变得和男人一样，忽略了女性品质所特有的价值。虽然女人可以通过其他的角色来实现自我，但是不可以忽视生殖与家内需要的重要性。自由主义女性主义没有解答公领域与私领域两分的问题。

第八，自由主义女性主义认为女性解放要靠每个人的个人努力，忽略了女性群体所处的不利地位，忽略了集体行动的必要性。

第九，自由主义女性主义向权力的分工挑战，但未向权力的性别概念挑战，客观上维护了既存的权力机制。

第十，自由主义女性主义的理性观念仍然是男性观念，所谓客观性和普遍性只是有限的男性实践的结果。而由于这种理性观念和客观性观念忽略了人类中另一半人的实践，知识就是不完整的。理性的观念绝不是一个性别中立的观念，因为理性的定义就是克服了自然情感和特殊性之后所得到的判断，而自然情感和特殊性一向被定义为女性的特征。按照这一逻辑，所谓理性判断就是克服了女性的偏差之后所得到的判断，这是女性主义绝对不能接受的。

二、激进女性主义

1．激进女性主义关于男权制的理论

激进女性主义于 20 世纪 60 年代出现，它来自新"左"派，又脱离了新"左"派。由于新"左"派中的女性成员不满新"左"派社会主义者和民权团体对她们的态度，发起成立了强烈认同当代女性运动的一个派别。她们认为，资本主义经济制度并不是男权制的唯一源头，在所有的经济制度下，女性地位都是低下的，无论社会主义社会还是资本主义社会。她们关注女性地位低于男性的问题，关注男权制的深层结构。她们认为，只有消灭男权制才能达到女性运动的目标。在男权制结构内部提高女性地位只会延续统治制度和不平等。

激进女性主义的许多思想并不是过去没有人提出过，但是直到 20 世纪 60 年代，它才发展成一种系统的自我认定的理论。激进女性主义最主要的理论建树是男权制理论。激进女性主义坚持认为，自己独立创造了男权制理论，并宣称自己一派的理论"完全没有男权制的痕迹"[4]。

米利特是最早将男权制（父权制）这一概念引入女性主义理论的人，她在《性政治》一书的第二章首先引入了这一概念，成为后来女性主义理论大量使用这一概念的起点。这个概念本不是什么新创造出来的概念，指的是由父亲做家长的机制。米利特为它加入了新的含义，这样它就包含了双重含义：第一，它指男性统治女性；第二，它指男性长辈统治晚辈。从 20 世纪

60 年代开始，这一概念被定义为男尊女卑的系统化机制。

　　激进女性主义非常强调自己的理论是关于女性的理论，是由女性创造的理论，又是为了女性而创造的理论。它的基本观点有：把对女性的压迫视为统治的最基本最普遍的形式，其目的在于理解和结束这一统治；在所有的概念中，男权制是关键概念；女性作为一个群体同男性利益相对立，这一利益使女性在姐妹情谊的基础上联合起来，超越了阶级和种族的界线，所有的女性都应当为女性的解放而共同斗争；男权的统治不仅限于政治和有报酬的工作这类公共领域，而且存在于私人生活领域，例如家庭和性这两者都是男权制统治的工具。此外，激进女性主义还有两个基本命题：第一，在资本主义的市场经济中，交换价值先于使用价值；第二，在男权制体系中，交换价值是由男性来定义的。激进女性主义主张个人问题就是政治问题，即使是女性最私人、最隐秘的经验，也是由拥有特权地位的男性原则的制度和结构造就的。

　　激进女性主义的男权制理论并不把国家作为政治的中心议题，而认为国家只是男权制压迫的工具；它不看重经济压迫，并且认为，那种以为推翻了经济压迫一切问题就会迎刃而解的观点是错误的。女人是作为女人而遭受经济压迫的，而不是作为一个性别中立的无产阶级成员而遭受经济压迫的。这一理论还认为，家庭是社会权力结构的中心部分，其中包括在家务劳动上对女性的剥削、性剥削等。

　　激进女性主义向传统的权力及政治观念提出了挑战。它指出，男权制在所有的社会中运行，其力量远远超过了正规的权力制度，超越了阶级和种族的界线。它在人们的童年就开始以社会教化的形式灌输给他们，通过教育、文学和宗教这些手段的强化，使人们将其内化在心灵深处。有些女人因此而仇视自我，否定自我，接受了自己是二等公民的看法。有的女性主义者甚至直截了当地将男权制称为"男权制宗教"，并认为全世界的各种主要宗教全都在起着使男权制合法化的作用。因此，女性运动不仅是反教会的，而且是后基督教的精神革命。

激进女性主义的理论论证追溯到这样一个问题：为什么女性在所有的社会都处于从属地位？在 15 世纪的欧洲有迫害女巫的运动；在中国有女性裹小脚的旧俗；在非洲至今还有许多女性要受割礼（阴部环切术）；在美国也有"妇科学"（gynaecology），其功能同上述那些习俗类似，都是为了控制女人的身体、性和生存环境。激进女性主义者以此为依据，提出了整个女性群体"殖民化"（colonizing）的问题，这一理论的主要假设是："女性普遍的殖民化，即普遍屈从于男权制的压迫。"[5] 女性受到男权制社会制度的压迫，这是最基本的压迫机制；其他形式的压迫，如种族主义、健全主义（able-bodiedism）、异性恋霸权主义以及阶级压迫，全都与性别的压迫有关。她们中的有些人甚至创造出"性别阶级"（sex-class）这一概念。她们认为，男性是与女性极为不同的一种人，是一种富于攻击性的邪恶的人，他们迄今为止一直在统治、压迫、剥削和残害女性。

激进女性主义指出，女性所遭受的压迫有如下五种特征：

第一，从历史上看，女性是最早受到压迫的群体；

第二，女性受压迫是最普遍的现象，这种现象实际上存在于一切已知的社会之中；

第三，女性所受压迫最深，这种压迫形式又最难根除，依靠消灭阶级社会之类的社会变革也不能将其除掉；

第四，女性所受压迫对受害者造成了最大的（无论是质还是量的方面）痛苦，虽然这种痛苦往往由于压迫者和受害者都有性别偏见而未被认识到；

第五，女性所受压迫为理解所有其他形式的压迫提供了概念模式。虽然不同的激进女性主义者对女性受压迫的基本性质的强调侧面有所不同，但她

们至少在上述的前三点上意见一致。^[6]

激进女性主义将其理论重心放在男性针对女性的暴力行为以及男性对女性在性和生育领域的控制上；它视男性群体为压迫女性的群体，要在一个男性中心的社会争取女性的中心地位。这一理论的极端形式是攻击异性恋、性暴力和淫秽色情品的制造与销售。它认为，女性受压迫的基本根源是男性对女性身体的统治，这种统治是通过两种途径来实现的，一是通过意识形态途径，其中包括淫秽色情品的制售、贬低女性的思维定式、性别主义的幽默玩笑等；二是通过实践的途径，其中包括男性中心的婚姻和财产法、剥夺女性的生育权利、性暴力等。

基于上述观点，激进女性主义致力于下列工作：为被强奸女性设立救助中心，为受暴女性提供庇护所。她们最活跃的方面在和平、生态、生育权利、反对淫秽色情品以及同性恋权利运动等。她们为运动所制定的目标是：摧毁男性对女性的统治机制，代之以赋权机制（systems of empowerment）。

对于激进女性主义所提出的男权制这一理论，女性主义者当中有许多不同的看法，虽然有人认为用这一理论来分析压迫女性的机制是有效的，但也有人认为它太过宽泛，太过概括，还有人认为它太受特殊社会条件的限制，不如用"性—性别体系"（sex-gender system）这一概念来取代它。有的批评指出：这一理论是描述性的，而不是分析性的，它不能解释男权的起源，因此难以提供结束男权统治的策略；它建立在"男人是敌人"这一错误的判断之上，所以只能在女同性恋分离主义者当中引起共鸣，不能吸引到广大女性的认同；这一理论是非历史的，建立在错误的普遍适用假设之上，它只反映了白人中产阶级女性的经验，没有考虑到工人阶级女性、黑人女性和第三世界女性的情况；按照这一理论的逻辑，在男人数世纪的错误统治之下，女人所扮演的只是被动受害者的角色，而不是历史和未来的共同创造者。对激进女性主义的另一种批评来自后现代女性主义，认为它把男女两性的两分状态固定化了，把男权制的压迫和禁制当作一个静态的概念来看待。

哈特曼（Heidi Hartmann）的著名文章《马克思主义与女性主义的不幸结合》曾在20世纪70年代广为流传。她既批评了传统马克思主义的性别盲点，也批评了激进女性主义的阶级盲点，从男性在家庭内外控制女性劳动力的角度重新定义了男权制这一范畴。她把资本主义和男权制看作相互依赖、相互强化的两个制度，并认为，女性解放就是要把这两种制度都消灭。[7]

2. 激进女性主义对女性作为一个阶级的强调

激进女性主义的主张是：女性是一个阶级，男性是另一个阶级。她们激烈而鲜明地反对男权制社会，通过宣传示威活动，建立女性空间和女性文化。她们的基本观点是：个人问题就是政治问题，即个人经济上的不平等地位不是源于个人原因，而是因为社会不公；以男权制为根源的阶级压迫；对男权制的心理学、生理学解释；男女有本质不同；社会必须彻底改变；等级制必须消灭。

激进女性主义者认为女性是被压迫阶级，并称现行的社会体制是性阶级体制（sex class system）；男女不平等是由性别所造成的，消除不平等的方式就是要破坏性别角色的分工。一些激进女性主义者甚至将女性的低下地位归咎于生理结构，认为女性的身体是自然界的畸形创造，这一生理结构导致女性以为自己应当去做那些屈从于男性统治的事情，诸如生育、带孩子、性交等；既然并不仅仅在资本主义制度下女性才受压迫，而是在任何经济制度中都可能发生压迫女性的现象，那么女性受压迫就不是由阶级原因而是由生理原因导致的，其中最主要的一个原因是女性的生育；只有通过诸如避孕技术、试管婴儿、人工授精及无性繁殖这类科学技术的进步，把女性从生育这一压迫她们的生理功能下解放出来，女性的处境才会有实质性的改善；只要两性的区分在生理上和社会上还继续存在，女性的处境就不会有实质性的改善。她们认为，要想铲除这一性阶级体制，必须首先铲除其生理基础；只有想办法消除使女性处于屈从地位的生理差异，使男女之间的生理差异不再有意义，才能进而消除男女之间的不平等和性别歧视。

费尔斯通是这一观点的代表人物。她的代表作《性的辩证法》被誉为对女性受压迫进行系统分析并解释其根源的最早尝试之一。她在这部著作中表达的一种观点十分引人注目：通常，女性主义者总是否定女性的依从地位有其生物学的基础，可费尔斯通认为，女性依从地位的根源在于人类生物学的某些永存的事实，那就是：婴儿的成熟期很长，这便决定了婴儿要有很长一段时间依赖于成人，特别是要依赖母奶才能生存；与此同时，生育使女性的体质变弱，使她们要依靠男人才能生存。由这一逻辑推衍下去，费尔斯通得到了如下的结论：女性解放要靠"生物革命"和与此有关的一系列技术进步，这一革命不仅要使婴儿的养育脱离人奶，而且要使生育过程脱离子宫，这样才能真正消除女性对男人的体力的依赖，而这一依赖恰恰是女性依从地位的生理基础。[8]

人类学研究发现，在澳大利亚的土著居民、非洲游牧民族和爱斯基摩人以及其他狩猎民族中，造成男性统治的原因不能仅仅用与外界的阶级社会接触来解释，而要用其自身发展的过程及致使女性地位低下的生理原因来解释。除了前述费尔斯通的解释，即男权制产生的原因是原始人的后代对母亲的依附，以及母亲依附于在她生产和哺乳时供养她的男人这一基本事实之外，更普遍的一种看法是，男性统治既非来自男性的好战，也不是由于女性的依附性，而是起源于男性的狩猎活动。由于女性要哺育孩子，不能去狩猎，男人就利用她的无能为力而控制了肉类的交换。随着肉类在不同狩猎集团饮食中处于日渐重要的地位，就逐渐形成了男性的统治。

在 20 世纪 70 年代，激进女性主义开始改变其观点，从把女性的地位低下归因于女性的生理状态，转变为谴责男性的生理状态，从而走向另一极端，鼓吹排斥男性，把男性侵犯女性的倾向看作是与生俱来的，把男人当作敌人。一种典型的激进女性主义言论是这样的——有人说，女性运动是有史以来第一场没有敌人的战争，而我们认为敌人就是社会和男人。[9] 在第四次世界女性大会（一译"世界妇女大会"）上，有一位老年女性发言说，记得六七十年代，在女性的集会上经常会出现这样的场面——一位女性高声问与会女性：谁是我们的敌人？大家齐声回答：男人！

不仅是激进女性主义这样看，就连萨特都认为女性运动是一场所有女人针对所有男人的斗争，他曾说过："迄今为止，阶级斗争是由一部分男人针对另一部分男人而展开的。它本质上是男人之间的一种关系，一种与权力或经济相联系的关系。而男人与女人的关系却是非常不同的。……我认为，女性斗争不是从阶级斗争中引申出来的……我甚至可以这样说，大多数女性还没有意识到这一点，即这是一场所有女人针对所有男人的斗争，而每一个女性只要通过加入这场运动，使它成为规模更大的斗争，她们就能从中获得益处。"

激进女性主义也承认是资本主义制度导致了女性对男人的从属地位，但她们认为，女人主要的敌人是男人而不是体制。根据她们的考证，早在公元前 4 世纪，希腊文化中即有厌女症的表现，而这一文化正是西方政治哲学的发祥地。在所有已知社会中，性别关系都是以权力为基础的，因而是一种政治的关系；这一权力的形式是男性在生活的一切方面统治女性；性别统治是那么普遍，那么无所不在，又是那么彻底，以致被视为一种"自然的秩序"而被广大的人群视而不见；它在各种文化中都是最为普及、渗透力最强的意识形态，它为权力这一概念提供了最基本的形式。

激进女性主义认为自由主义女性主义走得不够远。如果拿激进女性主义与自由主义女性主义比较，平等和性意识形态的重要性对于前者来说要大大超过后者。激进女性主义认为，男权制压制女性，是一个以权力、统治、等级和竞争为特征的体系。这一体系不可改造，只能将其根脉根除、消灭。不仅要推翻男权制的法律、政治和经济结构，还要推翻其社会、文化制度，尤其是家庭、教会和学院。激进女性主义长时间以来一直拒绝学院传统，视白种西方男人精英政治是有问题的，是维护统治结构和等级的。

激进女性主义认为，性别主义与资本主义现代社会结构是并生关系。它既不能容忍自由主义女性主义融入资本主义社会的策略，也不同意马克思主义女性主义推翻资本主义社会的主张，而是主张从资本主义社会中分离出去。因此，这种观念立场有时又被称为分离主义。

性和身体的领域是激进女性主义极为关注的领域。激进女性主义代表人物麦金农的名言是："性对于女性主义就是工作之于马克思主义——既属于自己，又被剥夺。"[10] 为女性争取堕胎权是激进女性主义活跃的主要舞台。

对激进女性主义的主要批评是：它没有能够解释生理性别是如何变成社会性别的。如果将男性压迫女性的原因归结为生理上有问题，是生理原因使他们变得残忍，那么就很难认为这种压迫关系是能够改变的。此外，激进女性主义被批评为具有种族中心主义的缺点。

三、社会主义女性主义

1. 社会主义女性主义的观点

从 19 世纪到 20 世纪 60 年代，女性运动中活跃着另一个大流派，那就是社会主义女性主义。它认为，女性问题在工人运动、社会民主运动和马克思主义运动中将得到根本的解决。女性解放最主要的途径是通过进入社会主义劳动力市场。"阶级统治将永远消亡，而男性对女性的统治也将随之告终。" [11]

社会主义女性主义的理论基础是历史唯物论，其基本论点是：物质生活塑造人的意识。经济制度决定上层建筑。它强调资产阶级对无产阶级的阶级压迫，看重物质和经济力量，关注男女不平等的经济原因和资本主义问题。社会主义女性主义认为，必须改变整个社会结构，真正的性别平等才有可能。

恩格斯的《家庭、私有制和国家的起源》是社会主义女性主义常常引用的经典著作。他认为，女性受压迫的根源是私有财产制度这一经济秩序的社会组织。女性是资本主义社会中的劳动力后备军。它主张女性主义与阶级斗争相结合。由于女性在男权制下受到的压迫和剥削来自私有财产制，改变资本主义和男权制体系这两个制度的一方，就会导致另一方的改变。

社会主义女性主义认为，把"阶级"仅用来区分与生产资料有关的不同社会群体过于狭窄，女性也是一个阶级；它试图用"异化"的概念来解释女性受压迫的现实，并认为使女性摆脱压迫的道路就是克服女性的异化和消除劳动的性别分工；它的最终目标是使社会上男女阶级的划分归于消失；它解放女性的战略是性别特性的变革和生育的变革。因此，社会主义女性主义从根本上说是反对强调男女两性区别的。它主张不应当有一个独立于全体政治之外的女性主义政治，并认为独立的女性主义政治必定是一种错误的普遍概括（false universalising）。它更反对女同性恋的分离主义（lesbian separationism），认为这种分离主义的基础是男女两性的生理区别。

社会主义女性主义在平等与公正的争论中是站在平等一边的，它认为女性在生活的一切方面系统地处于不利地位，这不是个人能力的原因造成的，而是历史和社会的原因造成的；因此，要改变女性的不利地位也不能仅仅靠个人的努力和所谓"公平竞争"，而是要为女性争取特别的保护性立法，以及各种救助弱势群体的特殊措施，以此争得同男子平等的地位。社会主义女性主义的一个主要现实斗争要求就是男女同工同酬。

在许多欧洲国家，19 世纪末的女性主义主流思潮同社会主义思潮有巨大的区别：前者只是在现存的体制中要求两性平等的政治法律权利，后者则主张阶级斗争和革命。但是，在英美两国，女性主义与社会主义往往结合在一起，她们将女性主义建立在社会公平的要求上面，而不是单纯建立在对男权社会的分析之上。社会主义女性主义主张将女性主义的斗争融入反对资本主义的斗争，其主要理论依据是：当今世界上男人控制女人的状况，加强了资本主义对社会的控制力量；如果抛开女性主义，对资本主义和男权的斗争都不可能成功。总之，她们非常强调同阶级压迫展开斗争。

在美国，社会主义运动中的男女同志原本是协调一致的，从 20 世纪 30 年代开始，一些党内高层领导中的女性提出应当重视女性问题，她们的提法是：要反对阶级统治秩序之下的男性统治。她们批评党内的一些男性成员是性别主义的，歧视女性的，总认为女性问题是琐碎的，提不上议事日程的。她们的观点使党内的男性成员开始重新检讨自己思想中的性别主义偏差。

社会主义女性主义认为，在资本主义社会中，"四种结构"——生产、生殖、性和儿童教化——在家庭中结合在一起，相互依存，是女性受压迫的物质基础。只有推翻资本主义制度，并且将男权制的心理加以转变，才能使女性得到真正的解放。米歇尔（Juliet Mitchell）是社会主义女性主义最重要的代表人物之一。1966 年，她发表的《女性，最漫长的革命》（一译《妇女，最漫长的革命》）成为女性运动的一部纲领性文献。她在书中提出，女性的被剥削被压迫是通过四个领域来进行的，那就是生产、生殖、性和儿童的社会教化；她的思想受到阿尔都塞的影响，认为这四大压迫结构既是相对独立又是相互依存的；她还主张分析和汲取弗洛伊德心理分析理论的有益成分，为女性主义所用。

1969 年，加拿大女性主义理论家本斯通（M.Benston）和莫顿（P.Morton）发表了一个重要观点。她们是从揭示资本主义社会中女性处于从属地位的根源这一问题出发提出她们的观点的。她们认为，这种根源具有"经济"或"物质"性质，可以归因于女性无偿的家务劳动。女性的经济活动包括缝补浆洗、做饭育儿，可这些劳动的产品和劳务被直接消费掉了，从未进入过市场，因此这些产品和劳务只有使用价值，没有交换价值。[12]苏联的经济学家算过一笔账：若以其他方式取代母亲和家庭女性，全社会要付出的代价约相当于每年雇用 1 亿名拿工资的工人，其报酬为一年 1500 亿卢布（当时约合人民币 5000 亿元）。中国经济学家也做了类似的测算，若把家务劳动转化为固定工资支付，每年为 420 亿元人民币。按照本斯通和莫顿的观点，每个家庭在本质上都是一个前资本主义、前工业的实体，因为女性无偿的家务劳动在技术上是原始的，并处于货币经济之外。这种无偿的家务劳动构成女性受压迫的物质基础。解决这一问题的战略是把家务劳动变成公共生产，也就是必须朝着家务劳动社会化的方向发展，并以此为女性解放的先决条件。

按照这一逻辑，女性的作用在资本主义社会之前和资本主义社会之中是有区别的。在资本主义社会之前，女性的劳动直接是社会生产的一部分；而在资本主义社会中，女性的劳动在家庭中成为个体化的，所以处在社会生产之外。因此，反对资本主义的斗争就是反对家务劳动，反对家务劳动也就是反对资本主义。对这一观点的批判意见指出：这种分析把由性别差别而导致的劳动分工与资本主义混为一谈，忽视了在社会主义社会中仍有女性受压迫的问题。[13]

社会主义女性主义认为，像激进女性主义者那样做性别的分类是不恰当的。虽然她们赞同激进女性主义将私人与公共领域的划分、生殖与生产领域的划分都看作男权制的结构，但是她们的结论不是像激进女性主义者那样去重新评价私人和生殖领域，为其赋予较高的价值，而是强调公众和私人这两大领域之间的不可分割性。她们的政治要求是：第一，工业的结构应当向生产和生殖的劳动者倾斜；第二，要满足大多数人的基本需求，而不是去满足少数人的奢侈欲望。

空想社会主义思想家对社会主义女性主义有一定的影响。空想社会主义者欧文曾经提出，宗教、婚姻和私人财产是一个世俗的三位一体，这三样邪恶的东西是相辅相成的。因此，要反对私有财产，就必须消灭家庭，因为家庭是个人主义的主要根源；要反对私有财产，还应反对把家庭维系在一起的宗教。但是他也认为，最困难的是反对婚姻，即使在他建立的公社里生活的人们，还是自然地形成了男女一对一对居住的格局。

社会主义女性主义最关注的问题有：女性参加社会劳动的问题，家内劳动不被当作工作的问题，女性的劳动报酬低于男性的问题。并且认为要想解决这些问题，达到男女平等，都要通过推翻资本主义、建立社会主义才能实现。

社会主义女性主义的"大本营"主要是在英国，在那里，脱离了反对资本主义的斗争而被单独提出的女性问题被视为非问题，或者是从阶级斗争的有害偏离。

对社会主义女性主义的主要批评意见是：它将男性的主要领域定义为生产，而将女性的主要领域定义为生殖是错误的。实际情况是，男女全都参与了生产"物"与生产"人"的过程。[14] 由于这样的理论前提，社会主义女性主义就把女性的位置固定在私领域之中，而把公领域仅仅限定为男性的领域。这不仅在理论上是错误的，而且在实践中对女性也很不利。

2. 社会主义女性主义与马克思主义女性主义的异同

马克思主义女性主义与社会主义女性主义有相似之处。它反对马克思主义的性别盲点和早期激进女性主义的阶级盲点，将马克思主义与激进女性主义结合起来。它的两个目标是马克思主义的消灭阶级压迫和激进女性主义的消灭性别压迫。它同样看重物质和经济力量，但是除了阶级和种族压迫之外，还关注男权制，主张消灭私有制以改变种族、阶级和性别关系，关注家庭，改变性别的劳动分工，要求父亲分担家务。

马克思主义女性主义在分析男权制社会机制的运作规律时，刻意模仿马克思主义对资本主义社会机制的分析方法，只是以女性的生殖概念代替马克思主义分析中的生产概念，用性别阶级代替社会阶级，用对女性身体的所有权代替控制权；目标是消灭男性的阶级特权与性别特权。

在资本主义与男权制的运作模式究竟是双体制还是单体制的论辩中，马克思主义女性主义赞成前者：资本主义与男权制并重。它强调男性控制加社会剥削，是二者的结盟。在资本主义与男权制的关系中，前者是基础，后者是意识形态。基础决定意识形态。资本和男权制是两个体系。

在女性主义运动第二波中，费尔斯通曾用马克思主义的话语阐释女性问题，将女性定义为一个阶级，认为男权制和阶级都是基本的压迫形式。女性主义学者罗宾（Gayle Rubin）也说过这样的话：女性所受的压迫当然有无数跨文化、跨历史的差异与一致性，但是"再没有什么理论比马克思主义的阶级压迫理论对女性受压迫这件事更具解释力"[15]。

马克思主义女性主义还认为，所谓男性气质是从资本主义经济体系中发展出来的。少数男性掌握着生产工具，绝大多数人没有生产工具。所谓男性气质是在生产关系中的男男关系和男女关系中形成的。

马克思主义女性主义关注的问题包括：对自然的剥削和家务劳动的重要性，女性有偿工作与家务劳动之间的关系。它认为，资本主义决定了男女的不平等，主要原因在于女性提供无报酬的家务劳动。

在女性主义的理论流派中，社会主义女性主义同马克思主义女性主义比较接近，因此常常有人把这两个理论流派列在一起。其实，社会主义女性主义虽然与马克思主义女性主义有着千丝万缕的联系，但是二者还是有着细微差别的。

社会主义女性主义的思想显然受到马克思主义的巨大影响。首先，马克思主义关于物质决定精神、经济基础决定上层建筑的思想对社会主义女性主义有很大的影响。例如，她们认为，家庭和性关系就像其他形式的社会机制一样，都属于历史的范畴，不是永不改变的；而改变它们不能靠诉诸理性或某些抽象的正义原则，只能靠生产力和生产关系的改变。

其次，马克思主义女性主义认为，女性受压迫起源于私有财产制的经济结构，女性之受压迫与资本剥削劳动具有相同的形式，因此阶级压迫是更基本的压迫形式。它把分析的重点放在女性的有偿劳动与无偿劳动（包括家务劳动、义务劳动，在一些国家还应当把农业劳动包括进来），并把它同资本主义的经济体制联系起来，认为女性是廉价劳动力。女性所受的压迫是阶级压迫的一个例证。如不推翻资本主义的经济制度和私有财产观念，女性的地位就不会得到改善。社会主义女性主义也有类似的主张。

第三，社会主义女性主义者常常引用的一部著作是恩格斯的《家庭、私有制与国家的起源》。她们最为看重的观点是：恩格斯否认现代家庭是一种"自然的秩序"，而认为它是历史的，变化的。恩格斯曾提出，母权的丧失是女性的历史性失败，这就表明了他认为历史上曾经有过一个母权和女权得到伸张的时期，目前的男权社会并非从来如此的自然秩序。恩格斯曾高度评价巴霍芬的《母权论》，该书用印第安人的资料证明了母权制的存在。恩格斯说："确定原始的母权制氏族是一切文明民族的男权制氏族以前的阶段的这个重新发现，对于原始历史所具有的意义，正如达尔文的进化理论对于生物学和马克思的剩余价值理论对于政治经济学的意义一样。"[16] 关于母权制社会是不是普遍存在过，学界至今仍有争议，但它至少在某些社会中存在过这一点是确凿无疑的。我国人类学家也发现，纳西族曾经历过杂交和血缘婚阶段，后来发展为母系氏族，称"尔"。后来经过野合偶居，走访婚——安达制，才最终出现各种形式的嫁娶制，产生了男权制家庭。[17] 恩格斯说过："社会的进步可以用女性（丑的也包括在内）的社会地位来衡量。"[18] 这也是社会主义女性主义所赞赏的观点。

第四，恩格斯把女性进入劳动力市场参加社会劳动看作历史的进步，这一论点对社会主义女性主义有影响。恩格斯曾指出："女性解放的第一个先决条件就是一切女性重新回到公共的劳动中去。"他还说过，"我深信，只有在消除了资本主义对男女双方的剥削并把私人的家务劳动变成一种公共的行业以后，男女的真正平等才能实现。""女性的解放，只有在女性可以大量地、社会规模地参加生产，而家务劳动只占她们极少的工夫的时候，才有可能。"

基于上述原因，社会主义女性主义有时被人们视为同马克思主义女性主义大同小异。其实，社会主义女性主义对正统马克思主义是有批评的，其主要观点是认为马克思主义缺乏关于性别的理论和关于人类心理发展的理论，忽视女性问题，忽视所有非经济性的压迫。虽然马克思主义将女性的状况视为社会进步的天然尺度，但在马克思那个时代，很多人持有这种观点，因此仅仅讲这样一点，不能成为马克思主义关注女性问题的证据。

　　社会主义女性主义对恩格斯的观点也并非全盘接受，而是提出了不少疑问。例如，她们当中有人提出，恩格斯的一些论点缺乏证据，不可信：首先，他关于家庭发展的几个形态普遍适用的观点不可信；其次，他关于原初社会普遍存在过性别平等现象的观点不可信；最后，他关于最早拥有私有财产是男性的论断不太可信。她们争辩说，在原初社会，女人是种植者，是提供生存资料和生产出最初的剩余产品的人。如果说男人是这些财富的最初占有者，那么性别压迫必定在阶级社会形成之前就存在了。

　　此外，有的社会主义女性主义者批评恩格斯从未讨论过性别劳动分工的起源问题，似乎家庭责任天然就该落到女人的身上；他没有意识到，女人的工作责任和家庭责任是"双重压迫"；他仅仅提出这一矛盾的最终解决办法是家务劳动的集体化、社会化，却从未讨论过同一阶级中男性对女性的压迫，例如工人阶级男性对女性的压迫。

　　社会主义女性主义对恩格斯最为尖锐的批评指向他的性观念。她们认为，恩格斯虽然对两性在性问题上的双重标准持反对意见，但他一直认为男人的性需求天生多于女性，从未追究过其社会经济原因；他爱使用"奉献自己"或"屈从于男人"这样的词汇谈论女人，他并不认为在性活动中两性是平等的，是相互的奉献和享受；他还认为性活动自然应当是异性恋的，认为同性恋是"可憎的活动"；他在分析事物时对经济动机的强调使他将性道德和性行为简单化了，例如他认为，在社会主义社会，由于孩子是由社会抚养的，一个女孩不会再担心把自己交给一个她所爱的男人的"后果"，也不认为在社会主义社会还会存在男性对女性的性威胁和性侵犯；马克思和恩格斯从未把强奸视为男权主义的一个根源，从未关注过家庭暴力问题，而女性主义对这一问题一直极为关注。女性主义者认为，总的来说，恩格斯对无产阶级的婚姻持有过于浪漫的看法——由于没有了经济上的考虑，婚姻成为爱与性吸引力的自由选择的结果，男人不会粗暴地对待女人，因为这种暴力行为的经济基础已不复存在；妻子一旦对丈夫不满也可以自由地离异，因为把两个人联系在一起的经济、财产因素均不存在了。女性主义者批评恩格斯忽视了女性低收入的根源及其后果；忽视了丈夫从妻子身上获取性和家内服务的意义，无论他们的婚姻是否以爱情为基础。[19]

概括地说，社会主义女性主义与马克思主义女性主义相比，经济决定论的因素较少，虽然它不否认女性解放同社会主义的目标是一致的。此外，与马克思主义女性主义所坚持的阶级压迫是更基本的压迫形式不同，社会主义女性主义认为男权的压迫同阶级压迫一样重要，二者都是最基本的压迫形式。

西方女性主义学者对中国的马克思主义女性主义的看法是，它过于强调女性解放与无产阶级解放的一致性，忽略了女性的特殊要求和利益。这个批评是相当中肯的，在中国的社会主义革命当中，女性的特殊问题和特殊利益一直处于隐而不彰的地位。虽然从革命的基本理论上看，女性的解放和女性的利益一直被考虑在内，但是女性主义理论一直被排除在革命的主流话语之外，就连对女性主义这一概念认可与否也一直是一个有争议的问题，甚至是一个相当敏感的问题。形成这一状态的主要原因在于女性主义思潮毕竟是西方世界的舶来品，而不是中国土生土长的思想，而中国革命对于除了马克思主义之外的一切西方思潮都有着高度的警惕性和抵触情绪。

四、后现代女性主义

1. 后现代女性主义的渊源及主要观点

在女性主义三大主要派别长达百年的论争之后，随着西方国家进入后工业化社会的进程，出现了一个崭新的理论流派，这就是后现代女性主义流派，有的理论家甚至将这一新流派的出现称为女性运动的"第三次浪潮"。[20] 我想，其原因在于后现代女性主义颇具颠覆性，它不仅要颠覆男权主义秩序，而且要颠覆女性主义三大流派据以存在的基础。因此，严格地说，后现代女性主义并不能算是与三大流派并列的第四大流派。

后现代女性主义顾名思义就是女性主义加后现代主义。后现代社会在西方逐渐成为现实之后，后现代主义、后马克思主义、新自由主义、新保守主义、现状肯定论、多元文化论以及生态主义等新思潮逐步进入了西方学术界主流。

从 20 世纪 60 年代起，后现代理论在法国首先兴起。法国后结构主义派的主要人物有：德里达（Jacques Derrida），拉康（Jacques Lacan），利奥塔（Jean-Francios Lyotard），福柯（Michel Foucault），德鲁兹（Gilles Deleuze），伽塔里（Felix Guattari），鲍德里亚（Jean Baudrillard）等。他们批判西方现代主义的哲学、语言、文化、主体概念，开创了后现代理论流派。相比之下，哈贝马斯派的批判理性还是以理性为基本原则，现代性概念还在使用。批判理论以"知识的生产"作为最主要的关注点。后现代派则认为，启蒙主义已经终结，现代性要求新的科学形式和新的话语模式。

法国的后现代女性主义代表人物有：克里斯蒂瓦（Julia Kristeva），塞克瑟斯（Helene Cixous），伊丽加莱等。她们将后现代理论导向对男权制文化和生殖器中心话语的女性主义的批判。这一思潮从 1968 年开始出现在女性主义之中。从思想渊源看，英美女性主义一向重自由人文哲学，而法国女性主义则重后结构主义。前者与后者相比，是比较传统的和男性中心的批判理论和方法。

后现代女性主义者大多活跃于学术圈内，但她们也参与女性主义的政治运动。如果要追寻后现代女性主义的思想渊源，首先提到的当然是后现代主义大思想家福柯。每一位后现代女性主义者都把他放在最重要的位置上，无论她们对他的思想是全盘接受，还是批判地接受。福柯是一位怀疑主义哲学大师，是怀疑主义哲学传统在 20 世纪的重要继承人。他主张检验知识变化的实践，而不是用标准的认识论方法去证明独一无二的理性或科学。他对现存一切秩序体制的确定性和稳固性提出了疑问。他指出："我所分析的一切就是为了否定关于人类存在方式的普遍适用的必然性的观念。我的分析旨在揭示出现存制度的人为性质，揭示出我们还拥有多少自由的空间，还能对现存的一切做哪些改变。"[21] 此外，后现代主义大师和重要思想家拉康和德里达也受到后现代女性主义的高度重视和大量引证。

对后现代女性主义的思想渊源及其主要观点作一概括，它应当包括以下几个方面：

第一，挑战关于解放和理性的宏大叙事，否定所有的宏大理论体系（grand theories）。

后现代女性主义的这一基本理论倾向来自后现代主义，高度概括地说，这一理论思潮的要点是反对一切有关人类社会发展规律的大型理论体系，主张只有分散的局部的小型理论才是有效的。后现代女性主义致力于批判那些博大宏伟和涵盖一切的现代理论，试图建立社区理论，即将道德和政治观念建立在小范围的特殊社区的经验之上，否定因果关系与宏观社会概念。后现代理论超越意识，关注无意识和下意识的自我；关注矛盾、过程和变化；关注个人的肉体性质；拒绝男权的宏大叙事、普适性理论、客观性。有一种说法认为："女人缺乏把握规模宏大的法则和原理的能力。"[22] 对此，后现代女性主义者针锋相对地提出，应当对我们的社会合法性所建立的所有法则和原理作重新的审视。

后现代女性主义的哲学建立在下列假设之一上：所谓"知识的普适性"是错误的概括。科学、宗教、法律的话语以及知识的生产都是局部的，只具有相对的价值。从启蒙思想开始，所有的宏大理论就都标榜其普遍性和性别中立的性质；那些强调两性差异的理论也自称是性别中立的。可在后现代女性主义看来，这些理论都是以男性为其标准的，完全忽视了女性的存在。例如，在公共领域和私人领域的划分上，认为前者是男人的天地，后者是女人的天地，这就是典型的男权制的政治思想。在政治领域完全没有女性的位置，没有女性的声音，也没有为女性留下任何空间。后现代女性主义认为，女性从资产阶级自由主义的思想解放中没得到过什么益处，自由主义和启蒙主义的话语，从洛克（Locke）到康德（Kant），从来都没有把女性包括在内。

在西方进入后工业化社会（丹尼尔·贝尔用语）之后，有关人类社会发展规律的总体性话语遭到怀疑，甚至连理论本身也遭到怀疑。后现代女性主义反对对性别、种族、阶级作宏观的分析，认为这些分类都过于概括了。由于每一个类别的内部都是千差万别的，所以这些分类都不再适用了。在她们看来，就连"女性""男权制"这类概念也都带有大成问题的本质主义色彩。

后现代女性主义思想家巴特勒深刻指出："当普遍性这一范畴本身因其带有高度民族优越性的偏见已经开始遭到揭露时，我们可能会把一种理论或政治的基础建立在某一具有'普遍性'的语境或主观立场上。情形会如何呢？总共有多少'普遍性'？在多大程度上文化冲突可以被理解为一系列假定的、非妥协的'普遍性'的冲突，一种不能通过求助于文化帝国主义的'普遍性'概念而得以和解的冲突，或者更有甚者，只能通过诉诸暴力的代价才得以解决的冲突？我认为，我们已经在美国对伊拉克发动的战争中目睹了这种概念的和物质的暴力行径，伊拉克这个'他者'被认为完全处于理性和民主的普遍结构'之外'，因此，需要用武力把它拖回'其内'。""在最近的战争中，我们精确地看到'阿拉伯'被刻画成一个可怜的另类，同时也是一个充满病态幻想的场所。这一点，在以萨达姆和'萨多姆'（罪恶之地，sodomu）的谐音为基础的大量的恶意玩笑中表现得十分清楚。"美伊战争"它的行动效果已经在各种地方、以各种方式开创了暴力，而这些不是它没有预见到的，而且还是它最终难以容忍的"。[23]

巴特勒的结论是："这样一个总体概念的建立，所付出的代价只能是产生新的、更进一步的'排除'。所以，要想不事先放弃未来对包容的要求，我们不得不将'普遍性'一词视为永久开放性的、永久论争性的和永久暂时性的。"

后现代女性主义向从启蒙时代开始形成的一整套现代思想提出挑战，其中包括像知识、理性和科学这样的范畴。它认为不存在普适性的人权，所有的人权都有文化和历史的意义特殊性和特殊的视角和立场，例如后殖民主义立场。对于解放理论，后现代女性主义并不是反对解放本身，而是会提出这样的疑问：谁的解放？从什么解放？它不相信有普遍的解放和自由。因此，后现代女性主义认为所有其他女性主义理论都是以偏概全，没有一个单一的女性主义理论。因为女性属于不同的阶级、种族、民族，能力、性倾向、年龄也不同，并没有一类女性可以代表所有的女性。否定一般理论并非只能选择政治上无能的相对主义，后现代主义还提供了一种选择——局部的、区域性的理论和实践。它并不是相对主义，而是局部的，有历史特殊性的和特殊利益性质的理论和实践。[24]

后现代女性主义的主要观点是质疑以下所有的观念：稳定一致的自我概念；理性提供客观、可信、普适性的知识基础的信念；从理性来的知识是"真实"的；理性和知识存在于知觉者之外；由理性而来的真理提供对所有理性人的规律是正确的；为权力服务的真理不会被歪曲，自由和进步是有保障的；

科学在方法和内容上是中性的，其结果对社会有利，是所有真正知识的范式；语言是含义清楚的，提供词与物的对应关系；客体不是由话语（或社会）建构的，它们仅仅是被话语命名而已。[25]

后现代女性主义从根本上反对西方知识结构中最为根深蒂固的两分主义（dualism），如总要把事物分成不是这样就是那样，你与我，好与坏，高与低，等等。它提出另一种思维模式，即整合的思维模式，其中包括为女性赋予价值的模式，反对二元提倡多元的模式，差异政治的模式（其中包括种族、民族、阶级、性别和性倾向的差异），以及重视他人的模式等。后现代女性主义向传统两分论的挑战，其中包括像理性与非理性、主观与客观、文化与自然这样经典的两分概念。

启蒙运动思潮蕴含着一个基本的两分：迷信与传统，知识与自由。在启蒙精神看来，知识有奇特的两面性。它可以同时既是中立的又是对社会有益的。只有在以普遍接受的理性为基础并以它为保证时才会发生，不是特别的"利益"。更多知识积累（真理获得）的同时，结果是更高的客观性（中立性）与进步。权力可以是清白的、纯粹的、有助于解放的；理性的权力可以有利于人类，并且不会产生新的统治形式。这样的权力在运作与结果上可以是中立的。[26]

后现代女性主义不同意上述观点，而认为除了自然科学之外，所谓客观的真理只是个梦想，其实并不存在。所有的权力、理性、真理都是不清白的，都是某种价值观（或利益）的表现。一个典型的事例就是福柯曾引用过毛泽东的语录：资产阶级有资产阶级的人性，无产阶级有无产阶级的人性。后现代女性主义质疑启蒙理性，要求重新评价通过理性获得进步与解放的概念，尤其在出现极权主义政治体系、种族灭绝、殖民主义和统治之后，所谓"通过理性获得解放的神话"深受质疑。"理性的自律的权力"是不存在的。[27]

如果说社会和物质世界是由唯一的、仁慈的和绝不相互矛盾的一套法律来支配与掌管的，那么离开了使所有人受益的、普遍的、中立的保护性基础，权力就失去了它的清白。因此，后现代女性主义认为，没有任何证据表明，呼吁理智、知识和真理在寻求变化的策略中是唯一有效的或应占据特权地位。[28]

现代主义认为，个人形成了稳定的、一致的、理性的主体；理性及其科学规律提供了一套客观的、可信的、普遍的知识基础；知识的理性运用是中立的，对社会有益的。而后现代主义则认为，个人的观念是不稳定的、矛盾的、社会建构的；权威或知识的形式的观念是合理的、多意的、反对等级制的、参与的形式；历史的观念是非线性的，并不必然是进步的，总是受到目前观点的限制，也受到特殊背景的限制；社区的观念是建立在价值差异基础上而获得的。[29]

伊丽加莱是后现代女性主义的主要思想家，她所做的两项工作是：打破男性气质与理性、普适性的联系，发出"女性"的声音。伊丽加莱的理论工作的两个角度是：心理分析和后结构主义。她质疑自觉的理性主体，认为理性是男性的西方的单性文化。她还认为，女性的差异在男权制符号秩序中没有体现出来，女性的利益也没有得到法律和语言的服务。[30]

伊丽加莱对符号秩序转变的看法是：批判理性和启蒙传统，质疑理性的意识主体。从弗洛伊德和拉康理论出发，她认为符号秩序在理性、自由人性的主体和语言上都属于男性。西方文化是单性文化，女性是男性的不完备形态（lesser form）。表面看去是客观的、性别中立的科学和哲学话语，其实是男性主体的话语。她的抱负是要创造一套女性的符号，她认为，在建立非男权制社会的斗争中，分离主义是策略，她强调并高度评价性别的差异。

在差异问题上，自由主义女性主义忽视生理差异；激进女性主义强调女性差异的正面价值；后现代女性主义与这两个流派的观点都不同，它强调差异的不同意义，认为差异是文化的，不是生理的。她们在此借用了德里达的解构论和对西方哲学的批判。

后现代女性主义有时又被认为是激进女性主义，因为它将男女两性的思维想象模式加以区分。它认为，马克思主义女性主义将社会、文化和心理分析理论男性化了。它主张弘扬女性的想象力，用它来创造文化和社会制度。

由于后现代理论质疑宏大叙事，质疑启蒙时代的知识，有人说女性主义与后现代主义是敌人，因为女性主义是要发现关于女性的真理，所以不能接受后现代主义质疑普遍真理的立场。如果人类失去对宏大历史叙事的信念，世界女性的历史将会怎样？争取解放的女性运动还有没有合法性？比较极端的观点认为，就连总体的女性主义理论也是不可能和不可取的。说它不可能是因为女性有不同的阶级、种族、文化，不可取则因为"单一"和"真实"是哲学的神话。

第二，反本质主义的社会建构论。

对于后现代理论与过去的主要女性主义流派来说，前者批判基要主义（foundationalism）和本质主义（essentialism），但是社会批判比较弱；后者社会批判较强，但常常会陷入本质主义的陷阱。后现代女性主义挑战本质主义，反对性别两分和性别不平衡。

本质主义强调的是人的本质的生理和遗传决定论，以为用自然或人性可以解释一切，而且认为自然和人性是不会改变的。本质主义成为后现代主义抨击的主要目标。后现代主义认为，所谓自然、人性既非固定不变，也非普遍相同，而是根据不同的社会、文化和历史背景而有很大差异的。后现代主义强调的是变化、断裂、矛盾和对立。后现代女性主义认为，社会背景塑造知识，意义是由历史和语言造成的。主体不是一致的、有理性意识的，而是由话语建构的。

在西方哲学传统中，主体一向是"非身体的抽象个人被意识的理性思想统治的"。[31]假定人是理性的个人，通过教育和个人发展可以成为理性的人。后现代女性主义批判这一关于主体的理念，提出社会建构论的主体理论。

法国女性主义思想家克里斯蒂瓦最重要的理论就是她的"形成过程中的主体"理论。在这一理论中，她批判拉康，反对将主体性视为固定的、人文的本质。拉康认为，语言先于主体存在，制造主体，所以人在了解性别之前就进入性别语境了。而克里斯蒂瓦则认为，主体植根于无意识的过程中，在符号秩序中形成，服从法律和秩序。语言（包括男性与女性尺度）成为革命变革的潜在基础。她关注西方心理分析的观点中对女性和母性的看法，以及女性的生育功能必须服从父亲姓名的规则，认为这是对母亲身体的压抑。"女性必须发现第三种方式，它使她们能够接近符号秩序，而不必接受关于女性的男性模式。"[32]她不愿意用一种话语（女权的）取代另一种话语（男权的），而是追求改变符号秩序。

后现代主义重要思想家拉康批判了弗洛伊德式的本质主义（Freudian essentialism），主张应以话语为中心而不应以生理学因素为中心来建构性别差异的意义。他特别提出严重质疑的包括"俄狄浦斯情结"和"阉割焦虑"等理论。他的思想引起后现代女性主义的共鸣。维特根斯坦的反本质主义的思想也受到后现代女性主义的重视。反对本质主义的后现代女性主义不赞成"力比多"（性动力）理论，也不赞成所有人最初都是双性恋（bisexual）的理论。因为这些理论都是假定性是生活的中心，而且假定性的动力是超越时间和空间的普遍存在。

法国著名女性主义者威蒂格（Monique Wittig）的观点比"女性的心理为社会所强加"这一说法走得更远，她认为，就连女人的身体也是社会造成的。女人并没有任何"天生"的成分，女人并非生来即是女人。她反对某些激进女性主义者对所谓女性气质的讴歌，主张真正的女性解放不仅要超越自由主义的男女机会均等的境界，而且要超越激进女性主义的女性优越论。在威蒂格看来，真正的解放要消灭作为阶级的男人和女人，在她理想的新社会里将只有"人"，没有女人和男人。[33]

后现代女性主义对上述思想有很大共鸣，反对人们总是强调女性的生育能力及其对女性特质形成的影响。后现代女性主义者认为，福柯关于自我体验的思想可以转化为近代女性主义关于女性和母性的伦理。旧式的女性主义理论一向把人的特质划分为男性气质和女性气质两大类，而后现代女性主义理论则向这一划分提出了挑战，提醒人们注意到男女两种性别内部各自所拥有的差别。

后现代女性主义不仅反对性别的两分，而且反对性别概念本身，反对那种以为性别是天生的、不可改变的思想。她们不认为女性就必须具有抚养性，就应当受保护；她们十分重视性别之外的种族、阶级、国家、民族及性倾向的区别，并认为这些区别都不仅仅同生理原因有关，而是从社会和心理上对生理区别做出的解释，是为了把人划分为不同的等级。她们所关注的不是向性别主义和种族主义挑战，而是敦促人们彻底摒弃男性女性、黑人白人这些词语，不要把这些词语当作跨越时空和文化的、不可改变的、唯一的、本质上的类别。

黑人女性主义理论家胡克斯（Bell Hooks）是欢迎后现代女性主义的。她认为这一思潮对黑人女性主义有用。"太久以来，我们从外在和内在两个方面为自己强加了对黑人本质的狭窄的严格限定的概念。后现代主义对本质主义的批判，挑战了大众文化和大众意识中身份的普适性、固定性和决定性的概念，为我们开拓了自我建构和发挥主观能动性的新的可能性。"[34]

第三，关于话语即权力的理论。

在当代的社会理论中，事物和话语谁更重要的问题已成为人们关注的中心议题。后现代主义大师德里达曾断言："在文本之外一切均不存在。（There is nothing outside the text.）"他试图用话语理论去否定物质现实。后现代主义将理论概念的重心从"结构"改变为"话语"，这就使福柯、德里达等后现代主义思想家的重要性超过了以往的所有思想家。他们创造了一个新的视角，那就是：话语就是一切，文本就是一切，主体已经死去；所谓历史就是一套基要主义的话语（foundationalist discourse），其特点是不容人们质疑。

福柯的"权力—知识形成学说"旨在说明，权力的实施创造了知识，知识本身又产生了权力。权力是由话语组成的。福柯一开始曾关注过经济和物质的权力，但是随即转向否认权力是一种压制力量，是由一个统治阶级来掌握的。他认为，所有的权力都是生产性的——它产出知识——而不是压抑性的。因此知识和权力是一回事，没有什么区别。他认为，那些被压制的知识总是被排除在正式的权力历史之外，因为它打断了绝对真理的形成史。福柯不是主张用一套新的真理来取代老的一套，而是指出真理的特殊历史背景。因此真理都是相对的，没有什么绝对真理。福柯使人们看问题有了历史主义的角度，即思想不是从没有时空限制的自然和必然中形成的，而是从历史的人们的智慧中形成的。他的历史主义解放了人们的思想，对所谓外部真理、永恒基础和普遍理性提出了挑战。他说："由于它们是被造出来的，它们就能被毁掉，假定我们知道它们是怎样被制造出来的。"[35]

福柯对西方的话语所做的分析，其主要攻击目标是西方关于社会、历史与政治的宏观理论，其中最主要的是两大理论传统：自由人文主义与马克思主义（包括其弗洛伊德派变种），以及传统的革命理论。他认为这两大传统都是建立在本质主义之上的，都是建立在有关人性、人类历史、经济和"力比多"的总体理论之上的，都是建立在法律话语权力模式之上的。这个模式有三个基本假设：第一，权力是被占有的（被个人、被阶级或被人民）；第二，权力从一个集中的源头自上而下流动（如法律、经济和国家）；第三，权力是以镇压的（压抑的）方式加以实施的（如以制裁相威胁的禁制）。而福柯使我们注意到在国家、法律和阶级之外存在着的权力，他的权力模式与传统模式有三个基本区别：第一，权力是在运作的（exercised）而不是被占有的（possessed）；第二，权力的运作方式主要是生产的（productive）而不是压抑的（repressive）；第三，权力是自下而上的而不是自上而下的，是分散的（decentralized）而不是集中的（centralized）。[36]

后现代女性主义从福柯那里获得的启示是：福柯的权力形成学说并不是权力理论或任何传统意义上的历史，而是反理论的（anti-theory）。它不是告诉我们应该做些什么，也不是为我们提供一个更美好社会的蓝图，而是为我们提供如何看待既存理论的视角，以及从权力作用的角度来分析它们的方法。他点醒人们：人们的思维方法和行为方式是如何为统治他们自己服务的，人们又是如何通过制造真理的过程来管制他们自己的。总之，它不是去解释现实，而是批评别人在解释现实时所犯的错误，其批判矛头主要指向那些本质主义者（essentialist）。

在有关权力的问题上，自由主义女性主义认为，权力就是权威，是统治和剥削所有个人的权力；马克思主义女性主义则认为，权力就是统治阶级统治被统治阶级的权力；而后现代女性主义却把权力定义为分散的、弥漫的，而不是集中于某个机构或某个群体。过去，女性一般被认为是更看重事物，而不看重话语的。例如，她们更加关注的是低工资问题、强奸问题和溺杀女婴问题，而不太关注自己在历史文献中被置于边缘地位的问题。后现代女性主义主张在女性运动内部实行一个"模式转换"，即从只关注事物到更关注话语。因为按照后现代主义的观点，话语就是权力。

后现代女性主义批判了激进女性主义和自由主义女性主义在性问题上的观点，认为它们这两派的观点都没有能够摆脱权力的压制模式，都把权力视为由某种机制和群体所占有的一种东西了。传统的压制模式的基本假设是：男性的性一般总是同暴力、淫欲、将对象客体化以及以性高潮为主要目标联系在一起的；而女性的性则与抚育、相互的亲密关系以及对非生殖器快乐的强调联系在一起，女性的性受到强迫的、暴力的、男性的性的压抑。这是一种本能加控制的模式。后现代女性主义认为，传统的压制模式是本质主义的。

福柯指出，所有的权力都制造反抗，以反面话语的形式产生出新的知识，制造出新的真理，并组成新的权力。后现代女性主义的抱负之一就是要发明女性的话语。她们提出："这个世界用的是男人的话语。男人就是这个世界的话语。""我们所要求的一切可以一言以蔽之，那就是我们自己的声音。""男人以男人的名义讲话，女人以女人的名义讲话。""迄今为止，所有的女性主义文字一直是在用男人的语言对女人耳语。""我们必须去发明，否则我们将毁灭。"[37]

福柯在他的权力分析中提出了关于"惩戒凝视"（disciplinary gaze）的观点。他也曾反复论述过关于标准化或正常化（normalisation）的思想。他指出，标准化或正常化是控制和自我规范的深化，社会通过纪律管束着人的身体，通过话语来定义何为正常，何为反常；通过标准化或正常化过程来要求人对规范的遵从。他采用环形监狱作为"凝视"意象的形象化说明，意指人人都处于社会的凝视之下，不可越轨。

后现代女性主义借用福柯关于标准化、正常化的思想，说明女性就是生活在这样一种社会压力之下，不仅要服从纪律，而且要遵从规范，自己制造出自己驯服的身体。在后现代女性主义看来，所有的旧式女性主义模式都属于一个男权压迫和禁制女性的模式；其主要的逻辑是：男权长期压制着处于无权地位的女性。举例言之，一个女人去做隆胸术，用旧式女性主义来解读这件事就是：男人命令他的奴隶为满足主人的欲望、为娱悦主人去做这个手术，这个女人完全是男人权力的受害者。可如果从福柯的理论模式来看，对同一个现象就会有不同的解释：那女人去做隆胸术不仅是男人压迫她的结果，也是她自己的自我管制、自我统治、自我遵从规范的结果。正如福柯所说："用不着武器，用不着肉体的暴力和物质上的禁制，只需要一个凝视，一个监督的凝视，每个人就会在这一凝视的重压之下变得卑微，就会使他成为自身的监视者，于是看似自上而下地针对每个人的监视，其实是由每个人自己加以实施的。" [38]

按照福柯的逻辑，当我们用对立的话语反击压迫时——如用女性主义话语挑战男尊女卑，用同性恋话语挑战将同性恋行为定义为变态的医学话语——我们就进入了统治话语的领域。我们发明了新的标签和身份，它在向压迫挑战的同时，又用新的方式压抑我们——使我们陷入一种身份；强迫我们遵循我们所从属的群体或社区的规范；建构我们的思维模式——作为 21 世纪的同性恋者、女性主义者或反对性别主义的人，应当怎样思想，怎样做。性专家垄断了传媒上的知识；向我们销售一套适应我们身份的商品。我们刚想改变一个体系，立即就成了这个体系的一部分。权力关系和话语在不断改变，可是我们永远不能逃避开它们。因此抵制权力是一个持续的事业。

第四，关于身体（body）与性的思想。

福柯论述了近代西方社会中性的话语的爆炸，似乎所有的事都与性有关，从孩子的坏习惯，到成人的肺结核，再到老人的脑中风。福柯这样描述产生于 19 世纪的性学：告诉我你的欲望是什么，我会告诉你你是谁。

福柯的任务和目标是破除科学家、心理学家、性学家和心理分析家所经营的性专业的神秘性，动摇性的确定性，揭示性在不同的时期和文化中是如何被历史地建构起来的。他认为并不存在这样一种东西——固定的性冲动，一种本质。性是历史的产物。不同的时代、文化有不同的性话语。福柯研究这些话语是如何塑造了我们关于性的观念，又是如何规训和控制了我们的身体的。

对福柯来说，性存在于权力关系的交叉点上：在男人和女人之间，年轻人和年长者之间，父母和子女之间，教师和学生之间，牧师和俗人之间，行政机构与人口之间。[39] 福柯提出了关于生理权力的思想。他认为，现代国家从 18 世纪以来对身体控制的手段，是以干预个人的私人生活去监测控制"健康、生存方式、生活条件，存在的各种空间"。福柯认为，性历史因文化而不同，因此没有单一的性史，只有多个性史。性所具有的形式和意义与社会的权力关系有关。

后现代女性主义借用了福柯的这一思想，他一反西方思想界重精神轻肉体的传统，大谈身体的重要性及肉体的各种体验。他指出，议会制的兴起同时限制了人的身体。它不仅要求身体的政治服从和生产劳动，而且侵犯身体本身，企图规范身体的力量与活动，身体的经济与效率。例如，军队、学校、医院、监狱、工厂这些机构的纪律的目标就是为了提高身体的效用；这些机构为了增加自身的力量，用纪律和惩罚来规范人们的行为；纪律与惩罚的实施就是为了制造驯服的身体（docile bodies）。正是福柯使"身体"成为当代哲学、社会学和人类学分析最喜爱的题目。

前文曾提到，后现代女性主义的抱负之一就是要创造出一套女性的话语。究竟什么是女性的话语？在莱克勒克（Annie Leclerc）看来，那就是令人难以想象的身体的快乐。她说："我身体的快乐，既不是灵魂和德行的快乐，也不是我作为一个女性这种感觉的快乐。它就是我女性的肚子、我女性的阴道、我女性的乳房的快乐。那丰富繁盛令人沉醉的快乐，是你完全不可想象的。"她这样阐述了身体快乐与女性话语之间的关系："我一定要提到这件事，因为只有说到它，新的话语才能诞生，那就是女性的话语。"她又神采飞扬地说："我要揭露你想掩盖的每一件事，因为对它（身体快乐）的压抑是其他一切压抑的起始。你一直把我们所拥有的一切都变成污物、痛苦、责任、下贱、委琐和奴役。"[40]

后现代女性主义哲学的口号是："男权制是实践，阴茎话语中心是理论。"[41]为了超越阴茎话语中心主义，后现代女性主义尝试发展一些方式，这就是将肉身化的女性的他者性视为抵抗和转变之基础。盖洛普（Jane Gallop）挑战文化和生理的两分法，反对把女性排除在文化之外。她认为，不是生理学本身有压迫性，而是对生理学的意识形态利用有压迫性。女性的身体就是对男权制的抵抗基础。

后现代女性主义的性观点包括：性写作的"力比多"兴奋已经转向后现代主义的越轨浪漫主义。作为性激进主义的特权形式，而不是反抗男性的性统治。新巴特勒主义作为表演性的性别结构，是一种对于在男性权力、仇女主义和对女性的暴力的性别不平衡的话语描述。性实践中的权力不平等在肯定性的主观能动者中被赋予了一种新的色情解释，传播针对女性和儿童的性别统治、虐待和危险的正统解释。在性别表演和性分类中，身体成为一种不固定的升华的支点，以身体作为女性反抗性压迫、性侵犯和自我打破沉默的基础。

后现代女性主义向所有试图将身体的意义固定下来的性与性别差异理论挑战。在20世纪80年代，后现代女性主义者发现后现代的身体理论对她们很有用。受福柯、德鲁兹、拉康和伊丽加莱影响的女性主义理论家尝试创造关于身体及其与不同性别主体的关系的理论。

后现代女性主义之所以关注福柯是因为他的理论强调以身体作为主体形成的中心权力基础，关注权力分配话语的性质及其与知识的联系。他认为，权力是一种话语实践，话语创造了主体性的肉身形式。主体包含着权力关系，但权力也制造反抗。对福柯来说，权力实施的关键对象是身体。

后现代女性主义的福柯角度就是关注主体、身体、话语和权力，关注文化塑造身体和主体的力量。她们认为，各类传媒如淫秽品、广告和性指南中的被动性受虐倾向塑造了女性的性身体和性实践。两性的差异就这样由话语在千百年的实践中制造出来。

后现代女性主义对福柯也有不少批评。她们对福柯的主要批评是他的性别盲点：他忽略性别。他处理人的身体好像它是非性别的，女性被规训为比男性更加驯服的身体，而这一点被福柯完全忽略了。福柯在重新制造女性的"不可见性"。[42] 他对个人身体的质疑会导致反抗的不可能。有人甚至认为，福柯的理论仍旧没有逃离阴茎中心话语的窠臼。福柯宣布死亡的哲学在伊丽加莱那里早就死亡了。她站在旧哲学的废墟上看到了取代它们的哲学。[43]

第五，多元论与相对论的思想及其最终导致的个人主义政治。

后现代女性主义所倡导的个人批判是对普适性的破坏，因为在普适主义下，女性是缺席的、不可见的、沉默的。后现代女性主义批评在传统的男权学术写作中舍去了个人的和情感的内容。它表明作者已死，是与所写的东西不相干的，只是一个缓慢地流出故事的载体而已。他们对自己在做的事情没有一点点看法，只是制造出一些像天使一样脱离身体（实体）的文本。这样的理论会将我们的处境神秘化，而不是搞清楚。它认为，有些批判理论就像它所攻击的世界一样地追求霸权。[44]

针对这一传统，后现代女性主义发起了自传行动，倡导女性写作自我表现的文本。[45] 将个人的经验与政治的问题联系在一起写作，要打破学院式的知识生产的传统形式。它主张，写作就是写自己。将个人与理论联系起来，从个人的角度批判社会。这种女性的写作或许是反理论的，或许是理论的新阶段。

伊丽加莱甚至认为，女性的性是女性写作的动力之一。弗洛伊德对女性的性没有作过正面的评价，只有反面的评价。他认为，女性以为自己是一个没有阴茎的"小男孩"。男性的性欲受阻可以升华为创造性活动，女性的性欲受阻为什么就不可以同样升华为写作的动力呢？弗洛伊德的这个理论是如此的不公平，而且并没有坚实的经验证据来加以证明。

后现代女性主义认为，男性语言是线性的、限定的、结构的、理性的和一致的；女性语言是流动的、无中心的、游戏的、零散的和开放结尾式的。[46] 男性的思维模式也是线性的、单一的，而女性的性却是圆形的、多重的。在写作上，男性总是看重排列、组合，总是不必要地使用两分法：主动与被动，太阳与月亮，文化与自然，白天与黑夜。而女性的写作是没有固定界限的。拉康也说过，女性有进入非线性思维领域的特殊能力，男性是技术的目的性的理性，在与他人的对比中确定自己的地位。他建议女性创造不同于男性的文化，避免线性思维和男性的科学样式，提倡"圆形写作"，并认为它是女性身体圆形线条的反映。[47]

听上去令人鼓舞，然而这种观点冒了一个险——将女性与情感联系在一起的本质主义观点。而本质主义的观点正是后现代女性主义一向激烈反对的。如果任女性自由创造出来的文化必定是不同于男性的文化，如果按照女性的"自然"逻辑去思维必定是不同于男性的思维，男女两性在本质上的差异岂不是就此成立？在我有限的思维能力中，对于线性思维与圆形思维的区别的确是感到有点匪夷所思。也许这恰恰表明，如我之辈在多年的"正规"训练中，早已被男性文化和男性思维模式所浸淫，再不能按其他模式来思维。圆形写作和圆形思维的想法至少可以为我们揭示一个新的思路，使我们敝帚自珍，不要轻易丢掉自己身上有价值的东西。

2．对后现代女性主义的批判

对后现代女性主义及后现代主义最尖锐的批判首先指向它的非政治或后政治（postpolitical）倾向，批评来自女性主义运动内部，其主要看法是：在女性刚刚成为她自身权利的主体之时，后现代主义就剥夺了女性在普遍人性中的权利。

后现代主义理论是从 20 世纪 70 年代开始进入女性主义运动和研究的，它所遭遇的主要障碍来自现实运动和政治斗争。反对派认为，如果取消了"女性"这一概念，女性如何能组织起来发展新的正面身份？如果根本就没有"女性本质"，更不会有把女性团结在一起的姐妹情谊这种精神了。[48]

反对后现代女性主义的人们反对对主体性的解构和对主观能动性的质疑。其中最有代表性的观点是由哈索克（Nancy Hartsock）表达出来的。她不无激愤地说："正当我们当中的许多人刚刚开始打破我们一直被迫保持的沉默，刚刚开始提出为我们自己命名的权利要求，刚刚开始作为历史的主体而非客体来行动，正当此时此刻，为什么主体的概念本身却成了问题？正当我们要形成我们自己关于世界的理论之时，世界是否能被理论化这种非确定性却被提了出来。正当我们开始讨论我们所要求的变革之时，进步的理念和系统地、理性地组织人类社会的可能性却变成不确定和值得怀疑的了。"[49]有人这样批评后现代主义："为什么正当我们当中的很多人开始为自己命名的时刻（过去我们一直沉默），正当我们起来做历史的主体而非客体的时刻，主体这一概念本身偏偏受到了质疑？"[50]

这一质问颇有深意——女性一直被当成历史的被动客体，正好在她们意识到这一点，想做历史的主体可还没有做成之时，主体竟被否认了——言外之意似乎在暗示这里有一点阴谋的味道。这一批评就像是在说，在一场轮流坐庄的赌局中，前任庄家在自己该卸任时擅自宣布整个赌局已经结束了。

传统的女性主义与后现代主义的分歧还在于对身份认同和对主体的不同看法。后现代主义要求"解构"，视主体为流动的和变化的，就连使用"女性"这样的概念都是本质主义的；并认为，如果不加分析地使用这类词汇，会于无形之中加强本质主义的思维方式，即认为男女两性的区别是与生俱来而且固定不变的，而实际上，"女性"这一概念在不同的历史时期意味着不同的东西。女性主义的目标则是要争取作话语与意识形态的主体。一些女性主义者认为，后现代主义毁弃了学术上的许多重要分类，解构了女性主义的政治活动。她们提出，如果不承认各类现象的本体论基础，那就等于取消了政治学。男女两性的分类是政治学已经确定的分类，对两性分类的批判会带来什么样的政治可能性？认知的无限的分散化和多元化已经被理解为政治学和政治信仰的终结或消解，女性主义在这场消解中又如何找到自己的位置？

批评者认为，后现代主义是对世界背过脸去的；它不是关于这个世界的学说，而是关于其自身过程的学说；它是自慰性质的，冷淡的，仅仅对那些有权的人讲话，或者就干脆什么也不讲。按照这一学说，所有的现象都只是在一个特定的信息体系之内才有意义，在它之外就丧失了任何本体论地位（ontological status）；所有的话语最终都丧失了它存在的基础。

批评者还指出，后现代女性主义理论把话语视为一切权力的所在，忽视了真实的身体和真实的性，而这些真实的身体是能够产生道德与政治上的压迫的，例如暴力和强奸。强奸是真实存在的，它不是话语。如果一味坚持话语才是权力，会成为道德相对主义，而且丧失在现实中与真实的暴力做斗争的武器。此外，如果普遍适用的宏观理论不复存在，实践和经验该怎么办？女性主义运动应当设定什么样的政治目标？

对后现代女性主义思潮一个最尖锐的批评是："你不可能同时是一个女性主义者又是一个后现代主义者。"[51] 即"后现代女性主义的不可能性"[52]。因为后现代主义是反政治的和相对主义的。持这种观点的人认为，女性主义的一些理论可以吸收后现代主义的成分，但不可全盘接受，或者用后现代主义来改造女性主义。后现代女性主义自认为是十分政治化的；然而，后现代主义本身却是后政治的。由于后现代主义认为真理是不存在的，所以冲突只能通过赤裸裸的权力（统治）来解决。后现代主义解构（消解）了主体，否定或摧毁了在这个世界上建立任何积极的行动机构的可能性。而离开了具有实验意义的历史和性别的主体，就不会有什么女性主义意识，也不会有什么女性主义的政治。

对女性主义有极大诱惑力的是福柯在《性史》中提出的权力与性的互动关系。但有些女性主义者提醒同道万万不可受此诱惑，因为女性主义向福柯强有力的话语投降的代价将是女性主义的非政治化。后现代主义绝不是一个政治行动的理论，受到它的诱惑就会陷入一个施虐与受虐（S/M）的螺旋——权力和反抗的螺旋，就不会再认为女性在男权制下形成了一个受压迫的群体，也就更谈不上她们的解放了。

其次，对后现代女性主义的一个批评是：质疑宏大叙事会减少知识的可能性。西方女性主义的政治一向植根于权利理论。个人主义和平等的启蒙话语直到最近这些年才受到怀疑。批评意见认为，后现代主义使女性主义理论失去了稳定的基础，导致了深刻的不安和身份威胁。[53] 许多女性主义者认为，西方启蒙话语（关于解放）对于女性主义是极为重要的，认为后现代主义表达了白种有特权的西方男性的观点和需求。他们已经享用了启蒙，因此能够承受得起对它的批判（有了批判它的资本）。^[54]言外之意，女性至今还没有真正享受过启蒙话语和解放话语的正面成果，在这种情况下，对启蒙话语的批判是女性主义难以承受的奢侈行为。

第三，对后现代女性主义的批评指向其认识论。不少女性主义者难以接受后现代主义完全抛弃性别、种族、阶级这些概念的做法，而主张代之以丰富其内涵。后现代主义使一些女性主义者感到害怕，因为它对过去那些激烈论争的问题的全部假设和框架都做了重新解释。在公众的心目中，西方女性主义政治和女性运动的思想渊源是启蒙主义话语，其中包括权利、平等和个人主义等，直到最近，在后现代主义出现之后，女性运动的这一认识论沿革才受到质疑。后现代主义为女性主义带来的最大威胁首先在于它对单纯知识的威胁，就是那些人们已经接受了的简单理论，那些能够告诉人们如何为自身的利益去行动的理论，那些过去女性主义一直简单接受下来的话语，如自由政治理论、马克思主义、实证主义、启蒙主义，等等。人们过去简单地接受了"科学发现的逻辑"，以为它是普遍适用的，是价值中立的。这种价值中立是对两个方面而言的，一方面是对研究的主体而言，即研究者是价值中立的；另一方面对研究的过程而言，即研究的过程和使用的方法应当是价值中立的。因此，运用这种科学的方法可以被用来发现对象的真实情况。按照后现代主义的理论，这些简单明了的原则就都是不可靠的了。

第四，对后现代主义的批判还有它会导致多元主义、相对主义，最终导致个人主义政治，取消了女性主义政治，丧失了"女性"这个分类。为了避免相对主义，女性需要压迫与解放的一般理论。^[55]批评意见认为，后现代女性主义有相对化倾向，"性别怀疑论""对创造性主体的赞美""选择的多样性"等也带来一些问题。要关注价值和实践的制度化体系，统治者与服从者之间的模式化关系。

批评者指出，由于后现代主义相信意义是多元的和非确定的，假如你清楚明白和令人可解的写作，那么你就不是后现代主义者。事实上，后现代主义思想家们总是故意把话说得含混不清，在他们那个圈子之外，没有人能理解他们在说什么。所以，一个人必须二者择其一：或者完全接受后现代主义的立场，从而放弃女性主义；或者完全拒绝这一立场。接受后现代主义的立场就必须抛弃女性主义，服从于那个有害的、不友善的、男性中心主义的哲学。

她们认为，由于后现代主义标榜对客观性和中立性的批判，而这一点恰好同女性主义的思想方法有共鸣，所以能够引起女性主义的好感，可是，从后现代主义的立场来看，波伏娃的著作就是基要主义（foundationalist）的，是建立在传统的人性理论之上的，因而是应当被否定的；而否定了波伏娃也就等于否定了女性主义和女性运动。

第五，不少女性主义者是从后现代主义的男权意识这一角度来批判它的。这种批判认为，后现代主义虽然在当代理论界占统治地位，但并不是不可批判的。女性主义就应当拒绝后现代主义，主要原因在于后现代主义的理论有明显的男性化倾向。她们批评后现代女性主义对男性的意识形态缺乏分析批判，简单地接受了福柯、德里达、拉康这些人的思想，甚至接受了尼采和弗洛伊德的思想。

对后现代女性主义的批评认为，她们还是在使用男性的话语，好像不使用男性话语的女性就要受到惩罚；好像女性主义的理论也必须从男性理论中推衍出来，并不是一种基于女性经验的新知识。

批评者还指出，后现代主义是男权制的新的文化资本，例如福柯最喜欢的作家是尼采和萨德（Sade）。虽然福柯批判了异性恋霸权，对这一所谓性的自然秩序表示质疑，但由于他是一位男同性恋者，所以他没有也不可能看到异性恋霸权对女人的伤害。她们还批评福柯在"强奸者"（男人）和"被强奸者"（女人）之间，是为前者辩护的。总的来说，她们认为福柯基本上还是男性中心主义的（androcentrism）。

有批评者认为，虽然福柯的身体论可以帮助女性主义克服本质主义和生理主义，但是福柯对性别的决定性影响注意不够。此外，他把人仅仅视为"身体"，对个人其他方面的经验过于忽视。还有人批评福柯只强调自我，忽略了他人，好像个人是孤立的。福柯虽然讲到权力和知识的统治致使身体受到制约而成为驯服的身体，但他从未直接提到过"男性统治"这种状况本身，他所讲到的权力总是针对所有人的。此外，当福柯讲"身体"时，没有把身体分男女，而男女的身体是有区别的。女人的身体比男人受到了更多的限制。女人不仅同男人一样，受到对身体的种种禁制，还要去刻意追求正确的尺寸和体形；如果女人不够驯顺，就会失去男人的宠爱和亲近，会失去获得后代的机会。这些问题从未进入过福柯的论域，不能不说是一个极大的缺失。

福柯与女性主义的关系十分奇特，他仅仅表达过这样一个观点，即女人在同男人的关系中处于生理上的不利地位。除此之外，他从未研究过女性问题，只研究过自我的性别认同。他认为，性别认同不应当成为自我的基础；性实践也不应当成为权力统治的对象，这一权力包括去为性下定义、命令它和为它分类的权力。因此，有的女性主义者甚至认为，福柯之所以受到女性主义的注意，在某种意义上说只是一种侥幸，因为他究竟做了什么值得这种注意的事并不很清楚。他不像同时受到后现代女性主义关注的思想家拉康和德里达那样直接讨论过女性问题。有些人甚至认为，福柯式的女性主义（Foucauldian feminim）这种提法本身就是自相矛盾的，一个人不可能既赞同福柯又是个女性主义者。

另一些人却反驳说，福柯式的女性主义是完全有可能的，因为这二者确有相吻合之处，福柯关注的许多论题都与女性主义关注的问题不谋而合。例如，女性主义者和福柯都看重文化而不看重自然；二者都十分重视性的质量和行为规范；二者都把性的问题视为政治斗争的关键领域；二者都把政治的领域扩展到了与个人领域有关的社会经济形式上来；二者都批判生理决定论和传统的人性论；二者都怀疑人文科学中隐含着统治的现代形式；二者都不把知识的增长与进步联系在一起，而是指出，随着知识的一些特殊形式的增长——如医药学、精神病学、社会学和心理学的发展——出现了一种微妙的社会控制机制；福柯向"性别是自然的"这一观念提出挑战，女性主义亦如是。

比较温和的批判者提出，对后现代主义应当持批判性吸收的态度。一部以"反对福柯：福柯与女性主义之间的紧张关系"为标题的论文集中说，女性主义反对福柯的武器之一就是他对知识和权力的性质提供的与传统不同的思维方法，特别是关于现实与真理、因果关系、自由与体制的关系这些自启蒙时代以来在西方思想史中已经固定下来的想法。正是福柯使女性主义开始怀疑这些一向以为是真理的东西。福柯并未直接向女性主义挑战，其本人似乎还同情女性想要改变目前权力关系的欲望。由于他的著作对于女性主义思想和女性主义政治有着特别的意义，所以女性主义应当特别注重对福柯思想的批判性吸收。

此外，后现代女性主义提出，要防止人们把后现代女性主义搞成一个"大杂烩"，忽略了许多持有相似立场的人们及其观点之间的差异。巴特勒指出："许多立场都被归之为是后现代主义，好像它是一系列观点的载体：所有一切都是话语，仿佛话语是某种能构成一切的一元论物质；主体消亡了，我再也不能说'我'；没有现实，只有再现。这些描述以各种方式被归之于后现代主义或后结构主义，它们二者常常互相合并，有时与解构主义合并，有时又被理解为不分青红皂白地把法国女性主义、解构主义、拉康式的心理分析、福柯式的分析、罗蒂的会话论和文化批评组合在一起。在大西洋的此岸，在最近的话语中，'后现代主义'或'后结构主义'一笔勾销了这些观点之间的区别，提供了一个实体，一个名词，容纳了这些观点并使其成为自己的各种形态或变体。"[56] 其实，在这些观点和立场之间有很多区别，不应对它们做过于简单化的理解。

五、文化女性主义

1．文化女性主义对女性价值的重估

文化女性主义于 20 世纪 70 年代在美国女性主义中出现，它的主要目标是创造一种独立的女性文化，赞美女性气质，限定男性统治文化的价值。主要著作有金堡（Gayle Kimball）编辑的《女性文化：70 年代的女性文艺复兴》（1981 年），内容涉及在视觉艺术、音乐、文学、戏剧、宗教和政治社会组织中的文化女性主义表达。

文化女性主义主张重估与女性有关的价值，开创女性的精神空间，弘扬女性的精神。文化女性主义认同被压抑的女性与男性不同的质量、经验和价值。认为这些是女性地位低下的原因。它不强调推翻男权制，而致力于认同、复兴、培育女性品质，使之超越男权制，弘扬那些被贬低的女性价值。建立女性中心的文化和亚文化环境。因此，文化女性主义又被称为"价值重估派"。

文化女性主义主张重估女性的重要性，认定女性价值高于男性价值，如果将社会建立在女性价值之上，将使社会变得更加"富于生产力、和平和正义"。它还认为，由于女性所拥有的母性本能，女性在生理上优越于男性。女性的性格特征是人类行为最可贵的形式。它反对男权制社会为女性所贴的反面标签，使用正面框架定义女性。

文化女性主义主张重新估价传统女性的技术和观点，重新估价女性对文化的贡献，超越男性的思维框架。它们批判男性中心的宗教，提出各种女神崇拜的宗教。坎贝尔（K. Campbell）在《男人不会为她说话》一书中重写了女性历史。凯勒（E. F. Keller）的著作使人们重估基因学专家麦克林托克（Barbara McClintock）的工作，写作了一部更加完整、更加准确的科学史。

文化女性主义主张重估女性的活动和伦理特征。吉利根（Gilligan）重估女性的关爱价值，认为男性只看重公平和个人权利，而关爱并不比公平低下。吉利根提出：女性的关怀伦理、母性思维、和平和关爱是最有价值的伦理。如果我们能够将女性的形象确立为社会保护者的形象，高扬女性和母性——关爱、养育和道德感，社会将会变好。因此西方出现了母性运动。母亲的经历具有双重意义：它既是女性自身的经历，又是男权制的经历。

文化女性主义认为，由于自然（生理）和养育（社会化）过程，或由于二者的结合，男女两性形成了不同的价值观。女性注重建立和保持深入的亲密的关爱关系；男性更愿意表达其个人性和对他们所属物及他人命运的控制。文化女性主义拒绝男性气质对政治权力、经济地位和医学专业的追求，希望改变竞争的制度关系，将个人利益导向合作的制度关系，以达到共同目标。女性编织亲密关系的能力是女性在私领域和公领域都拥有的能力。文化女性主义所主张的女性建构知识策略是，将分离（线性的、权威基础的）与联系（同情、个人基础的）结合在一起的模式。

文化女性主义在某些方面与结构主义女性主义有重叠。结构主义女性主义认为，女性与男性不同，但不是先天而是后天建构而成的。女性留在家庭中的传统使她们更富于养育性、支持性、合作性。文化女性主义从立场理论出发，为女性争取特殊法律保护，要求法律承认，由于只有女性生育，男性不生育，因此只有女性才有与此相关的特殊需要，才应加以法律保护。这种新的法律实践的一个副产品是将女性的价值观推广到整个社会。

2．文化女性主义的女性优越论

文化女性主义的观点有过一个演化的过程，其女性优越论的形成也有一个渐进的过程。这个演化过程可以被概括为三个阶段：在第一阶段，她们主张消除和减少男女两性的生理差异，以便消除性别歧视；在第二阶段，她们谴责男性的生理特征，主张排斥和脱离男性；在第三阶段，她们转而赞美女性的生理特征，主张女性的生理优越和道德优越。

在否定男性本质之后，文化女性主义进而肯定女性的本质。此时她们认为，即使男女两性差别的生理基础真的被铲除了，还是不能保证女性就一定能够获得解放。因此，她们不再主张铲除两性的生理差别，而是去赞美女性的特征，呼吁整个社会和男性重新评价和接受女性特征。

文化女性主义不像自由主义女性主义那样认为女人同男人一样是由于她们分享了那些男性的能力，而是赞美女性气质中的独特之处。她们认为，这些特征不仅不应当被否定，而且应当大力肯定，并认为男人也应当接受和培养这些女性特征，例如被动性，乐于照料别人的抚育性，富于感情，对他人的依赖等。她们为此列举的原因如下：被动性可以避免人与人的暴力冲突；抚育性可以使人乐于去照料儿童、穷人和受伤害的人；对男性理性的崇拜会毁掉这个星球，反之，女性的重情感和重直觉则可以避开对生命毫无感觉的理性；依赖性对于地球的幸存也是绝对必需的，男女两性之间、人与人之间、人与自然之间的相互依赖是绝对重要的。所有这些特征都应当得到重新评价。

文化女性主义者进一步提出，她们对与男人平等不感兴趣，假如平等意味着同男性压迫者相同的话。因此，她们反对自由主义女性主义的一些抹杀男女差别的主张，诸如女性参军等，而是主张男女都不应该参军，因为军队是男权制夸大男性、压迫女性、毁灭人类和地球上的生命的机制。

早在第一次世界大战之前，就有一位很有名望的女性主义理论家吉尔曼（Charlotte Perkins Gilman）从社会主义女性主义角度提出过女高男低的观点。她认为，性别关系是一种最基本的力量，并将女性特质与人类进步和社会主义联系在一起。她指出，女人是人类历史上最早的狩猎者、思想者、教育者、行政人员和管理者、立法者，她们具有关怀、爱、保护这一类的特征，这些品质来源于母性，是从母亲角色培养出来的；而男人就没有这些品性，所以他们必须从女人那里学习这些品性。男人的基本特征是暴力、对立、斗争、相互践踏。一个以男性的自私、竞争和个人主义为其特征的社会，必将被一个以女性的集体主义及为所有人的利益的协调合作的社会主义为其特征的社会所取代。虽然有史家因此把她归入社会主义女性主义，但我认为她的思想更接近后来出现的文化女性主义。

被批评为本质主义者的法国著名女性主义者伊丽加莱提出了"什么时候我们才能变成女人"的问题，呼吁母性的回归。拉康把性差异理论建立在男性性行为的基础上，伊丽加莱反其道而行之，把自己的理论建立在女性性行为的基础之上。伊丽加莱提出如何创造女性美的问题，她的答案是：作为一个女人，最要紧的是应当承认，我是这些女人中的一员；作为女人，我为子女赋予了性别；作为女人，我们被限制在一些不适合于我们的形式当中，我们应当打破这些形式，重新发现自己的性质；男性中心的文化剥夺了我们形象的表达，限制了女性和母性的天才。

伊丽加莱对女性解放的思考已经超越了男女平等这一简单要求。她认为，作为一个女性，去要求平等是对一个真实存在的问题的错误表达。女性之所以受剥削，是因为性差异，要想解决这个问题，也只有通过性差异

这一途径。她批评某些女性主义者为了寻求男女平等，主张女人的中性化
（be neutralized）。她认为，中性化是身份的丧失，而且这种中性化如果
有可能普遍实行的话，将意味着人类的灭亡。人类之所以分为两种性别，就
是为了保证其生殖繁衍，希望摆脱性的差别，是在召唤一种"种族灭绝"
（genocide），比历史上已有的任何毁灭形式都更激进。她指出，重要的
是去定义男女两性各自的价值；社会正义应当赋予或说还给女性特征以文化
价值。

她认为，我们的文明缺乏两种尊敬，表现为两种不公正：第一种是赋予
别人生命的女人被排除在男人的秩序之外；第二种是女孩得不到与男孩相同
的地位，被排斥在文化之外，只作为一个能生育的自然肉体而存在。如何才
能摆脱这种男权制的男性生殖器崇拜（phallocratic）秩序呢？她提出了如
下主张：要恢复对生命和抚育行为的尊重；在家庭和公共领域中树立母女关
系形象；母女关系中要建立可以互换的主体地位；母亲要为子女灌输性的不
分等级的思想；要强调女性生活空间的重要性——那种在生育和满足男性欲
望之外的空间。

她认为，女性倾向于和平、干净的环境及维持生活所必需的产品的生产，
这才是人性的选择；她列举的应当受到尊重的女性价值和女性应当争取的权
利包括：财产和姓氏的母女传递；姐妹的特权；女性在宗教中占据重要地位；
尊重各种地方文化的空间与神祇；尊重自然食品如水果和谷类；尊重生命的
周期，日月的循环与季节的流变；以爱与和平为基础的更高的道德水准；建
立一个囊括所有人类在内的大社区；在缔结盟约和解决冲突时强调女性价
值；在与艺术有关的象征体系中强调女性价值；等等。[57]

伊丽加莱的观点鲜明惹眼，充满激情和浪漫诗意，富于感召力、煽动力。
但是有批评者认为，她过高地估计了性别的重要性，把女性文化完全建立在

生理差异的基础上了。

弗洛伊德的"阳具羡慕"假说受到文化女性主义最激烈的抨击。弗洛伊德曾说过："从许多女性心理症患者身上可以看到，她们早年曾有一段时间特别羡慕其兄弟们有一个阳具，并为自己缺少这样一个器官而沮丧（其实并不真的缺少，只是比较小一些）。觉得自己是受了某种虐待才导致了这种残缺不全的状态。我们可以把这种'阳具羡慕'看作'阉割情结'的一部分……在这种羡慕中包含了一种'希望成为雄性'的含义……"女性主义的反驳是，女性根本就不会去羡慕男性器官，因为她们不但有自己相对应的器官，而且她们的器官比男性的既好且多。她们还假定，按照弗洛伊德的逻辑，完全可以把母亲的乳房视为儿童心理发展过程中的重要因素——女孩因即将拥有这样的乳房而自豪，男孩因为不会拥有乳房而感到缺憾、羡慕。婴儿同乳房的接触毕竟要多于和阴茎的接触。[58] 著名的心理学家霍妮还讨论过男性的"子宫忌妒"。

文化女性主义明确提出了"女性是优越的"（female as superior）这样的口号。一些激烈的本质主义者（essentialists）将女性的优越追溯到女性的生理基础，提出的主要论据有荷尔蒙成分和生育的能力。据说男性存在荷尔蒙缺乏现象，而且男性荷尔蒙与生命的联系较弱。格里尔在其影响巨大的著作《女太监》中指出：男性从胎儿期起，就有一连串的弱点，被称为伴性的弱点，这些弱点源自只有 y 染色体中才有的基因。这些弱点会导致毛发过度症、角质斑块、色盲等症状；此外还有大约 30 种机能失调现象可以在雄性物种身上找到，但很少能因同样理由在雌性身上发现。有足够证据表明，女性从体质上比男性强壮，寿命更长，在每一个年龄组中，男性死亡人数都多于女性，尽管男性胎儿数目要比女性胎儿数目多 10% 到 30%。男性中的天才、疯子和傻子的百分比要高于女性，而女性与之相比更为正常。[59]

文化女性主义者还提出，女人是天生的"和平主义者"（natural pacifists），而男人是"战争贩子"（war-mongers）；女人是看重人与人关系的（relational），男人是个人中心主义的（individuated）；女人全身到处都能体会快感，男人的快感只局限在生殖器（penis-fixated）；女人从事各类行为时总是能够从整个过程中得到快乐，男人却一门心思盯着最后的结果（goal-oriented）；等等。[60] 她们由此得出结论说，女人比富于攻击性和自我中心的男人更适合、也更有能力领导这个社会。文化女性主义者大力颂扬女性气质，主张以感性代替知性；以天生爱好和平的气质代替好斗气质；把母性神化为一种创造性行为。

这种反过来的本质主义在我看来仍没有摆脱种族主义、法西斯主义的范畴，虽然它同男权主义的本质主义相反，而且是为弱者说话的。

首先，没有证据表明女人一定爱和平，男人一定爱战争。撒切尔夫人当政时，英国和阿根廷打了仗，可见女人当政并不能制止战争。战争的形成原因除了人的意愿和意志之外，恐怕还有很多，如经济的利益驱动、政治的冲突、民族的矛盾，等等。

其次，即使男性普遍比女性好斗，富于攻击性，也没有证据说这种特性是天生的，也许是在人类漫长的历史中，战争的责任总是要落在男人头上，社会总要求他们要挣钱养家，男孩从小受到要有攻击性的教化，所以男人才变得好斗的，以此来责备他们，甚至假定他们天性就是如此，对他们是不公平的。

最后，即使退一步说，男性的好斗真的是天生的，男性真的有荷尔蒙缺乏症，他们也不能因此被视为劣等种族。仅仅依据一些先天的特质，如肤色、种族、天生残疾，就将某些人视为劣等人，这是典型的种族歧视，是法西斯主义的逻辑。如果按照这个逻辑来推论，男性也可以因为他们的体力比女性强而歧视女性，他们也有很多生理上的长处可以作为"男性优越"的证据。这样互相歧视、仇视下去，对哪一方都没有好处。实际上，男女两性在生理上各有所长：男性在体力上比女性强；女性的免疫功能强于男性；类似的对比和差异多得不胜枚举。因此，文化女性主义是本质主义的，它仅仅从生理差异出发，将各个文化中的女性通通视为被动的受害者、被压迫者，又把所有的男人都当作压迫者，这种立场不仅错误而且毫无出路——按照她们的逻辑，既然两性之间的差异永远存在，两性之间的冲突就是永远不可避免和永远不可调和的了。

3. 分离主义倾向

17 世纪末的艾斯泰尔认为，男女均有理性，因此她有建立女子学院的壮举，鼓励女性追求知识和精神需求。这就是分离主义女性主义的前身。

文化女性主义也被视作一种分离主义的女性主义。分离主义女性主义的基本观点是：女性的特质是人类行为的最佳价值和正面价值；它强调有独立存在的女性文化，它是建立在女性特征的基础之上的。分离主义女性主义的代表人物有吉利根、亚当斯（Jane Addams）、庞克斯特（Christabel Pankhurst）等人。亚当斯认为，女性比男性高明，如果社会能够建立在女性的价值之上，将会变得更加富于生产能力，更加和平，更加公正。在使女性彻底脱离男性、建立自己独特的文化和社区的方向上走得最远的庞克斯特提出了一个简单明了但相当激烈的观点："女人的利益在于反对异性恋。"[61]文化女性主义所主张的解放女性的战略包括建立女性文化，从而使男女两性隔离。实际上，最彻底的文化女性主义立场最终会与性别分离主义的立场合二为一。

分离主义女性主义主张完全脱离男权文化，建立女性文化。由于女性重视生命、平等、和谐、养育和和平，而男性忽视这些价值，这就造成了男女两性根本的不同，造成世界上到处都是竞争和强权的局面。因此应当建立单独的女性社区，反对男性的攻击性、个人主义和压迫价值。文化女性主义提倡建造以女性为中心的文化，发展以女性为中心的经济、女同性恋社区经济等。

可惜，分离主义女性主义建立单独社区的想法无论政治影响还是实际影响都很小。因此，对分离主义女性主义的一个主要批评是：她们没有达到其预期的目标，在政治上是失败的。由于分离主义主张从男性定义的体制、关系和角色活动中完全分离出来，因此还被批评为带有很重的乌托邦色彩。女性主义者达文纳斯（Marie-Jo Dhavernas）公开反对分离主义，指出其理论和政治后果。她指出，虽然争取男女平等的关系很耗费精力，但还是应当争取男女两性的平等，不应当像分离主义那样采取逃避的态度。分离主义不是解决两性不平等问题的办法。

对分离主义女性主义的另一个批评是它的生理决定论倾向。批评意见指出，通过颠倒男女角色摆脱束缚的人有一个危险：复制传统男女模式，而不是在新的社会实践中解放被压抑的潜力，鼓励男女两性共同哺育儿女，分担工作，创造出新的整合角色。[62] 有人警告说：赞美女性的传统活动会压抑女性的潜能，因为它所赞美的是男权制压迫机制长期制造出来的结果。

对于分离主义女性主义最严重的批评是，它是一种仇男倾向和翻转过来的性别歧视。它是在制造反转过来的不公正，它只会严重脱离现实，脱离广大女性人群的需求，因此是没有出路的。

六、生态女性主义

1. 生态女性主义的基本观点

生态女性主义就是将生态学与女性主义结合在一起。这一思想流派在20世纪70年代出现，在20世纪90年代得到重要发展。关于生态女性主义有这样两种提法：女性主义的生态学（the ecology of feminism）和生态学的女性主义（the feminism of ecology）。生态女性主义试图寻求一种不与自然分离的文化，并且认为一个生态学家必定会成为女性主义者。

生态女性主义反对人类中心论（anthropocentrism）和男性中心论（androcentrism），主张改变人统治自然的思想，并认为这一思想来自人统治人的思想。它批评男权的文化价值观，赞美女性本质，但并不完全是本质主义的，它反对那些能够导致剥削、统治、攻击性的价值观。生态女性主义批判男性中心的知识框架，目标是建立一个遵循生态主义与女性主义原则的乌托邦。

生态女性主义的主要信念包括：

第一，女性更接近于自然，而男性伦理的基调是对自然的仇视。自然与文化的两分，生理（动物）世界与社会（人类）世界的分离，男女两性的区分，以及跨文化的观点，将女性与自然、繁殖、物质、他者性归为一类；将男性与文化、生产、形式、自我性归为一类；这是西方男权制意识形态的一部分，为贬低和强奸自然和女性寻找合理性。[63]

生态女性主义认为：男性是把世界当成狩猎场，与自然为敌；女性则要与自然和睦相处。因此，女性比男性更适合于为保护自然而战，更有责任也更有希望结束人统治自然的现状——治愈人与非人自然之间的疏离。这正是生态运动的最终目标。生态女性主义主张自然世界与女性主义精神的结合。

它认为应当建立不与自然分离的文化。尽管生态运动不一定全是女性主义的，但是任何深刻的生态运动，其性别化程度是令人震惊的。它之所以令人震惊是因为深刻的生态学意识是一种女性意识，或者可以说，生态意识是一种传统的女性意识。生态女性主义者关注着地球上生态的严重破坏，森林消失，空气污染，水源污染，对此感到痛心疾首。她们说："我们在和自己作对。我们不再感到自己是这个地球的一部分。我们把其他造物视为仇敌，很久以前我们就已放弃了自我。"生态女性主义提出："对地球的一切形式的强奸，已成为一种隐喻，就像以种种借口强奸女性一样。"[64]

生态女性主义者格里芬（Susan Griffin）指出："我们不再感到我们是这个地球的一部分。我们把其他造物视为仇敌。森林消失，空气污染，水污染……很久以前，我们就已经放弃了自我。我们的生活方式正在毁掉我们的环境，我们的肉体，甚至我们的遗传基因。"[65]

第二，地球上的生命是一个相互联系的网，并无上下高低的等级之分。我们的社会状态是种族分隔、性别分隔的。人们都接受了这样一种世界观，甚至没有感觉到它是一种错误的意识形态。这种世界观认为，存在是分等级的。在这个等级体系中，上帝这类纯精神是最高级的，而生长在地球上的生命是低级的；在所有的生命中，人又是最高级的，以下依次是动物、植物、山、海和沙；在人类当中，白种男性是最高级的，以下才是其他种族和性别的人们。而生态女性主义的一个主要观点就是反对对生命等级划分。

第三，一个健康的平衡的生态体系，其中包括人与非人在内，都应保持多样化状态。消费市场把人们的文化兴趣搞得千人一面，既浪费资源，又无趣。生态女性主义主张，应当发起一个反集中化的全球运动，既照顾到人们的共同利益，又要反对某些消费形式的统治和强制性，这种强制性实际上是一种暴力形式。而生态女性主义就是这个运动的潜在力量所在。

　　第四，物种的幸存使我们看到，重新理解人与自然（自身肉体与非人自然）关系的必要性。这是对自然与文化二元对立理论的挑战。生态女性主义批判二元对立的理论，反对将人与自然分离，将思想与感觉分离。概括地说，生态女性主义所主张的是按照女性主义原则和生态学原则重建人类社会。[66]它强调所有生命的相互依存，将社会压迫与生态统治的模式两相对照。它是对全球环境危机的女性主义回应，主张积极改善女性与环境的状况，并且认为这两项任务是息息相关的。

　　生态女性主义者对"发展"的概念质疑，她们认为，发展这个概念是基于西方男权制和资本主义关于经济进步的概念而形成的，以为变革必须走线性发展的道路。从文化角度上讲，这个概念具有局限性，但被奉为神明，在全世界通用。它不仅带有霸权主义特征，而且与女性运动所强调的基本价值观背道而驰。女性运动的价值是去听取无权者的呼声，尊重差异性；而发展概念不重视个体，不重视社区层面，只是从经济角度评估人类与社会的进步，却不考虑诸如文化、社会、政治、精神等人类的贡献。她们提出的一个主要观点是：如果两性差别能被考虑在内，发展计划的实施一定会取得巨大进步。经济发展应当顺应女性日常生活的情理，不应当一味追求竞争和侵略的精神；男性和统治制度应当改变自己，应当富有责任感、教养、开放思想并且最终放弃等级思想。

　　生态女性主义中最极端的观点是从根本上反对发展的，它将发展作为西方男权主义的举措加以抨击。生态女性主义认为，发展一直是个后殖民主义的举措，是全世界对西方殖民主义进步模式的被动接受。发展理论有一个假设，即西方的模式是在全世界普遍适用的，其主要特征是工业化和资本的增殖。然而正如卢森堡所指出的那样，西欧的早期工业发展导致了殖民力量的永久统治和地方自然经济的毁灭。她认为，资本的增殖离不开殖民主义，资本的增殖所带来的是贫困和剥夺。商品化的经济发展还会在新独立的国家制造出国内的"殖民地"。发展于是成为殖民化的继续，它是建立在对女性的剥削或排斥之上的，是建立在对他种文化的剥削之上的。发展会造成女性、自然和处于不利地位的文化的毁灭。正因为如此，第三世界、女性、农民和部落民不断力图从"发展"下争解放，就像从殖民主义统治之下争取解放一样。

生态女性主义指出，发展本身已成为问题；女性的"欠发展"不在于对发展的参与不够，而在于她们付出了代价却没有得到利益。经济增长是新殖民主义，是从最贫困的人们手中剥夺资源，是国家的精英取代殖民者以国家利益和提高 GNP 为名在强大技术力量的武装下所进行的剥削。在这一过程中，无论男性还是女性全都贫困化了，女性尤甚。据联合国的调查，在世界范围内将男性和女性加以比较，在接近经济资源、收入和就业等方面，女性的相对地位都有所下降，而工作负担却在增加。女性的相对和绝对健康状况、营养和受教育程度都下降了。他们提请人们关注一个普遍的事实：女性是环境问题的最大受害者。工业化、都市化和货币经济带来了森林、水源和空气的污染，它给女性带来的是直接的伤害。举例言之，女性的家务劳动负担可能会由于环境的恶化而加重。在印度的一些地方，女性用 90% 的劳动时间做饭，其中 80% 的劳动用于打水和拾柴。由于水源和森林资源的过度开发利用，女性打水和拾柴的地方离家越来越远，致使她们的劳动时间和劳动强度大大增加。

生态女性主义认为，女性不幸的根源在于，发展是在毁灭自然资源；生产和增长的概念基本上是男权主义的；目前地球上每个人所消耗的能源相当于役使了 50 个奴隶，与每人维生所需要的 3600 卡路里相比，多消耗了 20 倍的能源；而一个美国人与一个尼日利亚人相比，又多消耗了 250 倍的奴隶。热力学第二定律警告我们，对能源的一切消费都会在远期威胁人类的生存。这是一场人类长期生存与短期过度生产、过度消费之间的争夺战。它通过将土地、水和森林从女性的掌握和控制中拿走，毁掉了女性的生产活动，同时也毁掉了这些资源。性别统治和男权是最古老的压迫形式，在发展的规划中，它以新的和更加暴力的形式表现出来。男权主义把破坏当作生产，导致了人类的生存危机。他们将被动性视为自然和女性的天性，否定了自然和生命的活动。因此可以说与现代化进程相伴的是新形式的统治。

生态女性主义者指出，存在着两种不同的生产和两种不同的增长，即良性发展与恶性发展（maldevelopment）；后者常常被称作"经济增长"，它是由 GNP 来衡量的。著名生态学家波利特（Porritt）曾这样谈到 GNP："即使是传统的经济学家也承认，用 GNP 来衡量进步是无用的。GNP 度量所有货币经济中的产品和服务，而其中许多产品和服务并未给人带来利益，而是对做错了多少事的度量；在防止犯罪、防止污染以及在官僚机构上增花的钱，也全都计入了 GNP 的增长之中。因此，GNP 的增加不一定意味着财富和福利的增加。有时，GNP 的提高标志着真正财富（自然财富和为生活必需品而进行的生产）在急剧下降。"

生态女性主义者认为，在恶性发展的过程中，女性的价值降低了，原因在于：第一，她们的工作是与自然进程同步的；第二，一般来说，为满足维生需要所做的工作贬值了。女性主义的原则将会改变恶性发展的男权主义基础，它所主张的是与生产联系在一起的发展，而不是与破坏联系在一起的发展。发展应当是以人为中心的过程，因为人既是发展的目标，又是发展的工具。

对于生态女性主义的观点似乎可以作以下推衍：工业与自然为敌，农业则与自然和睦相处。问题在于，人类是否应当回到工业化之前去？是否能够回到工业化之前的状态去？现在有一种说法：由于工业化的发展已经走上了绝路，需要东方的人与自然和谐的理念来救世界。这种人与自然和谐的理念究竟是出于东方的理念，还是出于女性主义的理念？抑或是农业社会的传统理念？生态女性主义认为，女性比男性更接近自然。或许可以说，工业与自然为敌，农业与自然和睦相处。

生态女性主义认为，女性更有责任、更有愿望结束人统治自然的现状——治愈人与非人自然之间的疏远。这是生态运动的最终目标。但是，生态女性主义是否能够拯救世界？主张适度发展和反对无节制发展的思想已经得到越来越多的认同。但它还面临着三个重要问题：第一，何谓适度。我想，适度的标准应当定在满足人的基本需要的水平上。例如，拿具有同样使用价值的一般产品和名牌产品相比，对前者的消费就是满足人的基本需要，消费后者就超出了人的基本需要。第二，确定了适度的标准之后，如何做到使人能满足于这个标准。第三，公平问题。例如，在一些人得到私家汽车之后，让另一些人满足于自行车是否有欠公平？为了公平，是应当让已有汽车的人放弃汽车，还是应当让只有自行车的人拥有汽车？这些问题不解决，生态女性主义只能是空谈。

2．生态女性主义的分支

粗略地说，生态女性主义可以被划分为两个支流：文化生态女性主义强调女性的"本质"特征，诸如同情心、关爱，女性是自然的象征物；社会生态女性主义承认性别的社会建构根源，研究社会生态学，关注社会变迁。

对生态女性主义更精细的划分包括下列分支：

第一，文化生态女性主义。它的主要观点是：月经使女性与自然过程（月亮圆缺）保持有规律的联系，使女性能在社会与自然关系中同他人保持关怀的关系，做出敏感的决定。

从女性的生理角色及照料子女和家庭，女性发展了关怀的伦理（ethic of care），这一伦理原则对于重新界定人类与自然的关系是很重要的。

文化生态女性主义被批评为本质主义，因为它强调女性的生理本质。它赞美女性气质，赞美女性人生的仪式，如月经来潮、生育及女神崇拜（大地母亲）等。

第二，社会生态女性主义。它不像文化生态女性主义那样强调女性是通过身体功能与自然接近的，而是认为，女性是通过其长期以来所履行的社会角色与自然接近的，女性的各种特征和伦理是由社会建构的，如怀孕、生育、照料孩子、做家务等。在扮演各自的社会角色时，女性与身体保持了亲密的关系，而男性却远离了这种角色，诸如生产和烹饪食物、取水、取暖，满足身体的基本需要。

社会生态女性主义注重创立社会生态运动，试图将等级社会重新组建为平等的去中心的生理地理社区。它特别关注生产与再生产的关系，以及在地球上持续性的生理与社会再生产中的女性的作用。

第三，自由生态女性主义。它寻求对既存政治经济结构的生态注意改革，特别注重从内部进行改革，而不是推翻既存制度和结构。

第四，激进生态女性主义。它希望通过直接行动摧毁既存的政治经济结构，建立更符合生态环境要求的政治经济结构。

第五，批判生态女性主义。它希望改变男性气质和女性气质的分类，改变两分理性的划分，使两性关系更符合生态环境的需求。

第六，原住民生态女性主义。它主张使人类的生活更接近自然，保留对土地神圣性的信仰，将原始的空间神圣化。

第七，第三世界生态女性主义。它批评第一世界的过度发展，认为有色人种女性处于优越地位，因为她们的精神尚未被殖民化，也因为她们从未因压迫他人而获利。

下表详尽地阐明了女性主义的各个流派在生态与环境问题上的立场和观点：[67]

	自然	人性	女性主义的生态主义批判	女性主义的生态主义形象
自由主义女性主义	精神肉体两分 人对自然的统治	理性主体 个人主义 自我利益之最大化	男性及其环境排斥女性	自然资源及生态科学中的女性
马克思主义女性主义	通过科学技术转变自然为人类所用，将统治自然视为人类获得自由的工具，自然是生活的物质基础：食物、服装、住房、能源	生产方式创造人性和习俗 历史特征不确定 人类的物种特征	批判资本对资源之控制 产品和利润的累累	社会主义社会将利用资源 男女两性谋利益 工人阶级控制资源 环境污染能够被减轻因为不必生产剩余产品 两性参与环境研究
文化女性主义	自然是精神、个人的 传统科学技术的问题在于过于强调人对自然的统治	生理学是人性的基础 人的肉体是及性别的 生理基础的不同造成人的性别 社会环境的不同造成人的社会性别	过去人们没有注意到男性统治自然与统治女性之间的联系 男性的环境观是等级制的，忽视对女性生育的环境威胁（化学品、核战）	女性气质和自然的价值是应当肯定的生育自由 反对由淫秽品所反映出来的 女性和自然的形象 文化生态女性主义
社会主义女性主义	自然是生活的物质基础，包括衣食住行能源等 自然是社会历史建构的 通过生产和再生产改变自然	生理和社会实践（性别、种族、阶级、年龄等）创造了人性 人性是由历史和社会建构而成的	批判那种认为自然是活跃、无反应的观点 批判忽视女性的生育功能的观点 批判认为系统是机械的、非辩证的观点	自然与人类生产都是活跃的 以生理和社会的再生产为中心 生产与生殖的辩证关系 多层结构分析 辩证而非机械的系统 社会主义生态女性主义

七、第三世界女性主义与黑人女性主义

近年来，在女性运动中产生了关于女性所受压迫的普遍性与特殊性的争论。女性虽然在各种文化中都是受压迫的，但是她们所受压迫的形式是不同的。在女性群体内部，大家的处境和地位既有相同之处，也有相异之处。人们所受到的压迫除了性别上的，还有阶级的压迫、种族的压迫、民族的压迫，以及不同性倾向之间的压迫。例如，异性恋对于同性恋的压迫。强调这些差别的人批评了否定这些差别的人，认为女性运动不应当把自己建立在一个关于女性受压迫的虚假的普遍性假设之上。

有色人种女性与第三世界女性主义就是在这种理论背景下产生的。1983 年，沃克（Alice Walker）首先提出有色人种女性主义这一概念。她赞同女性，但也关心男性，致力于解放所有人，反对白人至上和分离主义。黑人女性运动中的女性主义者们认为：我们首先要对黑人同胞忠诚，因为白人女性的经济状况和我们有很大差别。有色人种女性特别关注性别压迫与种族压迫的交错。

这一女性主义流派对过去所有的女性主义流派的一个共同的缺失提出了激烈的批评：它们的主要成员基本上都是西方中产阶级白人女性；它们关注的问题都是西方中产阶级白人女性所面临的问题；它们忽略了第三世界女性、下层女性和有色人种女性所面临和关注的问题，而这两大群体所面临和关注的问题是有很大差距的。然而，由于女性运动对于男女两性差异的高度重视和强调，人们忽略了女性内部的差别，如阶级、种族、民族和性倾向的差别。

黑人女性主义认为，白种人在社会结构中是强势群体；白种人总要从白种人的立场看他们自己，看他人，看社会；白色种族意味着一整套文化实践，

用它来推测其他文化的情况是不正确的。她们主张，女性主义理论应当是有种族意识的。她们特别提出了反对"门面主义"（tokenism）的主张。一位黑人女性主义者写道："我们在黑人文本中成了门面女性；而在女性主义文本中成了门面黑人。"[68] 言下之意是，黑人女性作为一个弱势群体总是处于被忽略的状态，即使偶尔被提及也不过是为了充充门面而已，在种族斗争中，白人男性和黑人男性是主角，黑人女性被边缘化了；在性别斗争中，白人男性和白人女性是主角，黑人女性再次充当了被边缘化的角色。

胡德（Elizabeth Hood）在其《黑人女性、白人女性：不同的解放道路》一文中，探讨了白人女性与黑人女性所受压迫的异同。她虽然认为二者都受到"为白人男性所建立和操作的男权制"的压迫，但仍然认为白人女性由于其种族所处的有利地位而得到了某些特权。她坚持认为，黑人女性和白人女性会处于分裂状态，除非白人女性既为根除男人统治又为根除种族主义而斗争。她的观点是"做黑人难于做女人"。同胡德持相同观点的人们指出：男人压迫女人的男权制概念误解了黑人男子的地位。在白人社会里，黑人男子的权力往往低于白人女性；而只要种族主义较之男人的统治更牢固，影响更广泛，女性就会同本种族的男人站在一起，而不是相互建立跨种族的女性联盟。因此，若不将反对男性统治的斗争同反对种族主义的斗争结合起来，黑人女性和白人女性就将继续处于分裂状态。

自从一批自称"卡巴希河团体"（Cambahee River Collective）的黑人女性于 1979 年发表了一篇题为《黑人女性主义者的声明》以来，这篇文章一直被视为黑人女性主义的经典之作。这一声明指出：黑人女性的生活结构是多层次的，其所受的压迫不仅建立在种族和性别的基础上，而且建立在阶级、年龄和性倾向的基础上。目前的政治理论不适合用来解释黑人女性的处境。例如，传统的马克思主义只讲"不考虑种族和性别的工人"，忽视了工人之间的利益冲突，因而说明不了黑人女性的真实境况；激进女性主义关于两性冲突的理论也只是以性别为基础分裂人类，忽视了黑人女性和黑人男子的共同利益。黑人女性所受压迫的复杂性使其不能认同于任何只强调压迫的一两个侧面的群体。她们认为，衡量女性主义理论适用性的唯一最重要的标准应看其能否解释黑人女性的境况，"如果黑人女性获得了自由，那便意味着人人都获得了自由，因为我们的自由要求消灭所有的压迫制度"。[69]

第三世界女性主义提出了殖民化（colonization）这一概念，并指出它的三个步骤：第一步，强使一个群体屈从于另一个群体，例如强使黑人屈从于白人；第二步，摧毁有抵抗力的文化因素；第三步，建立以种族歧视为基础的经济社会制度。当然，殖民化的概念已被引申，它不仅指宗主国对殖民地的奴役，而且指称一个社会群体对另一个社会群体的压迫，指称前者以强权使后者臣服的过程。

第三世界女性主义理论认为：西方女性主义理论、马克思主义女性主义或自由主义女性主义作为历史进步的一般理论，常常会导致对黑人和第三世界女性利益和兴趣的特殊性的否认和拒绝。第三世界女性主义需要一种话语，它是非普适性的，没有基要主义（原教旨主义）倾向的，允许文化与历史的特殊性。因此，第三世界女性主义的两个重心是：解构许多关于第三世界女性的写作的欧洲中心论倾向；充分表达第三世界女性的关注点。[70]

第三世界女性主义认为，第三世界女性在西方女性主义者眼中仅仅是男权制社会经济体系的受害者；男性暴力的受害者；殖民过程的受害者；阿拉伯家庭制度的受害者；经济发展过程的受害者；伊斯兰教规的受害者。这种看法是片面的。

第三世界的女性有着共同的问题、需要、兴趣和目标。比如说需要教育，政治参与，经济发展等。虽然女性内部有某些差别，例如都市的中产阶级的受过教育的家庭主妇的需求，显然会不同于没受过教育的贫穷的女仆，但是不宜特别加以强调。

第三世界女性主义认为，不应将女人分阶级，原因如下：第一，阶级分析要使用生产和职业概念。第二，马克思主义理论认为，阶级要掌握生产工具。第三，对男人来说，阶级是获得的；而对女人来说，阶级是天生的。

对第三世界女性主义的主要批评是：它所提出的回归"我们母亲的花园"的主张难逃生理决定论的窠臼。它的负面效果是有可能将种族和民族的界限固定下来，使之成为女性联盟的障碍。

对第三世界女性主义和黑人女性主义的另一个批评在于，黑人女性主义容易产生这样的想法：白人女性比黑人男性享有更多的权利。就像在中国，有一种观点认为，城市女性比农村男性享有更多的权力。这种看法无疑是言之成理和有事实依据的。但是，在黑人群体中，男性难道不是比女性享有更多的权力吗？第三世界女性主义和黑人女性主义的观点和立场会导致人们将性别歧视放在次要的位置，将视线转向其他方面：种族矛盾，城乡矛盾，发达国家与发展中国家的矛盾，而使性别不平等的问题进一步边缘化。

既然是女性主义的抗争，首要的目标还是争取两性之间的平等关系，而不该把男女平等的问题放在次要的位置上。即使在现实生活中，实际情况是民族、种族、城乡、地域之间的矛盾比性别不平等问题更加严重和突出，女性主义的关注重心也应当始终放在性别平等的问题上。这是第三世界女性主义和黑人女性主义不得不正视的一个问题。

八、心理分析女性主义

过去几十年间，研究性别问题的主要力量集中于心理学界。心理分析与女性主义的关系显得异常紧张。心理分析学派中的女性主义学者分为两派，一派坚持反对心理分析，一派寻求对心理分析的重新评价。

心理分析女性主义认为，解释目前社会中的男女关系，用两性的生理区别来解释是无效的，二者的区别主要属于心理的范畴，是儿童的社会教化过程造成的。男性对女性的压制不是政治的和经济的，而是心理的，即女性是下等人这一心理的内化。

心理学对女性的思维模式有一套刻板印象（sreorotype），其中包括，它是异性恋的，是被动的，是富于哺育性的，是忌妒男性的，是较少伦理观念的，是难以预料、难以把握的（据说是因为女性的荷尔蒙有高低周期），是缺乏理智的。性别主义就像种族主义一样，把女人视作孩童，好像她们都是乐天知命安于现状的；都是遇事凭直觉而非凭理性判断的；都是接近自然而非文化的；都是既无能力又无竞争力的。

在性的问题上，心理分析学派的大师弗洛伊德和性学家埃利斯（Ellis）都持有男主动女被动的看法，他们关于男人是活跃的、富于攻击性的，而女人是被动的这一观点一直没有受到过认真的挑战。直到非常晚近的时期，社会调查还在不断重复和肯定这一观点：在我们的社会中，成年人异性恋活动频率的主要决定因素是男性在这一活动中的活跃程度。对此，女性主义提出的疑问是：那么女人的欲望到哪里去了呢？[71]

心理分析理论由弗洛伊德创造，他有一个名声——"西方男性主义心理学之父"。[72] 他提出三种自我的理论：第一是本我，它受生理的直接影响，是生命的动力，由"快乐原则"统治；第二是自我，它为本我设置限制；第

三是超我，它是社会的标准，由"现实原则"统治。

本我必须经过五个阶段以达到自我和超我的阶段：

第一阶段是口腔阶段，0 至 18 个月的婴儿。在这一阶段，婴儿主要从口腔的吮吸和进食汲取生理和心理的快乐感觉。

第二阶段是肛门阶段，18 个月至 3 岁。在这一阶段，肛门活动为婴儿带来生理与心理的快乐。以上两阶段男女一样，并无区别。

第三阶段，阴茎阶段，3 岁至 5 岁。在这个阶段，"力比多"集中在生殖器，儿童可通过手淫达到快感。男女两性在这个阶段开始分道扬镳。

男孩迷恋阴茎，幻想占有母亲，即俄狄浦斯情结，恋母憎父，在情与性两个方面把父亲当作情敌，害怕父亲会阉割他，剥夺他的性快乐。他发现女孩没有阴茎，以为她曾经有阴茎，被阉割了。而最有可能阉割他的是他的情敌——父亲。"阉割焦虑"使男孩压抑对母亲的欲望，认同父亲，从而发展起自我、超我和男性的性格。

女孩的"伊莱克特拉情结"是心理学大师荣格命名的。他运用古希腊神话中的公主帮助别人杀了自己的母亲的故事来象征这一情结。女孩发现自己没有阴茎，感到自己是低等的人，从而忌妒男孩和男人（阴茎忌妒）。她认为是母亲阉割了自己的阴茎，因而拒绝母亲，下意识地将父亲作为欲望的对象，希望得到父亲的性，希望怀上父亲的孩子。弗洛伊德认为女孩永远不能解决其"伊莱克特拉情结"，因为她永远不会有阴茎。女孩的阴茎忌妒比男孩的阉割恐惧要弱一些。她认同了母亲的价值观、思想和性别，阴茎忌妒使她终身感到比男性低一等，心理上因此而不够成熟，表现在忌妒心理，含有受虐意味的母性欲望，依赖男性的意识，道德上的不成熟（不成熟的超我）。她在解剖学上的低下导致了她在道德伦理方面的低下。

第四阶段，潜伏阶段，6 岁至青春期。在这一阶段，性的重要性下降，男女儿童专注于非性方面的兴趣。

第五阶段，生殖器阶段，青春期到来之后。这一阶段，男女青少年的兴趣集中于异性恋，达到性的成熟期。女性从阴蒂快感转向阴道快感。

概括地说，弗洛伊德认为，从婴儿期开始，母亲就是男孩的"力比多"的渴慕对象，其后，男孩拒绝母亲，认同父亲，产生阉割焦虑，摆脱俄狄浦斯情结，导向超我，将男性认同为内在的自然的性别。女孩与男孩相反，认为自己是被阉割的人，并接受了阴蒂低于阴茎的看法，在她的一生中都受到阴茎忌妒的煎熬。为了得到阴茎，女孩放弃作为爱的对象的母亲，转向父亲。后来，她了解到自己不可能有阴茎了，就想用同父亲生孩子作为补偿。男孩的阉割焦虑解决了恋母情结的问题；而女孩的阉割情结却导致了恋母情结。男孩解决了恋母情结之后，就成功地建立了超我，但关于女孩的理论却不很清楚。在弗洛伊德的理论中，阴茎忌妒是女性心理的中心，阉割焦虑是男性心理的中心。总之，弗洛伊德的理论强调家庭关系，亲子的早年关系，女孩直接认同母亲，而男孩必须将自己与母亲区别开来，拒绝和否定母亲，以定义独立的自我。

心理分析女性主义对弗洛伊德的批判集中在他的性别认同理论方面。由于他的性别认同理论中关于女性性格的假设强调，小女孩从发现无阴茎起，即被阴蒂低等和阴茎忌妒压倒，进而发展出补偿性性格，即被动性、受虐倾向、自恋倾向和依赖性，弗洛伊德的性别认同论被认为有男权主义的偏差。

对于心理分析理论很难做出科学的评价，原因是其理论与很多经验研究所发现的事实并不相符。换言之，弗洛伊德理论只能被当作一种未被证实的理论假说来看待。米利特着重批判了弗洛伊德派心理分析理论的下列观点：将男性等同于主动，女性等同于被动；阴茎忌妒。她对弗洛伊德理论的批评指出：他的理论不仅是男性中心的，而且是阴茎中心的。他的理论有过度概括的倾向，以为人的生理能够完全决定人的心理和行为。弗洛伊德的"解剖即命运"忽略了社会文化的影响，好像女性被解剖学决定要经历缺失和下等的感觉。

其实，心理分析学派对两性区分的理论也不是一成不变的：弗洛伊德认为，当女孩发现自己无阴茎时，从男性退缩回女性。心理分析学家霍妮（Karen Horney）和琼斯（Ernest Jones）反对弗洛伊德的这一理论，认为男性和女性都是在前生殖器阶段就存在的，男女两性分别获得了内在的不同机制，因此，男性和女性拥有前男性生殖器的、前俄狄浦斯情结的起源。霍妮认为，女性气质是天生的，不是获得的。它先于生殖器阶段，是内在的。对异性对象的选择源自内在的女性气质，源于对阴道的自我意识，而不是对于缺少阴茎的失望。女孩的欲望指向阴茎，是出于性冲动，而不是出于自恋。[73]

斯托勒（Stoller）则进一步认为，男女两性在第一阶段均为女性，这是因为儿童对母亲的认同，男性的发展和认同需要克服最初的女性认同才能获得。男孩必须克服对母亲的认同才能获得男性。独立个性的形成对于男女两性不应有什么大的差别。对于弗洛伊德来说，男性是更加自然的性别，女性是后来获得的；对于斯托勒来说，女性是更加自然的性别，男性是后来获得的。

从女性主义的角度来评价，霍妮的观点是最正确的，男性女性应当被视为平行的结构。女性认同和男性认同的形成没有孰难孰易之分。但是霍妮认为社会性别是从内在的异性恋倾向来的，这一点却没有什么证据。性对象的选择是获得的，而不是内在的。

霍妮批判弗洛伊德理论的中心点在于阴茎忌妒以及女性究竟是不是受挫的男性这一问题。她认为弗洛伊德理论有三点错误：一是女孩从母亲转向父亲的机制；二是女性生殖器自我意识的性质；三是关于阴茎忌妒的发生学。

女孩由母亲转向父亲是由于其女性生理和对阴道的意识，而不是对于自己没有阴茎的失望。女孩的俄狄浦斯情结（"杀母奸父"）直接来自其内在的女性。现代心理分析学者大多赞同霍妮的观点。

心理分析女性主义提出，与女性的"阴茎忌妒"相应的有男性的"阴道忌妒"，因此在许多国家，如意大利、法国、德国和芬兰，在犹太人和伊斯兰的传统中都有过男性"假生育"的习俗。假生育的仪式有以下几种：一种是男性仪式性地强调阴茎对于生育的重要作用；还有一种形式是模仿女性生育，强调子宫的重要性。

一种同弗洛伊德理论思路完全不同的观点认为，性别认同的过程不像弗洛伊德所描述的那样充满冲突和矛盾，而是一个平静的学习过程。这种观点认为，性别的认同有无意识和有意识的两种成分。性别的获得是从非冲突中学习经验，而不是从冲突中学习经验。性别的早期既非男性，也非女性，性别也不是内在的，而是后天形成的。它是非冲突性的，是通过认知和实践建构起来的。性别角色的认同无论是正常的还是异常的，是由身体、自我、社会教化和性别差异的关系塑造而成的。

心理分析女性主义还特别关注母亲女儿关系，认为它是弗洛伊德著作的盲点。性别教育的历史观点认为，母亲给孩子爱与哺育性，父亲给孩子规则和纪律。弗洛伊德强调的是性欲发展而不是社会性别角色发展。长久以来，性对象逻辑与性别认同是被视为一回事的，二者不一定一致，在同一个人身上也会前后不一样。

在先有性别意识还是先有性意识问题上心理分析学界有两种相互对立的观点。一种观点认为，性别意识来自生殖器的感觉和自我刺激。对性别区别的发现，阉割情结，阴茎忌妒，俄狄浦斯情结，都是早年对孩子的性别认同形成有影响的因素。另一种观点认为，性别意识先于性意识，而不是性意识和性活动先于性别意识。在一般情况下，心理学观点倾向于后者，但是后者无法解释在经验研究中确有发现的婴儿期的性活动。经验研究发现，几个月大的婴儿就可以有自慰性质的性活动，这一发现可能成为性活动先于性别意识形成这一观点的证据。

在心理分析理论中，女性主义最为关注的另一个方面是无意识概念，因为无意识概念的提出和证明摧毁了理性、主体性和意义，使它们成为不固定的。通过无意识概念，心理分析提供了文化决定论，可以用来抵制性别的生理决定论和生理身份论。

对心理分析女性主义的批判意见是：心理分析基本上是一种男权制的话语，女性主义不应该借用心理分析的任何理论，而应当对它采取全面批判的态度。

九、女同性恋女性主义

近年来，女同性恋女性主义日趋公开、活跃，"女同性恋分离主义"（lesbian separationism）也形成了一定的影响，她们提出"多元"（diversity）口号作为对"变态"（perversity）这一指责的回应。她们说："我们已经超越了要求隐私权的阶段，甚至超越了开办女同性恋酒吧、实业和项目的阶段，达到了要求开展广泛的公开讨论的阶段。"[74]

早在 20 世纪 50 年代，一小群女同性恋者在迪尔·马丁（Del Martin）和菲丽丝·里昂（Phyuis Lyon）的领导下，建立了一个女同性恋组织，取名为"比利蒂斯的女儿"，这个名字来源于根据古希腊著名女同性恋诗人萨福的一首诗改写的色情诗。目前在美国约有 600 个同性恋者的组织，有大量的出版物。她们经常举行大规模的游行示威活动；活跃在各类传媒上；选举能代表同性恋利益的地方议员和行政长官；争取法律上对同性恋婚姻的认可。20 世纪 80 年代，在美军中，女兵将近 15 万人，有大量的女同性恋者无意中在那里得以聚集，她们当中的许多人在平民生活中是难以相遇的。无怪乎有人说，曾经不敢道出自己姓名的爱已经变得滔滔不绝了。[75]

有的女同性恋者认为她们的文化被女性主义重新解释了。她们说，"女同性恋是实践而女性主义是理论"的口号不失为一个好的动员令，但它歪曲了我们的历史。[76] 她们批评保守派，认为她们反对和压制了一切有关性、性别、种族和阶级的严肃讨论。她们认为，性别主义是一切压迫的根源，而女同性恋女性主义是对男性霸权的威胁，女同性恋者必须组织起自己的运动以反对男性霸权。女同性恋女性主义猛烈抨击男性对女性的暴力行为和攻击性性行为。她们还认为，母性是女性的优点，而不是女性的弱点。她们反对异性恋霸权，即那种以为只有异性恋才属正常范畴的偏见。

女同性恋女性主义可以分为选择性的与"天生"的，当然关于同性恋倾向到底是先天形成还是后天形成的至今尚无定论。此处所说的选择性同性恋是指将同性恋生活方式作为一种政治选择来实践的女性。关于女同性恋形成原因的理论可以被分为：生理决定论，社会建构论和社会政治选择论。所谓社会政治选择论这一成因专指那种以选择女同性恋生活方式作为摆脱异性恋压迫制度的行为。在 20 世纪 60 年代和 70 年代，有一大批女性确实做出了这样的选择。这些政治导向的女同性恋者选择将自己的生命、爱和精力交付给另一个女人，而不浪费时间经营同男人的关系。认为异性恋女性是与敌共眠。[77] 从女同性恋中的三种成分可以看出，性倾向的差异是自然的、文化的，有时又是政治的。

女同性恋女性主义认为，只有同男性分开，女性才能真正获得自由。她们强调分享与支持，强调性生活的和谐，反对就业歧视，争取保险、住房和财产权利，她们认为同性恋伴侣应当获得与异性恋配偶同等的权利，并积极争取这种权利。

女同性恋女性主义所关注的争论焦点包括：

性活动：是任何形式都可以还是应当反对性活动中的权力关系，如虐恋关系。

倾向的选择：是天生的还是选择的，要做一个女性主义者是否一定要先做一个女同性恋者。

恐惧症：许多女同性恋被诊断为"内化她们的同性恋恐惧症"，把社会歧视说成心理疾病。

结婚与否：异性恋占有性、爱、婚姻、家庭之权利，女同性恋应当争取同性婚姻。

双体制还是单体制：异性恋与男权制是一个体制的两面，还是各自独立存在的两种制度。

女同性恋母亲：抚养孩子的家庭环境缺乏刻板的性别示范问题。

女同性恋的不可见性：无论在异性恋霸权的社会还是在同性恋世界中，女同性恋都面临边缘化的问题。

女同性恋被视为女性男性化：异性恋的男女两分思维以及异性恋与同性恋的两分思维总是将女同性恋关系中的角色比附于异性恋关系中的男性角色和女性角色，不能够接受性别模糊或混淆的状态。因此，女同性恋往往被视为女性的男性化，而不被当作正常女性看待。

1988 年，美国通过了新的地方政府法案，其中第 28 条竟然还有这样的规定：禁止"提倡同性恋和假家庭关系"，禁止"在学校接受同性恋的教育"。这是女同性恋女性主义所面临的社会现实，证明同性恋权利运动还有很长的路要走。

20 世纪 90 年代，"酷儿"理论横空出世，它是一种全新的性话语。而"酷儿"政治可被追溯到 60 年代和 70 年代。"酷儿"不是一种固定的身份，而是一种身份批判的过程。在"酷儿"理论中，身份形成和身份政治是中心论题。"酷儿"一词被用来指称这样几种人：第一，同性恋；第二，对某人有感情；第三，拒绝接受传统的生理性别、社会性别分类的人，挑战的欲望超越了异性恋规则。

女同性恋研究摆脱了男同性恋研究，在近年来发展为"酷儿"研究和女性主义的研究。"酷儿"的视线一反 70 年代和 80 年代求人接纳的正面描述同性恋的姿态，故意去探索变态，观照性欲的"下腹部"，探察同性恋关系中的暴力、忌妒、不平等关系、占有与背叛。在 90 年代做一个"酷儿"，就是对你自己的性和你的政治保持热情，而采取一种"现身"的策略或生活方式，对主流的趣味和敏感采取不屑一顾的不让步的态度，将快乐视为真正自我的一种表达。[78]

对于女同性恋女性主义的批评是：它只适用于女同性恋者，不适用于其他人群，因为女同性恋者认为异性恋比男权对她们有更大的压迫，因此许多女同性恋者更倾向于选择"酷儿"理论而不是女性主义理论。"酷儿"理论的影响与局限性在于：这个 90 年代兴起的新理论的主要口号是："一切坚实的东西都消融在空气中。"[79] 所谓坚实的东西包括男性和女性，同性恋和异性恋，以及一切可以说得出来的分类。这些分类和身份的消融固然给人们带来极大的解放感，但是也使一切现实斗争的可能性化为乌有。作为具有战斗性的女性主义，这不能不成为一个问题。

十、其他女性主义流派

1. 权力女性主义

权力女性主义从 20 世纪 90 年代兴起，其代表人物沃尔夫（Naomi Wolf）认为，女性主义犯了一个错误，即强调女性是受害者、受压迫者。权力女性主义告诉女性：女性不是受害者，除非她们选择去当受害者。女性对于现状应当负起个人责任，包括进入传统属于男性的领域。她们应当自我赋权，使自己在社会上、职业上、政治上与男人平等，鼓励女性使用男性的工具——金钱、选票和政治批判，以提高自己的社会地位。

权力女性主义反对反强奸游行，认为这种游行是自毁自贬，她们把此类游行示威称为"哀鸣"。她们认为，参加反强奸游行这个行为本身就是把自己摆在了弱者和受害者的位置，是一种乞怜的姿态。而与其去向男性乞怜，不如直接去做一个强者。

权力女性主义还反对事事要讲"政治正确性"的做法。"政治正确性"是 20 世纪 70 年代末出现的概念，随后发展为一种大规模的文化现象，它是指一整套关于对与错的信念，要求人们在所有的问题上都保持政治上的进步立场，其中包括不能歧视女性，不能歧视同性恋，等等。例如，女性主义用"政治上不正确"指责右派，认为女性一般来说社会地位在下降，其中包括贫困的女性化、男性放弃做父亲的责任、性暴力、性骚扰等。

权力女性主义批评左翼知识分子的"种族—阶级—性别"区分意识形态味道太重，总是要求人们保持政治上的正确性，导致了教条主义的不宽容气氛。解构所有的价值导致了学术危机。政治正确性不仅被用于左右两派的论争，还被左翼用来攻击政敌，批评反文化论者。

反对权力女性主义的人认为：将女性自身当作她在性、经济和社会地位各个方面的处境的全部责任人是很危险的，会使女性陷入孤立无援的境地，用自己所处的低下地位来责备自己。与此同时，那些应当为女性的低下地位负责的社会机制、社会群体、社会阶层却可以乘机逃之夭夭，把责任推个一干二净。

2. 包容女性主义

包容女性主义认为，应当走向多文化的女性主义。有女性主义者担心过分强调差异，否定一致性，将导致知识和政治上的解体。女性主义需要一个空间，其中每个女性都有自己的空间，但是把人们隔离开来的墙应当是很薄的，能够允许对话；允许道德上的朋友社区；允许行动的伙伴。女性主义需要一种非帝国主义式的、非种族中心的、相互尊重的理论。

包容女性主义也可以包容男性，因为有很多男性是赞成女性主义运动的。

包容女性主义挑战传统的种族、阶级、性别、权力安排，认为这种传统秩序优待男人歧视女人，优待白人歧视有色人种，优待健康人歧视残疾人，优待有工作的人歧视无工作的人。[80] 男女之间的压迫不是唯一的，应当与种族、民族压迫结合起来看。种族、民族与性别之间有着错综复杂的关系：女性可以区分为有色人种女性、非英语母语女性、发展中国家女性、土著女性等类别。西方传统女性主义没有意识到其种族和民族的偏向。压迫包括性别、种族和民族的压迫，以及阶级、身体特质、职业、性倾向等方面的压迫。包容女性主义主张应当包容这一切。

包容女性主义认为，女性主义除了关注男权制的压迫，还应当关注种族主义、健全主义、异性恋主义、阶级歧视同男权制的关系。在改变社会的男权制结构的同时也要改变各种不平等、不公正的制度，使人们得到真正的完整意义上的解放和自由。

银河说 女性主义的百家争鸣

女性主义流派繁多，在不同的时期都有不同的演变和发展，总的来说，20 世纪 60 年代以激进女性主义为主；70 年代以社会主义女性主义为主；80 年代是全面保守回潮；90 年代是女性主义"三大家"（激进、自由、社会主义女性主义）的综合。

引文注释

[1] Kourany, J. A. et al. (ed.) *Feminist Philosophies*. Prentice Hall, New Jersey, 1992.

[2] Ollenburger, J. C and Moore, H. A. *A Sociology of Women; The Intersection of Patriarchy, Capitalism and Colonization*. Prentic:e Hall, 1998.

[3] 弗里丹著，邵文实，尹铁超等译. 非常女人. 北方文艺出版社，2000. （以下弗里丹语均同见于本书）

[4] Barrett.M.and Phillips, A. (ed.) *Destabilizing Theory, Contemporary Feminist Debates*. Poliry Press, 1992.

[5] Smith, S., and Watson, J. (ed.) *De/Colonizing the Subject*. University of Minnesota Press, Minneapolis, 1992.

[6] 贾格尔等. 女性主义理论概览. 国外社会学，1989（1）：53-58.

[7] 同上条

[8] 同上条

[9] Pearsall, M.*Women and Values, Readings in Recent Feminist Philosophy*. Wadsworth Publishing Company, 1993.

[10] Meyers, D. T. (ed.) *Feminisr Social Thought: A Reader, Routledge*. New York and London, 1997.

[11] 倍倍尔著，葛斯，朱霞译. 妇女与社会主义. 中央编译出版社，1995.

[12] 沃格尔. 马克思主义和社会主义女权理论. 现代外国哲学社会科学文摘，1987（5）：61-64.

[13] 巴雷特. 关于马克思主义女权运动理论概念的分析. 国外社会科学，1983（3）：48-49.

[14] Saulnier, C. F. *Feminist Theories and Social Work, Approaches and Applications*. The Haworth Press.New York.London, 1996.

[15] 转引自第 14 条

[16] 恩格斯 . 家庭、私有制和国家的起源 . 人民出版社, 1972.

[17] 宋兆麟 . 共夫制与共妻制 . 上海三联书店, 1990.

[18] 马克思, 恩格斯. 马克思恩格斯选集. 第 4 卷 . 人民出版社, 1995. （以下恩格斯语均同见于本书）

[19] Bryson, V. *Feminist Political Theory*. The Macmillan Press LTD, 1992.

[20] Coole, D. H. *Women in Political Theory, From Ancient Misogyny to Contemporery Feminism*. Harvester Wheatsheaf, 1993.

[21] 转引 Martin, R. "Truth, Power, Self An Interview with Michel Foucault, October, 25, 1982" in Martin, L H. et al. (ed.) *Technologies of the Self:A Seminar with Michel Foucault*. Amherst: University of Massachusetts Press, 1988.

[22] Bacchi, C. L.*Same Difference, Feminism and Sexual Dififefence*. Allen and Unwin, 1990.

[23] 王逢振编. 性别政治. 天津社会科学院出版社, 2001. （以下巴特勒语均同转引自本书）

[24] Jaggar, A. M.and Young, I.M.*A Comparision to Feminist Philosophy*. Blasckwell Publishers, 1998.

[25] 见 14 条

[26] 见 23 条

[27] Braidotti.R.*Nomadic Subjects, Embodiment and Sexual Defference in contemporary Feminist tlheory*. Columbia University Press.New York, 1994.

[28] 见 23 条

[29] Nelson, E.D.and Robinson, B.W.*Gender in Canada*. Prentic-Hall Canada Inc., Scarborough, Ontario, 1999.

[30] Weedon, C.*Feminism, rrheory and the Politics of Difference*. Blackwell Publishers, 1999.

[31] 见 24 条

[32] 同上条

［33］见 6 条

［34］见 24 条

［35］转引 Ramazanoglu, c. (ed.) *Up against Foucault, Explorations of Some Tensions Between Foucault and Feminism*. Routledge.London and New York, 1993.

［36］Bazilli, S. (ed.) *Putting Women on the Agenda*. Ravan Press, Johanneburg, 1991.

［37］见 1 条

［38］见 35 条

［39］Dunphy, R.*Sexual Politics*. Edinburgh Universiry Press, 2000.

［40］转引自第 1 条

［41］见 24 条

［42］见 39 条

［43］见 27 条

［44］Robinson, V and Richardson.D. (ed.) *Introducing Women's Studies, Feminist Theory and Practice*. MacMillan, 1997.

［45］同上条

［46］同上条

［47］Agger.B.*Gender, Culture, and Power, Toward a Feminist Postmodern Critical Theory*. Pareger, Westport, Connecticut, London, 1993.

［48］见 24 条

［49］同上条

［50］Brodribb, S.*Nothing Mat (t) ers: A Feminist Critique of Postmodernism*. Spinifex Press, 1992.

［51］见 23 条

［52］Hirschmann, N. J.*Rethingking Obligation, A Feminist Method for Political Theory*. Cornell Universiry Press, Ithaca and London, 1992.

［53］见 23 条

［54］见 24 条

［56］转引自第 23 条

［57］Irigaray. I.*Je, tu, nous, Toward a Culture of Difference*. Translated From the French by Alison Martin，Routledge，New York and London，1993.

［58］爱森堡等著，屈小玲，罗义坤等译 . 了解女性. 光明日报出版社，1990.

［59］格里尔著，欧阳显译 . 女太监 . 漓江出版社，1991.

［60］见 22 条

［61］Campbell. K. (ed.) *Critical Feminism, Argument in the Disciplines*. Open University Press，Buckingham，Philadelphia，1992.

［62］见 3 条

［63］见 1 条

［64］Plant，J. (ed.) *Healing the wounds: Ihe Promise of Ecofeminism*. New Society Publishers，Philadelphia，PA，1989.

［65］转引自第 64 条

［66］见 64 条

［67］Hatfield:S. B. *Gender and Environment*. Routledge，London and New York，2000.

［68］见 44 条

［69］见 6 条

［70］见 24 条

［71］见 61 条

［72］见 29 条（以下有关弗洛伊德本我五个阶段以及米利特对弗洛伊德的评价，均同见于本书）

［73］Person. E S. *The Sexual Century*. Yale University Press，New Haven and London，1999.

［74］见 4 条

[75] 韦克斯著，齐人译. 性，不只是性爱. 光明日报出版社，1989.

[76] 同上条

[77] 沃特金斯著，朱侃如译. 女性主义广州出版社，1998.

[78] 见 44 条

[79] 见 39 条

[80] 见 29 条

第四章

女性主义
和现实问题的碰撞

在各个领域中都有人从女性主义角度来提出和分析问题，这些问题既反映出女性状况的最新发展和最新关注点，又预示了女性运动在新世纪的发展方向。

在西方进入后工业化时期以来，女性主义开始向所有现存的范畴全面质疑，这些领域包括知识基础、价值体系、话语体系、意识形态、方法论、组织结构、社会工作、社会福利等。当代女性运动也有很多新的关注点，如两性的平等待遇与特殊待遇问题、对女性的保护性立法问题、工业造成的健康灾害问题、离婚问题、孩子的监护权问题、性与色情品问题、暴力问题等。女性主义理论进入了一个又一个从未涉足过的领域。女性主义不再惧怕研究男女解剖学和心理学，例如强奸想象问题、虐恋性欲问题、性活动中的统治与服从问题等。当代女性运动的一些主要论争包括：强调相同还是强调相异；强调平等还是强调区别；强调法理社会（Gesellschaft）关系还是强调礼俗社会（Gemeinschaft）关系；强调自由参与竞争还是强调责任；强调对工作的投入还是强调对家庭的投入；强调社会教化过程的作用还是强调生理和心理的区别；等等。总之，在各个领域中都有人从女性主义角度来提出和分析问题，这些问题既反映出女性状况的最新发展和最新关注点，又预示了女性运动在新世纪的发展方向。

一、生理决定论与社会建构论

1. 生理决定论

性别问题上的生理决定论出现于 20 世纪六七十年代，那时正是西方女性主义运动风起云涌的时代。反对女性运动的人们也在集结自己的力量，当时出版的几本畅销书就是男权制观点对女性运动反弹的表现。这几本书试图证明，男性的攻击性和男性的统治性具有生理的依据。它们主要的论据来自对灵长类的研究，试图以此证明"男权制的不可避免性"，向女性主义的人类平等的观点挑战。

人类生理性别的基本变量有以下几种：

染色体性别（chromosomal sex）：女性是 XX，男性是 XY。

荷尔蒙性别（hormonal sex）：雄性激素（androgens）和雌性激素（estrogens）。

内生殖器性别（internal reproductive sex）：睾丸，卵巢。

外生殖器性别（external genital sex）：阴茎，阴蒂、大小阴唇、阴道外半段。

脑性别（brain sex）。

心理学家马尼（John Money）对生理性别的发展阶段作了更为精细和全面的概括。他认为：两性是从同一组织中分化出来的，所有的人走在同一条路上，但是后来分了路，潜在的男性和潜在的女性通过一系列的岔路口分别走上不同的道路。

这些岔路口包括：

（1）染色体性别（chromosomal sex）

（2）性腺性别（gonadal sex）

（3）胎儿荷尔蒙性别（foetal hormonal sex）

（4）内生殖器性别（internal morphologic sex）

（5）外生殖器性别（external morphologic sex）

（6）脑性别（brain sex）

（7）抚育性别（sex of assignment and rearing）

（8）青春期荷尔蒙性别（pubertal hormonal sex）

（9）社会性别身份与角色（gender identity and role）

（10）生育性别（procreative sex） [1]

高度概括地说，影响性别的生理因素有三大类：染色体、荷尔蒙和大脑结构。

染色体性别（只适用于部分灵长类动物），又称基因性别。染色体除了女性 XX 男性 XY 之外，还有 XO、XXX、XXY、XYY。其他动物的性别并非都由染色体决定，而有其他因素的作用，如温度。举例言之，鳄鱼在高温时孵化为雄性，在低温时孵化为雌性。鸟类的染色体与人相反，雄鸟有两个相同的染色体，雌鸟有两个不同的染色体。

荷尔蒙性别。生理决定论者相信，是激素造成了男女身体的不同。那些有犯罪、吸毒、暴力、虐待倾向的男性，雄性激素水平较高，攻击性行为程度较高。雄性激素水平高还导致了热衷于争夺领导权、企图影响或统治他人、容易表达愤怒等。

脑性别。700 万年前，我们的祖先尚未直立行走，100 万年前出现语言，取代手势。在东非发现的古人类化石表明，400 万年前，人类大脑的体积只有现在人的一半大，10 万年前才达到目前的体积。

关于大脑对不同性别的影响有一段特别有趣的人类认识史。19 世纪，解剖学发现女性比男性脑子体积小，于是这一点成为女人智力低下的证据。科学家认为脑体积大则聪明，由于男性脑体积大于女性，因此认为男性的智力高于女性。

后来，解剖学证明脑体积与身高体重有关，与性别无关，即脑体积的大小仅仅是身高体重不同导致的。男女绝对头高比例是 100 ∶ 94，相对头高比例为 100 ∶ 100.8，女性高于男性。成人大脑平均值：男性大脑重 1388 克；女性大脑重 1252 克。但是相对于体重来说，男性每公斤体重的脑重为 21.6 克；女性每公斤体重的脑重为 23.6 克。这就是说，虽然绝对脑重是男性超过女性，但是相对脑重是女性超过男性。但丁的脑重甚至低于男子的平均脑重。科学研究的结论是："没有证据能证明才智与脑重之间有密切关系。"[2]

于是科学家放弃了脑重与智力关系的性别差异的学说，转向脑内不同部位之间的差异。开始时，科学家认为额叶（frontal lobes）专司智力，因此说男性大脑的额叶大于女性，女性的额叶较小，而顶叶（parietal lobes）较大。后来，研究发现顶叶专司智力功能，与认知过程相关，这些科学家又改为说男性的顶叶大于女性，或者说女性的顶叶比以前所发现的要小。[3]

目前，学者们一致认为，脑体积和脑内各部分均无男女差别。[4] 其实两性大脑的区别很细微，而且人类各个器官的可塑性很强。总的来说，两性的认知能力只有细微的差别。

女性主义理论家指出：颅相学和关于脑重量、脑结构的性别差异的谬误和作假说明"社会偏见其实是科学事实"的理论总是最得势的。[5] 颅相学所犯的错误简直可以被视为丑闻，淋漓尽致地揭露了男权制观念与所谓"科学发现"的关系。

在颅相学的荒谬被彻底唾弃之后，现代科学家的研究发现了一些并不对男女任何一方特别有利的大脑构造差异的研究结果。例如，男女的语言功能在大脑的不同部位，它影响语言的流利程度、用语理性、联想的流利程度；男女的交流风格不同，解决问题的方式不同；男女的感觉不同，对触摸、味道、气味、声音感觉不同，视觉也不同。[6] 从语言能力上看，儿时女孩的语言能力强于男孩，到上小学后差异才消失。

从大脑结构看，男性左脑发达，它控制线性的逻辑思维，连续有顺序的信息，抽象性、分析性的思维；女性右脑发达，长于想象、艺术活动，整体性、直觉性的思维，视觉与空间能力。女性比男性更多使用左右脑的连接神经组织，因此女性的这一连接组织比男性更发达。

解剖学的最新认定是，左右脑之间的连接神经女性大于男性。由于两脑之间的联系神经女性比男性粗，女性的认知功能分散在两个脑半球中，而男性则集中在一个脑半球中。女性的语言能力强于男性，女性的五种感觉（视觉、听觉、嗅觉、味觉、触觉）都比男性敏感。以视觉为例，男性对亮敏感，女性对暗敏感。男孩对物比对人更感兴趣，身体更活跃。掷物跟踪活动男孩比女孩更强，攻击性更强。女孩比男孩更能认出人脸及其声音，对人的情绪（音调、表情）更敏感，对新人比对新玩具更有兴趣，喜欢合作性而非竞争性的游戏。[7]

生理决定论中的一个重要假说是变异性假说，用来解释男女两性因生理因素决定的智力状况的不同。这一假说认为：男性智力分布比女性大，即女性智力中常，男性智力或者很高，或者很低，更有可能出现天才或智力迟滞者。这一假说流行了很长时间，直到20世纪上半叶才证明变异假说不能成立。在各种心理能力的分布中，明显的两性差异并不存在。男女两性的智商并无差异。[8]

在生理决定论那里，生理性别被认为是自然的分类。这一分类又常常被概括为三个档次的性征区别：第一性征包括染色体、性腺（卵巢、睾丸）、生殖器，第二性征包括肌肉组织、体毛等，第三性征指发式、服饰等。

反女性主义的生理决定论观点的口号是："生理即命运。"这种观点认为，人生而有荷尔蒙、解剖学和染色体的男女不同；女性先天就有比男性更麻烦的生殖角色；男性表现出男性气质的心理特征，女性表现出女性气质的心理特征；社会应当维护这一自然秩序，保证男性保有统治地位，而女性维持其服从地位。

对性别结构的生理解释大致是这样的：人类学记录表明，所有社会都是男权制，关于过去的母权制社会的故事只是神话。所有已知社会中，最高地位均为男性占据。男性争夺统治地位，愿意牺牲其他动机和报酬——对情感、健康、家庭生活、安全、轻松、假期之类——以获取统治和地位。就像高个女人并不代表社会状况一样，例外的个人如成功地占据统治地位的女人不能驳倒"行为的生理根源"。[9]

就连进化论的创始人达尔文在性别问题上也是一位生理决定论者，他说过，男性与女性相比处于进化的较高阶段，赋有更多的智力和理性能力，因此天生应当做领导。男性暴力是男性气质的自然健康的表现。

进化论生理学与社会生理学很接近，二者的区别集中在性问题上。对人类性行为模式有一种进化论生理决定论的解释，其主要理论是：男性的精子要寻求更多机会使女性受孕以传种；女性则拒绝低质量的精子以保证后代质量。这种生理学力量决定了男性的滥交、不专一和女性的专一性。[10]

受到进化论生理决定论的影响，以往的医学教科书大多这样说：卵子是被动的，精子是主动的，近年来又出现了一种新的说法：精子在逃离卵子的捕捉。两种说法截然相反，却又都是歧视女性的，都是从男性的角度说话的，是赞美精子、贬低卵子的。令人感慨的是，性别主义甚至影响到人在显微镜下的观察及其对观察结果的描述和解释。

生理决定论除了用生理因素来解释人的社会行为之外，甚至还会用性别差异来解释身体的疾病。比如，由于男性占领医疗行业，男女受到不同的对待：男性的肺病就是肺病，女性的肺病却被认为是由子宫引起的病。[11]这种完全没有依据的假说居然也可以以科学和医学的面貌出现。

女性主义就是要推翻上述的一切。批评生理决定论的人们强调，生理原因决定的人类行为局限于生育或身体结构的不同，只对少数活动有影响，如打篮球、钻一个狭窄的洞，等等，对于绝大多数的人类活动并无任何影响。

女性主义挑战生理决定论的一个主要理由是：它的存在就是为了支持社

群之间的差异，证明现存社会秩序不论是否公正毕竟有其必然性。既然在每个社群中，个人与个人的差异就远大于社群之间的差异，又何必老是着眼于由出生决定的差别呢？一位美国的电视主持人曾经使两名生理决定论者张口结舌，窘迫不堪，她向他们提出了这样一个问题：数学不好的男人是否就不算"真正的男人"了？ [12]

性别问题上的生理决定论又被称为性别生理本质主义（biological essentialism），有些女性主义者对性别做出本质主义的解释，如格茨（Gotz）自称是个"温和的本质主义者"。她认为，社会性别的认同有生理基础。如果否认生理基础，就会成为"绝望的相对主义者"。[13] 这种观点认为，女性的合作性、灵活变动性就是有基因基础的。

但是，大多数女性主义者是反对生理决定论和本质主义的。对本质主义的一个主要批评是，本质主义无法解释男性内部和女性内部的差异。著名女性主义理论家罗宾明确地指出：生理事实对于性别认同毫无作用。[14]

在极端的情况下，一个人的心理性别甚至可能与生理性别对立，比如易性者和易装者。这也是生理决定论无法解释的现象。

生理决定论或本质主义往往导致政治上的保守态度。例如，认为一切先天注定，不会变化；认为女性不适合做某种类型的工作，不适合做家外的工作；认为男性的天生的强悍和攻击性决定了收入的差异。保守派作家吉尔德（G. Gilder）竟然公开宣称：性别的差异就是收入差异的全部原因。[15]

生理决定论不仅导致政治上的保守，还会导致种族主义和法西斯主义。20 世纪的纳粹主义就试图从生理上证明女性、有色人种和犹太人的低下。希特勒曾说过这样一句话：这个世界上所有不好的种族都是笑话。"[16] 有基因学者因此警告说，要对人类行为做基因和生理解释具有一种危险性，那就是希特勒式的种族灭绝。虽然社会行为受到生理因素的影响，但是不宜特别强调生理因素的作用。[17]

在反对和声讨歧视女性的生理决定论的浪潮中，女性主义阵营中有人走向了另一个极端，那就是前文所述及的文化女性主义。以戴利（Mary Daly）和格里芬（Susan Griffin）等人为代表的文化女性主义认为，女人更接近自然，这一点使其比男性更加具有直觉和创造性。[18]以往的生理决定论都是从对男性有利的角度上分析问题的，而文化女性主义理论反其道而行之，发表了大量对女性有利但仍属于生理决定论范畴的言论，例如：雄性动物个头更大，毛色更漂亮，更有攻击性，更好动，在求偶行为中更加主动，有更多无用的身体器官，如犬牙。因此，女性更符合生态标准，比男性适应性更强。虽然男性的数学能力及下棋等后天能力更强，但其功能仅仅与孔雀尾巴的功能相同——为了吸引异性。女性比男性预期寿命更长，婴儿期死亡率更低，这些都说明女性在生理上是比男性更优越的性别。

社会建构论认为，文化女性主义的上述观点以及所谓大地女神的命题是政治上的幼稚病。社会建构论否定性别与性差异的本质性质，主张从饮食、职业、性别角色分工等解释两性区别。它揭露母性意识形态的文化再生产性质，否定"母性"与"父性"的区别，认为男性本质也有关爱性、养育性，是被社会建构加以改变的。它进一步认为，人的本质上也没有同性恋、异性恋、双性恋的区别，是社会文化因素压抑了一些感觉，表达了另一些感觉。

德沃金在1978年写作了《生理优越性：世界上最危险和最致命的观点》一文，批驳了文化女性主义者提出的女性在生理上优越于男性的观点。德沃金认为这一观点就像女性在生理上低于男性的观点一样错误。她认为，生理决定论的任何形式都是法西斯主义的。[19]

脑神经专家列维（Le Vay）曾试图证明同性恋是由脑神经与常人的差异这一生理原因造成的，试图通过将同性恋归因于生理原因来抵制同性恋恐惧症——如果同性恋的成因就像左撇子的成因一样，常人不就不会歧视同性恋了吗？可惜，他的想法被批评为天真幼稚的想法，批评者反问：基因或荷尔蒙一类的成因什么时候动摇过种族主义与性别主义的基础呢？

2. 社会建构论

从20世纪60年代开始的这场生理决定论（本质主义）与社会建构论的论争至今已经持续了50多年。在过去的近半个世纪中，生理决定论渐渐失去了影响力，社会建构论占了上风。如今，大多数女性主义者都反对生理决定论和关于人性分性别的观点。

从20世纪60年代起出现的性别新概念认为：将某些行为归属于男性或女性只是一种社会习惯（就像将船称为"她"）。社会建构论最初的观点是：每个人的成长都是基因和环境共同作用的结果，人类的许多差异都不是源于一个基因，而是许多基因的相互作用。性别是以生理性别为基础的社会建构，个人生而为男为女，并没有天生的性别认同，他们是在成长过程中获得性别认同的，在经过社会的建构之后才成长为男人和女人。虽然生理性别是天生的，但是社会性别既非内在的，也非固定的，而是与社会交互影响的产物。它会随着时间和文化的不同而改变。社会性别是由社会建构的。社会性别是社会和符号的创造物。

在20世纪80年代初的西方性别学界，就连生理性别和社会性别的两分也被质疑：男女两性的生理区别是否就是固定不变的？加格认为，变化的社会实践会改变身体，例如，女性的身体正在变得越来越强壮。在女性体力强壮成为社会可接受的事实之后，女性的基因和内在生理学也改变了。原因很简单：如果社会喜欢娇小的女人，这些女人的生育机会就多些；如果社会喜欢高大的女人，她们生育的机会就多些。因此，生理学和社会实践是互为因果的关系。换言之，男女的生理差别也是社会建构的，是社会习俗的产物。社会性别并非固定的自然的男女生理差别的反映，而是为身体差异建立意义的知识。[20]

社会建构论的一个论证是这样的：女性犯罪率在世界各地都有所升高，表明攻击性（常被当作由男性生理决定的）与社会因素而非生理因素有关。当社会条件允许时，女性可以变得同男性一样好或一样坏。例如，女律师就全都表现出敌对性、雄辩性和统治性的行为。这种行为也出现在女性在学术上挑战男性学者提出的关于人性的偏见方面。[21]

据此社会建构论认为，生理性别、社会性别和身体都是社会建构的，都不是自然的分类。由于生理性别和社会性别都是社会建构的，男性和女性（社会性别）的建构并不仅仅来源于男性和女性的身体（生理性别）。[22] 男性和女性都是社会建构出来的，不是天生的，所谓男性气质和女性气质都是后天获得的。

极端本质主义认为，一切都是生理决定的；而极端社会建构论则认为，一切都是社会建构的，不存在先天的自然事实。论争双方各自坚持生理决定论与社会建构论的立场，相应的是"自然"与"文化"的两分法。前者强调天生的自然基础；后者强调养育的作用、社会条件、社会权力关系，或者个人选择。

社会建构论又可以细分为以下多种理论：

（1）性别的文化建构论。性别建构的差异存在于文化与文化之间，以及某一文化之内。性别的文化建构是指，在不同的文化和社会中，性别的概念和行为规范会按照当时当地的习俗被建构起来。比如，亚洲文化要求女人被动和柔顺，亚洲女性的人格特征就会被这样建构起来。女性主义不仅强调社会性别的文化建构，还强调性别不平等的文化建构、性别构成的权力关系。

(2) **社会角色理论。**男女的心理区别来源于社会角色不同，由于劳动分工不同，女性更多在家庭里活动，男性更多在社会上活动。许多文化都有男主外女主内的风俗。社会角色分工的起因部分来自身体的区别，主要包括女人的生育和哺乳的需要、身高和体力大小的区别等，但是更多地决定于社会习俗对性别角色的规定。

(3) **心理分析理论。**男女两性的起源和发展是长期的争论，心理分析是最早涉足这一问题的。从弗洛伊德的儿童性欲理论可以知道，虽然两性具有极为不同的心理本质、性本质，但是所谓男性气质、女性气质、异性恋、同性恋都不是天生的，而是后天获得的，是由特殊的文化环境造成的。

社会建构论在许多问题上提出了与生理决定论针锋相对的观点。

以生育问题为例。在生育问题上，本质主义的观点认为：女性生育的孩子有限，而男性生育得却很多，他可以同很多女性生育。由于精子数量多，所以比较便宜；卵子数量少，所以贵重。反本质主义观点则认为：男女之间并没有本质的差别，只有社会经历和源自社会经历的观念的不同。

再以沟通和影响问题为例。社会建构论对交流和对他人的影响力的性别差异有以下几种解释：地位特征理论认为，由于女性比男性地位低，所以男性对他人的影响比较大；社会角色理论认为，由于男女社会角色不同，男主外，女主内，所以男性的影响较大；既存性别模式理论强调儿童积累的性别知识影响其行为，由于环境是分性别的，儿童就会学着用性别分类来整理自己的知识；社会学习理论则认为，规范化和强化训练最终造成了分性别的行为模式。社会直接强化对正确性别行为的奖励，对错误性别行为的惩罚，或者通过直接强化，或者通过观察学习，人同时获得了对性别角色的知识与性别认同。

在性别的劳动分工问题上，社会建构论的解释是这样的：一个社会中男女工作类型不是由生理决定的，而是由社会安排的。工作的性别不平等是为男性利益服务的，然后被非正式的习俗和正式的法律体系加以强化。一旦这些社会结构障碍被去除，女性完全可以像男性一样工作，男女两性的工作能力和工作效果完全可以达到相同的水平。

此外还有女性美德是天生的还是社会建构的这一问题。男性在婴儿期同女性一样无法自立，要靠社会上的其他人来抚育，因此男性的社会性不应当低于女性。女性在历史上一直是关心照料他人的人，但她们这样做并不是因为美德，美德倒是女性处境的结果：因为女性总是在照料他人，致使女性对个人自由评价较低，对相互支持和安全感评价较高。

社会建构论的渐成气候虽然是这几十年的事，但是一些思想家很早就萌发过社会建构论的思想。我们甚至可以追溯到 19 世纪的女性主义作家弗吉尼亚·伍尔夫，她就具有建构论的意识。她曾指出，在文学史上男女作品在质量和数量上的差异不是生理原因造成，而是社会文化原因造成的。这些原因大多是物质性的（grossly material things），如教育、职业和政治过程的机会不均等。

19 世纪著名的女性主义作家穆勒指出："所谓存在于男人和女人之间的智力差别，不过是他们在教育和环境上的差异的自然结果，并不表明天性上的根本差别，更不必说极端低劣了。"[23]

马克思、恩格斯也是反对性别问题上的生理决定论的。

自由主义女性主义者波伏娃的名言是社会建构论较早的一个表达：人不是生而为女人，而是变成女人的。

女性主义理论家乔多萝也指出：对性别差异的意识并非天生的，而是后来发展起来的。[24] 乔多萝将男性性别认同与男性统治等同起来，认为它是男性统治的原因。

一般认为，生理性别是生理的真实，社会性别是社会的产物。福柯被认为是颠覆生理性别和社会性别关系的第一人，性别与权力共存，在两分的本质主义的性别区别中是因不是果。根据福柯的观点，生理性别——无论是男性气质还是女性气质——都是随历史的演变而变化的，是话语的产物，是异性恋霸权的产物，表现在性实践中。福柯提出了关于日常生活中的统治和抵抗的理论，这一理论涉及国家的管理技术、医疗、快乐学的知识领域。他的基本观点是，权力是生产性的，而不仅仅是压制性的，就连压制本身也是生产性的。

通过自然和文化的对比来定义生理性别和社会性别之间关系的最有影响的尝试是罗宾在 1975 年发表的《女性交易：性"政治经济学"笔记》一文。她的理论和跨文化分析指出，所有的社会都存在生理性别和社会性别体系：它是"一套安排，在其中，人类的性和生殖这种生理的原始物质被人类的社会干预所塑造，以传统的方式加以满足，无论这些传统方式有多么糟糕"。[25]

1999 年在英国广播公司开展了一场辩论，达尔文主义哲学家克罗宁（Helena Cronin）提出，存在于两性之间的深刻的心理差别可由达尔文进化论加以解释：由于男性为争夺女性而竞争，女性谨慎选择配偶，这就意味着，男性由自然决定比女性更具竞争性，更野心勃勃，更有地位意识，更投入，更一心一意，更不屈不挠。这是一个我们应当接受的几百万年的事实。男性有一套特定的思维方式和行为方式，女性有另一套思维和行为方式，它们跨历史跨文化地保持基本不变。[26]

社会建构论者格里尔（Germaine Greer）则指出："我同意男性气质与女性气质有很大区别……但是我也相信，男人为创造男性气质进行了艰苦的努力……他们行为方式的许多方面是高度文化式的、极端变化多端、能扮演多种角色的、能够被很快加以改变的……事物不能违反生理学，但是关键的问题在于文化参与制造了生理学。"[27]

格里尔认为，社会性别就是所谓男性气质和女性气质。按照格里尔的模式，社会性别只能被理解为一种可变的不确定的文化建构。男女两性的思维、行为和互动主要是由他们生活于其中的文化决定的，而不是与生俱来的，在不同文化和不同历史时期有着显著的不同。不同的文化对所谓生理学"事实"有着不同的解释，比如对母性的解释就很不同。

从政治上看，克罗宁的模式是保守的：如果人类行为和心理只是在长期的进化中才能改变，那么在短时间内就很难看到变化。格里尔的模式则是激进开放的：人是社会的产物，不停地适应和发明、发展和变化。如果性别结构是文化环境建构的，那么它就像文化一样可以受到政治的干预，发生巨大的改变。过去不可想象的事物最终将会变成可以接受的。

3. 化装和表演理论

在社会建构论的思想流派中，有一大批思想家，他们的精彩论述为我们开启了观察性别问题的崭新视角。尤其是瑞维尔（Joan Riviere）的化装理论（womanliness as a masquerade）和巴特勒的表演理论，更是重写了生理性别与社会性别区分的理论。

瑞维尔是弗洛伊德的一位分析对象，后来成为心理分析家。她的内心是男性的和高度智慧的。她本人在男权社会中就是化了装的，假装成一位传统女性。她关注的问题是：如何能够做到既有智慧，又做女人，如何做一个知识女性。她的思想原本已被埋没，后来由于拉康在著作中提到她和她的化装理论，才引起了普遍的关注。

她所谓的化装就是戴上女性的面具，化装成女性。她的情况属于女性在内心认同男性，但在表面假装成女性。在化装时，一个女人似乎在模仿真正的女性，但是所谓真正的女性不过是模仿和化装而已，它们是一回事。

对化装理论具有最强烈感觉的人是尼采，他受到女人、真理、面具和女性主义的烦恼，他说：如果女人没有做二等角色的直觉她就不会有追求时髦的天才。"她最艺术的一点是欺骗，她最关心的是容貌和美丽。"

拉康也从社会建构论角度专门论述过性别角色问题。他认为，社会性别角色是面具，而不是规范。

他举过一个著名的例子：

一列火车进站了，一对小兄妹面对面坐在火车包厢里。当火车停下来时，他们透过车窗可以看到站台上的建筑。哥哥说："看呀，我们到女厕所了！"妹妹马上反唇相讥："傻瓜，你难道看不出我们到了男厕所了！"[28]

这个例子旨在说明：

第一，像孩子一样，我们看不到社会性别和生理性别关系的结构，我们受到结构权力的影响，却根本没有意识到它的存在。我们根本不能辨认出生理性别和社会性别体系控制和局限我们的行为的程度。

第二，两个孩子都用对立的性别来界定自己的位置。男孩只看到女厕，女孩只看到男厕。另一性别的事对于我们来说总是秘密。

第三，生理性别与社会性别的区别是以语言的形式出现的，并不是自然或生理的事实。总之，社会性别在拉康看来并不是建立在任何主体的固有的、内在的、本质的性别特征之上，而是建立在与另一性别的符号对比之上的。

第四，从所指到能指的整个体系最终是人为制造的，并没有自然或公正的理由。一个厕所（或一群人）被称为女性，另一厕所（或一群人）被称为男性，并无先验的理由要求这种划分。性别的划分是通过一系列的社会习俗完成的。

第五，无论依据生理和社会性别的划分是多么人为，这一体制却得到了严格的执行。西方社会将继续将厕所作男女区分不是偶然的。女人如果穿男人衣服，就会被执法者要求提供她是女人的证据。

第六，拉康并不主张解剖学即命运，但暗示文化为以解剖学为依据的性别发了通行证。男人要按男人的规则做，女人按女人的规则做。"解剖学的区别并不等于性别差别，但是解剖学的区别塑造性别差别，成为性别差别的唯一标准"。

对于拉康关于性别的思想，女性主义做出这样的评价：第一，他改变了传统对生理性别和心理性别的看法，引入了社会建构论。第二，他认为女性的性是男性的补充。女性的性是被动的，来了快感而不知道。这是错误的。拉康的心理分析是阴茎中心论的另一形式。女性主义学者斯柯特（Joan Scott）对它评价也并不太高，她说："拉康的火车并没有使女性主义走得更远一些。"只不过是社会建构论而已。她认为，社会性别就是将一个社会建构的类别加在事先确定的分生理性别的身体之上。她提出应当将注意力从生理性别转向社会性别，在性别、阶级和种族的交汇点上重新定义和重新建构政治和社会平等的观念。

劳丽蒂斯（Teresa de Lauretis）将生理性别差异放在生理决定论一边；将社会性别差异放在文化建构论一边。她主张打破生理性别和社会性别的关系，认为社会性别并不是身体特征或早已存在于人体之中的什么东西，而是某些社会技术的产物和过程。[29]

法国作家威蒂格认为，唯一的答案是对生理性别和社会性别的全面解构。因为社会性别是性别之间的政治压迫和对女性的统治的语言指标，生理性别则是"发现社会作为异性恋霸权"的政治和哲学分类。在社会中，女性被打上生理性别的烙印；在语言中，女性被打上社会性别的烙印。她说，社会性别"是一个本体论上的不可能性，因为它试图完成存在的划分"。在这个问题上，女同性恋话语是对话语的重新彻底检查，它表明，存在是不能分割的。生理性别和社会性别的分类不是理解完全自我的方式。抛开生理性别和社会性别，抛开男女区分，社会将由本体论意义上的完整的主体组成。因此，我们应当感谢女同性恋现象所引发的语言学革命。[30]

威蒂格指出，与性别的多元化不同，在与性别有关的语言中，男性的角度总是被当作一般的角度，如用男性人类(mankind)指称人类,用男性的"他(he)"指称男、女两性都在内的"他"。她将语言革命视为社会变迁的先导，她认为，仅有经济变迁是不够的，必须制造关键概念的政治变迁。因为语言会极大地影响到"社会机体"，为它打上烙印，强烈地塑造它。[31]

威蒂格指出，维护男女不平等，语言起到重要作用。它在无形之中否定了女性作为主体行动的能力。女性只能在与男性的关系中被定义，不能独立地被定义，不能因为其自身的存在被定义。因此，那些拒绝异性恋关系的人就等于拒绝成为男人或女人。

威蒂格主张用某人（one）代替所有人称代词（I，you，he，she，we，you，they，everyone）。她发明了一个新的自我，一个没有性别认同的人，这个人称代词非动物、非植物、非矿物，是不确定物。

关于两种"自然"的生理性别的种种特征是由社会性别制造出来的有一个证据：那就是在出生时两性器官不明显的人。医生以性别角色的文化价值观为基础创造出"自然"的性别——用手术取舍某一性别。这就证明所谓男性气质或女性气质并不是与生俱来的。

戴弗（Devor）讨论了变性手术对于性别理论的意义。她认为，被医生通过手术途径赋予的生理性别，被制造出来的第二种生理性别，并不比原来的生理性别更自然或更文化，人能够变性这件事本身，使我们认识到生理性别和社会性别角色的非自然性。但是变性手术既不是女性主义的，也不是解构的，它反而应当被视为对传统性别角色的强制遵循：如果想认同与生理性别不同的社会性别，就必须首先得到不同性别的人的身体，这究竟有没有必要？

戴弗反对用变性手术或选择性别手术处理此类问题，呼吁"性别混合"，并认为性别混合"能够成为从当前的男权性别主义社会性别模式过渡到废弃社会性别概念使之变得无意义的未来状态的一个过渡阶段"。[32]

从表面看戴弗和威蒂格有相互之像处，但是戴弗并不是去寻求一种前社会的完整主体，她的目标是创造一个生理性别和社会性别相结合的相当宽泛的领域，使性别这一概念不再成为制造歧视的基础。

德里达的性别解构论认为，不应当将性别差异理解为性别对立。我们应当超越性别两分，这一直是哲学和心理分析所做的解释的问题之所在。

德里达有一个关于凡·高的作品《鞋》的著名分析。海德格尔和夏皮洛从中看到了农民、女人，德里达却通过他们的分析看出：对立——左与右、男与女、城与乡、农民与画家——以及能够看出这种对立的能力。在西方哲学中，只有当对象被划分为相辅相成的对子——男与女、阴茎与阴道、内与外——时，性别才成为可见和可想之物。[33]

德里达寻求的是非两分的、非对立的性别，它"有着不同性别声音的多重性"，"非认同的性别特征表现在那些由不同设计所承载、划分和多重化的每一个个人的身体上面"。于是性别差异就像伊丽加莱关于女性所说的那样："她们的快乐不可能有什么规则，也不可能有什么话语。"

德里达的想法被批评为乌托邦，因为在现实社会中从未有人有过此种经历。但是有些女性主义理论家赞成超越性别的两分和对立，认为这是德里达思想中对女性主义最有价值的论述。德里达的写作是明显的乌托邦，它构造了我们现行体制之外的另一处地方；而在我们的体制中，性别作为一种严格的身份存在于既存的异性恋模式当中。这种乌托邦思维对女性主义来说是重要的，因为它"要求对可能的然而又是不可表达的东西的不断探索和再探索"。

巴特勒的"表演"理论是社会建构论身体政治的一个主要论点。社会建构论认为：一个人不是生而为女人，而是变成女人的。人可以是生理上的女性，但拒绝女性气质。所谓女性气质是"一种对接受下来的性别规范的表演和再表演模式，它是表面的，就像人体的许多风格一样"。

在《性别麻烦》一书中，巴特勒进一步解构了异性恋霸权，颠覆了当代社会把它当成是统治的、必然的、强制的性的逻辑。她反对生理性别通过社会性别继而通过性表演出来的理论，发展出一套"性别表演理论"。性别身份不是个人的特性，而是一种必须重复表演的行为。

巴特勒深受福柯影响，主张性别是通过重复的表演行为从话语中形成的。做一个男人或一个女人是"将一种持续的扮演当作真实的"。生理性别是"将话语和'文化表演'的效果真实化了"。[34]

巴特勒在 1993 年《重要的身体》一书中写道："前话语的'生理性别'在社会性别的文化建构过程中及其作为行为的确定参照点并不存在……生理性别已经就是社会性别，已经被建构了……性别的'物质性'是被强迫制造出来的。"

对于巴特勒来说，"女人"和"男人"不再被当作分析的固定和基本的类型，是先于社会性别的文化构成的存在。巴特勒认为，社会性别是"公共行为"的符号形式，是一种戏剧性的隐喻。它既是历史的，又是个人的。社会性别是一种选择，是一种可以拿起又可以放下的身份。但是，巴特勒反对这样的观点，即性别是早上起来才决定今天要做哪个性别的人，晚上又换成另一种性别的人，人可以像消费某种商品一样来消费性别。在社会教化的过程中，一个婴儿被培养成一个男性或一个女性，这一培养结果是长期反复练习和强化的结果，并不是与生俱来的，也不是不可改变的。正如有人——如哈伯斯坦（Judith Halberstam）——在专门研究了"女性的男性气质"之后得出的结论那样，做一个"性别颠倒的人"可以是相当"自然的"。

巴特勒认为，生理性别是社会性别回顾性的投射，是它虚构的起源。生理的性别被当作起源或原因，而事实上是制度、实践和话语的结果。生理性别并不先于社会性别，性别认同的意识是通过重复的表演或对我们的文化中社会性别的规则和习俗的引用而生产和再生产出来的。

巴特勒质疑生理性别作为自然事实先于文化建构的社会性别存在，她说："社会性别之于文化并不像生理性别之于自然。""自然是文化的真正起源"只是一种假象，然而这一假象对于文化来说是必然的，是它表达自身的基础。巴特勒的目标不是解构社会性别以发现自然的生理性别，在性别的最深处并不存在社会性别或生理性别的基本事实。社会性别作为一个话语因素实际上制造了对于前话语或内在的生理性别的信念。实际上，生理性别反倒是社会性别的产物，社会性别在时间序列上应排在生理性别之前："社会性别是一种表演，它制造出一个内在的生理性别或本质或心理性别内核的假象。事实上，社会性别被自然化的途径之一就是通过被建构为一种内在的、心理的或肉体的（生理的）必然性。"

按照巴特勒的观点，生理性别在社会性别之后，并不意味着社会性别就是真实的东西，社会性别只是表演（drag, performance）而已，是一种特别形态的模仿。它并不是模仿一种真实的生理性别，而是模仿一种理想模式，这一理想模式是自我的设计，并不存在于任何地方。这一社会性别理想模式永远不会固定下来，而是被每一次社会性别表演不断地重复着。性别化的身体就像一个演员出演一场没有剧本的戏剧，这个演员拼命想要模仿一种从未经历过的生活。

巴特勒认为，生理性别与社会性别的关系是持续的自我解构。它建构了所谓自然，只是我们忘记了它是建构而成的。在解构过程中，结构的碎片被视为自然的，可其实它们是建构的。

巴特勒在《批判性的酷儿》一文中提出，表演活动是权威讲演的形式，大多数的表演都是声明，也表演某些行为，行使与之相关的权力。巴特勒的社会性别的表演性质是下列当代潮流的反映：有意戏剧化的以问题为基础的政治运动，例如"酷儿国"（Queer Nation）；时尚的和典型的性别模糊的身体艺术形式，例如文身和身体穿刺；性少数族群的公开性的增加，包括易性和易装。她的概括捕捉到了性别化身体的当代表现的流动性和表演性、我们对性别的可塑性和适应性的信念、我们所遇到的从外表"读出"身份的困难。

总之，女性主义既不是要建立生理性别和社会性别之间区别的真实性质，也不是要消灭这种区别，而是为性别特征的极端的不稳定性开放空间。女性主义在性别差异问题上最关注的是，把过去被认为是自然的、天赋的、不可改变的性别特征，重新定义为不固定的、可塑的。女性主义主张解放性别认同，使它向各种选择开放。它期望性别认同不再像传统社会中的"成为一个男性"或"成为一个女性"，而是"关于我们选择什么样的社会性别的微妙的心理和社会的权衡"。[35]

4. 身份政治

身份政治有三种立场：第一种是本质主义的立场，主张女性就是一种实实在在的生理和社会身份；第二种是反本质主义的立场，主张解构"女性"这一身份；第三种是策略本质主义的立场，主张将承认"女性"身份的存在仅仅当作一个暂时的策略，从女性长远的利益出发，还是应当最终解构性别结构。

本质主义的立场是性别问题上最长久也最常见的立场。在20世纪60至70年代，为了使女性问题从个人领域进入社会领域，使用"女性"这一概念似乎有着绝对的必要性。但是当时只有知识女性中某种人的声音能够被公众听到，只有她们的利益被提上议事日程，随后更广泛的女性利益才被提出。

坚持女性身份的学者认为，不应认为"女性"这一概念只是策略本质主义，因为策略本质主义似乎隐含着女性这个类别实际上并不存在的意思。她们认为，应该将女性这一概念理解为一个复杂的多元的充满差异的概念。但是相对于男性，它还是一个可以成立的概念。[36]

女性主义运动中的本质主义立场又被称为"反反身份政治"（anti-anti-identity politics）的立场，它的主要观点是：反身份政治的人们忽略了性别不平等问题，使得女性主义运动丧失了动员群众的话语基础。

持这一立场的人们认为这是问题的关键，如果女性这个类别不复存在，怎么会有女性运动？这岂不成了女性运动的取消主义？答案是：女人既然已经由社会建构出来，要想改变现状只能在社会和文化中改变。于是，当代女性主义陷入了一个两难窘境：一方面有建造"女性"身份并赋予它坚实的政治意义的需要；另一方面要打破"女性"这一类别和粉碎它的过于坚实的历史。

坚持本质主义立场的女性主义者认为，"女性"这个词可以保留，这样做不是出于策略考虑，而是仅仅把女性看作一个群体。

更多的女性主义者尤其是后现代女性主义者则认为：身份政治只是策略需要，但必须承认身份政治的许多形式的本质主义基础的性质和局限性。她们认为，身份应当被视为由话语建构的、必要的，但永远是偶然的和策略性的。

巴特勒的表演理论在女性主义内部引起了很大的论争：因为她不仅解构

了男女的分类，而且解构了同性恋异性恋的分类。很多人崇拜她的理论，但是不喜欢她神秘难解的腔调和精英的态度。她们认为她将"女人"和"同性恋"都视为很不稳定的分类，这就为女性政治和女同性恋政治造成了困难。

身份问题上的第二种立场是反本质主义的立场。这一立场以巴特勒的观点最为典型，它如何解决解构性别划分结构与现实政治斗争的矛盾呢？"女性"的概念是否有本质意义？巴特勒说：有人认为反本质主义是"寒潮"，使女性主义不能去寻找任何女性的共性，使女性丧失了结构性的共同基础。[37]

对此，巴特勒作出了两个回答：

第一："有政治必要性作为女性讲话或为女性讲话，我不想与这种必要性争论，但是一定要注意到女性内部的差异。"[38] 这就是说，巴特勒并不完全否认"女性"这个身份的策略意义，但是她希望人们在使用这个类别时，不要忽略了它内部的差异。

第二："如果担心一旦不能再把主体及其属性、性或者物质性视为当然，女性主义将会一败涂地，那么明智之举是考虑一下让那些从一开始就设法使我们处于从属地位的前提保持在原位会产生什么样的政治后果。"把"女性"的身份视为天经地义的存在，视为"自然"的存在，那么男尊女卑的男权制也就是天经地义和自然而然的了。这是女性主义绝对不能接受的判断。

巴特勒在《暂时的基础：女性主义与后现代主义问题》一文中指出："与后现代主义相反的一种努力，则试图加固那些首要前提，即任何政治理论都需要一个主体，需要从一开始就假定它的主体、语言的参照性以及它所提供的体制描述的完整性。因为没有一个基础，没有这些前提，政治简直不可想象。""主张政治需要一个稳定的主体，意味着声明这一主张不能有政治对立面……于是，这种单方面确立政治疆域的行动就像一个独裁阴谋，其目的是使关于主体地位的政治争论立刻得到平息。"

巴特勒说，女性主义犯了一个错误，那就是假定女人和男人各自从属于一个有着共同特征、兴趣、分享共同身份的群体。[39] 在政治上很有必要使用"女性""酷儿""女同性恋""男同性恋"这些词，这些术语在我们能够完全理解它们之前就被说了出来。她认为，"女性"一词在学理上是模糊的，但是在政治上要清楚。区分生理性别和社会性别不一定对我们有帮助。

一个矛盾的模式是：社会性别不仅是我们接受的，也是我们抵制的。它维持我们的存在，又限制我们的存在。它影响我们的决定和行动。用巴特勒的话说：社会性别是一个"麻烦"。"社会性别不应当被建构为一个固定的身份"，而应被视为"结果"，是"身体姿态、动作和不同风格的有规律的重复的产物"。[40] 社会性别既非永远固定的，也非永远流动的，而是受到社会和文化的限制的。

有人提出一种分两步走的方案——虽然女性并不是一种固定身份，但文化和社会把它看成是某种身份，这是当前的现实。我们第一步是争取各种身份之间的平等身份；第二步是解构女性这一概念，不再把它视为一种身份，而是把它视为行为。"承认一种身份、一种标签无论多么有价值，总是有可能将其僵化、固定化、阻碍变化，使观点变成教条、使立场被制度化、使潜在的盟友被排除，从而使女性主义变成保守主义"。[41]

持反本质主义立场的女性主义者提出到底是要身份政治还是要横断面(transversal)政治的问题。身份政治将男女两性的关系视为唯一的、对立的，排斥了政治身份的多样性；而横断面政治则承认具有各种特殊倾向的群体，具有更大的包容性。

从 20 世纪 70 年代开始，女性主义同性恋研究者开始强调生理性别与社会性别的社会建构性。由此发展出来的"酷儿"理论在 20 世纪 90 年代引起极大关注。

"酷儿"理论超越了同性恋身份政治，在性别和性的问题上站在反本质主义的立场上。反对正统观念，提出性别非固定性的理念，破坏固定不变的分类，质疑所有的本质化的倾向和两分思维。

"酷儿"理论指导下的写作以性为主题，特别是从同性恋者和易性者的角度提出问题，质询对性、生理性别和社会性别的传统理解。所谓"酷儿性"（queerness）指的就是难以适应分类。所有那些自称"酷儿"的人最明显的特征就是难以为他们分类。不只是有男性气质的女人、有女性气质的男人、同性恋者、易装者、易性者，还有很多难以归类的人都会感到："我的自我不仅仅是这样的，我比这个要多得多。"

塞芝维克（Eve Kosofsky Sedgwick）为"酷儿"所下的定义是："酷儿可以指：开放的错综复杂的可能性、断裂、重新选择、不和谐、不协调、不一致与回应、共鸣、意义的偏离与超越，人的社会性别的形成因素并非与其生理性别完全一致。"[42] 如果说在女性和女性主义内部有着如此丰富多元的身份，单一的女性概念就没有什么意义了。

身份政治中的第三种立场将本质主义和反本质主义二者都否定了，认为前者忽略了女性内部的差异，后者不能创造有效的理论和政治主张。它主张将性别划分只当作暂时的策略。因此，这一方案又被称为"策略本质主义"（strategic essentialism）。这是斯皮瓦克（Gayatri Spivak）提出来的。公开承认女性概念是一种政治干扰、政治介入，目的就是争取政治利益，而不是为了说明真实情况。"女性"不应当被理解为"一个自然的阶级"，而应当被当作一个为了特殊目的组成的政治联盟（Diana Fuss）。[43] 对女性作为一个社群的强调是一个阶段，这对斗争是基本的需要，虽然女性内部有差异，但是她们仍属于一个阶级。

二、关于性别气质问题的论争

1. 同与异的论争

长期以来，在女性运动中一直有两种主要的倾向，一种是强调男女两性的相似之处，另一种是强调男女两性的相异之处。这两种倾向之间一直存在着激烈的争论。有人为此将女性主义者划分为要求平等（equality）者和强调特性（identity）者两大类，并将女性运动中的这两大类概括为人性女性主义和女性女性主义。前者主张女性应当发展其人性，这一发展与性别无关；后者则主张女性应当发展其女性。前者强调男女两性的共性和平等；后者强调女人应保持和发扬自己的特性。前者要求对男女同样对待；后者要求对女性的特殊性质和活动加以特别的对待。前者强调女性应当享有同男性相同的地位；后者则强调女性特异的本质及其在社会生活中应当起到的更大的作用。强调平等的女性主义者，如斯坦顿，否定性别的差异；而强调特性的女性主义者，如亚当斯，则认为差异的存在对女性不是不利条件，而是有利条件。

历史学家将女性运动第一次浪潮中有关男女两性的同异之争作了精细的划分：从 1848 年至 1890 年，主要的思潮是强调男女的共性；从 19 世纪 90 年代至 20 世纪 20 年代，则转而强调男女两性的差异和个性，其主要表现形式是对母性的公开讨论，强调女性的生理能力（主要指生育能力）影响了女性的性格。[44] 随后，女性运动分裂为"同"与"异"两大阵营。一部分女性主义者主张男女应当"相同"，他们不愿生养孩子，追求个人机会与兴趣，接受法理社会的原则；与此相反，那些主张男女"相异"的人则接受礼俗社会的原则，强调传统女性角色，不赞成女性就业，主张在家内争取女性的经济独立和地位。如果从历史演变的大趋势来看，在女性运动的早期，比较强调的是"同"，是男女平等，女性运动的目标是去争取男性已有的权利，要求去做男性所做的事情；自 20 世纪 70 年代以来的女性运动转而强调男女的差异，去争取的是女性的解放、女性特殊价值的实现，而不仅仅是男女平等。这是对一个多世纪女性运动最粗略的概括，是女性运动总的走势。

女性运动内部关于两性的同与异的争论是在三个层面上展开的：第一个层面是抽象的哲学层面，其争论焦点是男女两性基本性质和性格特征之异同；第二个层面是功能主义层面，其争论焦点在于男女两性是否有或应该有不同的社会角色与功能；第三个层面是体制层面，争论的是女性是否应当在制度和立法上争取到与男性不同的待遇。

弗里丹在《女性的奥秘》中曾引用过美国一位参议员在 1866 年发表的一个观点，他认为，如果给女性以平等权利，就会毁掉她们那种"十分温顺柔和的天性，正是这种天性，使得她们对社会生活中的动乱和斗争退避三舍，绝不参与"，"她们有比别人更崇高更神圣的使命，那就是在静处幽居之中造就未来男子的性格。她们的使命是在家里，当男人从生活的斗争中回到家里来后，用她们的奉迎和柔情去抚慰男人激动的心，而不是自己投身进去，在生活的斗争中火上浇油"。那些老式的保守主义者对争取女性财产权、就业权和选举权的女性主义者痛心疾首地说："看来她们对自己失去女性特征还不满足，她们还想让全国每一个女人都失去女性特征。"还有人给那位在美国历史上首次出席州立法会议的女性（格里凯姆）写信说："女人的能力就是她对别人的依附，正如葡萄藤，其力量和魅力就在于依附棚架，将一串串果实半遮半掩，如果葡萄藤也想像榆树那样，绿荫盖地，自由自在，那么，它不仅结不出果实，还会落入尘土，丢尽脸面。"弗里丹批判了那种以科学面目出现、实质是歧视女性的伪科学，她引了一段这种伪科学的典型观点："所有的观察资料都表明了这样的事实：理性的女性是男性化的，在她身上，热烈、直觉的知识屈从于冰冷无益的思想。……社会心理学上的规律是这样的：女性受教育越多，就越有可能出现程度不同的性生活失调；在同一组女性中，性生活失调越严重的人，生的小孩就越少……她们不仅在生孩子方面，还在性快感方面，都已经失去了女性的特征。"[45]

弗里丹在她的书中还批判了弗洛伊德对女性心理的错误概括，其矛头主要指向关于阉割情结和阳具羡慕的观点。弗里丹对弗洛伊德的批判颇有道理，理由如下：第一，认为男性比女性在身体构造上更完备是言之不能成理的——虽然男性有女性没有的器官，可女性也有男性没有的器官，只是有差异而已，谈不上两性中有哪一性在身体构造上是不完备的，或某一性比另一性更完备或更不完备。第二，没有证据表明女性对没有男性生殖器普遍感到"耿耿于怀"或"受到伤害"——个别女人会有这种感觉，这是可能的，但同样可以找到个别男人对没有子宫感到"耿耿于怀"或"受到伤害"。第三，即使女性真的以为自己比男性缺少一样器官，也没有证据表明女性就会因此而普遍地感到自己处境低劣，因而变得郁郁寡欢。

生育在女性运动和女性主义思想史中始终占据着独特的重要位置。因为生育对于男人来说是暂时的和他人的事情；而对于女人来说，它却是一件长时间的自身的事情。与此一脉相承的是一个较为抽象的问题，即母性的问题。早期的女性运动认为，女性在共同的人类精神上与男性是平等的，但是在育儿和母亲的社会功能上同男性相异。在争取男女平权的过程中，社会努力能解决的问题已经不剩什么了，剩下的问题要靠生理学来解决了。因此，波伏娃和费尔斯通都曾主张，想要实现性别的平等，女性"必须要克服生育这一特殊性"[46]。

这一观点的极端不现实使得许多人难以接受。于是，与此相对立的观点主张，女人不应该变得"像男人"。这种观点来自两个方向：反女性主义的方向和赞美母性的方向。前者希望"女人要有女人样子"，所谓"女人样"

还是传统中的温柔驯顺的那一套；后者则认为，西方文化中有一种对肉体的深刻的仇恨与恐惧，应当反其道而行之——充分肯定和赞美女人的身体及其繁衍和哺育的能力、赞美女人的爱和平及关心他人，反对男性的好斗和自私自利。结果引起了同与异之间的长期论战。在这一论战中，以波伏娃为代表的自由主义女性主义站在"相同"即平等一边；激进女性主义站在"相异"一边。这一论争建立在肉体与精神，自然与文化的两分的基础之上，争论的是二者孰轻孰重——是肉体和自然更重要，还是精神和文化更重要。

在男权社会中，男女两性的差异有时被夸大，有时被否认。在性别差异被夸大时，就强调女人的抚育特征和不善于理性思维等特点，使性别的等级制合法化；在性别差异被否定时，就忽略女性的特殊利益和问题，如性暴力、性骚扰和女性对男性的经济依赖等问题对女性的伤害。长期以来，女性所面临的选择或者是被排除在权力机制之外，或者是被同化在男性的阴影里，女性独特的价值一直难以实现。

2. 性别与气质

主张两性气质不同的人们对男女的特质作了大量的区分和概括，例如：科学对诗意、活力对和谐、力量对美丽、智力对爱情、理性对浪漫，等等。（参见表 4-1、4-2）

表 4-1 两性气质[47]

男性气质 / 主体	女性气质 / 客体
认知主体 / 自我 / 独立性 / 主动性 / 主体性 / 理性 / 事实 / 逻辑 / 阳刚 / 秩序 / 确定性 / 可预见性 / 控制性精神 / 抽象 / 突变性 / 自由 / 智力化 / 文明 / 掠夺性 / 生产 / 公众性	认知客体 / 他者 / 依赖性 / 被动性 / 客体性 / 情感 / 价值 / 非逻辑 / 阴柔 / 无序 / 模糊性 / 不可预见性 / 服从性 / 肉体 / 具体 / 连续性 / 必然 / 体力 / 自然 / 原始 / 被掠夺性 / 生殖 / 私人性

表 4-2 美国人观念中定型化的性格特征[48]

社会尊崇的男性特征	社会尊崇的女性特征
富于攻击性	圆通机敏
富于独立性	文雅温柔
不感情用事	为他人的感情很敏感
不易受他人影响	虔诚
富于支配性	整洁
喜好数学和科学	有强烈的安全需要
不爱激动	喜爱文学艺术
主动	易于表露柔情
富于竞争性	
擅长业务	
谙于处世	
富于冒险精神	
决策果断	
行动中常以主将自居	
富于自信心	
不怕受攻击	
雄心勃勃	

在人类行为模式的研究中，医生采用荷尔蒙研究，生理学指标研究法采用了这样一些指标：生理女性指喜欢婚姻和婚礼，重婚姻轻事业，喜欢婴儿和儿童，儿时喜欢玩娃娃等；生理男性的证据则包括：喜欢活动量大的游戏和玩具，自信，想干事业，认为事业比家庭、做父母重要等。[49] 做这种划分的人们并不一定持有孰优孰劣的观点，他们当中有些人认为二者只是角色

不同，价值是相同的；另一些人则为两性的不同气质赋予了或高或低的价值。

这场关于两性气质的旷日持久的论争在哲学层面集中在以下几对概念上：

第一是关于感情与理性的区分（亦有浪漫与理智的概括方法）。在感情与理性的问题上，西方文化中有一种传统观念，认为女人天生富于感情，缺乏理性，缺乏逻辑思维的能力。奥托·威林杰的著作《性与性格》颇有代表性，他说：女人根本不懂人必须根据原则行动的道理，由于她没有连续性，体会不出对她自己的思维过程进行逻辑佐证的必要，她可以被认为是"逻辑上神志不清的"。他首先将女人等同于肉体，继而又将其等同于无意识的性欲，最后等同于消极被动的兽欲。[50] 英国政治家切斯特菲尔德曾说："女人只是长大的孩子；她们有着娱人的口舌，有时显得机灵，却没有实在的理性或理智……事实上她们只有两种情感：虚荣和爱情。"[51]

在女性运动内部，有些人比较强调理性，例如穆勒和沃斯通克拉夫特；另一些人，如福勒（Margaret Fuller），则更强调浪漫。然而，极少有人能够对感情—理性这一划分本身提出挑战。直到后现代女性主义出现后，这一状况才有改变。女性主义者认为，浪漫主义和浪漫文化已经成为加强性等级分层秩序的文化工具，其中包括色情主义（eroticism），女性的性的私人化和美人理想对女性的压抑。[52]

第二是关于自然（nature）和文化（culture）的性别归属。很多人相信，女性更接近自然，男性更接近文化。理由有：女人的肉体看上去更接近自然；女人的社会角色更接近自然；女人的心理更接近自然。不同意这种划分的人们则反驳说：女人并不比男人更接近于自然，男女两性都是有意识的，也都会死去，没有什么现实的证据表明一种性别比另一种性别更接近自然，或更远离自然。

第三是关于哺育性的问题。人们容易把哺育性同女性联系在一起，认为由于女性的生育和哺乳活动，使她们具备了一种养育的特性，并使她们更乐意从事养育性职业，如护士、保育员等。但也有人提出，虽然生育的功能把男女两性分开了，但是这个因素对于两性从事职业的影响并不总是一致的。例如，在西方社会中，医学主要是男人的事业，但是在苏联，它主要是女人的事业；在欧洲，农业主要是男人的事业，在第三世界国家，农业却主要是女人的工作。尽管如此，人们注意到，有些差别是跨文化普遍存在的，例如男女两性的生理差别、女性较多地照顾孩子，以及男性的价值占统治地位的现象等。

第四是关于攻击性问题。人们总是把攻击性与男性联系在一起，把柔顺与女性联系在一起。当人们衡量男人时，所用的标准是强壮、粗犷、能干、自信；当衡量女人时，所用的标准则是娇小、细致、软弱、体贴、美丽、优雅等。还有社会生物学家试图从进化论角度来解释男性的攻击性，他们是这样提出问题的：为什么多数动物的雄性比雌性身体大、较有攻击性？这是雄性动物为了获得与雌性交配的特权而在自己性别中开展竞争的结果。雄性搏斗，雌性选择。攻击性适合于雄性的竞争，所以攻击性是性交选择的产物。[53]

第五是关于公众与私人领域的划分。在女性主义对现存各种意识形态的批判中，有一种被她们称为"领域划分"意识形态（"separate spheres" ideology），主要是指把人类活动的领域划分为两个，一个是公共领域，一个是私人领域。这一意识形态认为，公共领域是男人的活动领域，而私人领域才是女人的活动领域，这是一个最基本的区分。女性主义认为，"领域划分"这一意识形态贬低了私人领域的价值；私人领域不仅是性政治和性压制的基本领域，而且对公共领域有着不容忽视的影响。对这一意识形态的分析认为，由于挣钱工作与家庭的分离，强化了男人是家庭供养人的观念。人们大都认为，女人与生俱来的位置是在家里，是以家庭这个私人世界为其主要活动领域的；而男人则以工作和政治这些公众世界为主。社会上流行着这样的谚语：男人为土地而生，女人为炉灶而生；男人为剑而生，女人为针而生；男人用头脑，女人用心灵；男人发命令，女人服从；除此之外的一切只会扰乱人心。[54]

无论是强调两性相同还是强调两性相异的女性主义者都认为，在精神与肉体、理性与感情、文化与自然、公众与私人这些划分中，男性总是自然而然地被划在好的一方，女性则被划在坏的一方。强调相同的一派女性主义者认为，女性在精神、理性、文化、公共领域同男性拥有相同的能力，或者说可以同男性做得一样好；而强调相异的女性主义者则认为，女性的肉体、感情、自然和私人领域的特征不仅同男性的那些特征同样重要，而且可能更有价值。

中国文化首创出阴与阳的概念，并传到西方，许多人认为，这一划分是遍及所有的文化、历史、经济，以及自然本身的。班昭所作《女诫》中说："阴阳殊性，男女异行。阳以刚为德，阴以柔为用。男以强为贵，女以弱为美。"

中国人对于男女两性特征尤其是智力方面特征的概括带有典型的中国文化特色，其底蕴是阴阳调和，阴阳互补。例如，中国学者强调，男女两性在智力上并不存在明显的差异，其智商基本相同。他们将两性智能特征概括为如下几个方面：第一，从认知方式看，女性的味觉、触觉、听觉等比男性敏感，女性的阅读能力强，注意力集中，靠书本和课堂听讲获取知识的能力强，但由于女性参加科技实践活动少，解决实际问题的能力相对差一些。第二，从记忆方式看，不论机械记忆还是理解记忆，不论在哪个年龄阶段，女性均优于男性。第三，从思维方式看，女性感情较细腻，形象思维好，言语表达流畅，只是在逻辑思维能力方面比男性差，抽象思维能力较差一些。第四，从运用知识的能力看，女性较男性强，具有丰富的联想力，模仿能力很强，因此接受新鲜事物较快，但是灵活性和实际能力不如男子。第五，从发掘问题能力看，女性较男性观察力强。第六，智力分布较均衡，成绩最好与最差的两端，男生所占的比例超过女生，而成绩中等的女生居多，平均成绩男女并无明显差别。第七，从女性的大脑发育看，女性的大脑皮层比男子的更厚一些，这是人们思维活动的物质基础，它有力地证明，"女人的智力不如男子"的传统观点是不科学的，应当予以摒弃。[55]

在此基础上有人进一步指出，由于在工业社会中，依赖体力的工作越来越少，需要智力和技术的工作越来越多，只要女性享有与男子同样的受教育和训练的机会，她们在智力和技术上就没有理由比男子差。因此，过分强调两性角色分工不仅没有意义，而且对社会和人类进步有害。

3. 本质主义与反本质主义

女性主义认为，对性别气质的传统看法已经成为一种对女性的压制力量，它甚至会影响到人们对精神健康的评价标准。一个以精神病医生为调查对象的调查表明，他们头脑中精神健康的标准因性别而不同：他们对健康、成熟的成年男子的描述与对精神健康的成年人的描述几乎完全一致，其中包括独立性、冒险意识和自我肯定等；而他们对精神健康的成年女子的描述却包括温顺、依赖、易于为小事激动等。由此可见，传统的男子气质被医生看作心理健康的规范和标准，这就使女性受到双重约束：一方面，如果她们打算做个健康、成熟的成年人，就很可能被戴上不正常的帽子（有男子气的女人）；另一方面，如果她们用传统文化对健康成熟女子的要求来约束自己的举止，必然会感到忧郁，不满足和受到多种精神困扰。[56]

因此，一些西方女性主义者激烈批判对所谓女性气质的规范化，认为这是男性文化对女性的压制手段。她们对弗洛伊德"阴茎忌妒"论的抨击特别激烈：阴茎忌妒理论认为，女性胆敢追求生理上达不到的境界，是女性受罪的根源，谁若渴望过一种较少羞辱和约束的生活，谁就会立即被说成是不自然的，是遗传身份的变异。一个女人想反抗"女人味"即女性的气质、地位和角色，便会被看作近于精神病，因为正如"生理就是命运"一样，女人味就是她的命运。[57]

一个轰动西方的、对人们在性别问题上的思维定式具有颠覆性的发现是玛格丽特·米德（M. Mead）对三个原始部落中与西方大相径庭的性角色的考察。她发现，虽然这三个原始部落坐落在方圆100英里以内，但其性角色规范却完全不同，尤其有趣的是，这三种规范又都不同于西方文化中的性角色规范。其中第一个部落中，男女两性的行为模式都像西方文化中对女人的行为规范要求一样，即一种柔和的行为方式，在西方人眼中是"女性的"和"母性的"。第二个部落中，男女都如西方男性的行为方式，即一种残忍的富于攻击性的行为方式，脾气暴烈，敢作敢为，在性生活上积极主动，"具有男子气概"。第三个部落中，男人的行为就像西方文化中女人的传统行为方式——敏捷，负责购物，所负责任较女人为小，并在感情上依附于女人；而女人却个个精力充沛，善于经营，而且不事奢华，是不受个人情感影响的管理者。[58]

米德以她对原始部族的研究为女性主义理论提供了新鲜的证据和独特的观察视角。她的重要发现表明：世界上各个社会都有性别分工；这种分工的原因并非仅仅源于女性的生理功能；某种性格特质被认为是男性气质还是女性气质是因文化而各异的，因而是人为的，并不是什么与生俱来的"自然秩序"。尽管许多文化中都盛行男主外女主内，但的确也有男主内女主外的文化。米德的发现可以作为反本质主义的证据。

波伏娃的观点也接近于反本质主义的观点。有一次，当记者问她如何看待"女人天生比男人爱和平，女人是生命的孕育者，男人是天生的破坏者"这种说法时，波伏娃说："那真是荒唐，因为女人应当从人而不是从女人的立场出发来争取和平。这种论辩是无意义的，因为如果说女人们是母亲，男人们就是父亲……总之，不管人们如何假借女性气质或女性本能的名义鼓励女性为争取和平奋斗，女性应永远丢弃这种'女性'论证。这纯粹是男人的诡计，要使女性地位降低到只具生殖能力而已。其实女人只要有了权力，其行为就与男人无异，绝无例外。你看甘地夫人、梅厄夫人、撒切尔夫人及其他，她们当然不会突然变成慈悲或和平的天使。"

后现代女性主义者激烈批评性别问题上的本质主义。它的主要论点在于，否定把两性及其特征截然两分的做法，不赞成把女性特征绝对地归纳为肉体的、非理性的、温柔的、母性的、依赖的、感情型的、主观的、缺乏抽象思维能力的，把男性特征归纳为精神的、理性的、勇猛的、富于攻击性的、独立的、理智型的、客观的、擅长抽象分析思辨的。这种观点强调男女这两种性别特征的非自然化和非稳定化，认为每个男性个体和每个女性个体都是千差万别、千姿百态的。它反对西方哲学中将一切作二元对立的思维方法，因此它要做的不是把这个男女对立的二元结构从男尊女卑颠倒成女尊男卑，而是彻底把这个结构推翻，建造一个两性特质的多元的、包含一系列间色的色谱体系。这种观点虽然听上去离现实最远也最难懂，但它无疑具有极大的魅力，它使我们跳出以往的一切论争，并且为我们理解性别问题开启了一个新天地。

近年来，欧洲许多国家女性运动把反对小学教材中有歪曲女性形象的内容提上了日程，因为它在人们的心目中形成关于女性的错误的刻板印象。但是，像葡萄牙女性地位委员会（一译"葡萄牙妇女地位委员会"）"改变方案"组那样有系统、有组织的工作，还是第一次。所谓"改变方案"就是改变对女性态度的方案。"改变方案"的发起人是位教育心理学家。她认为应该从尚未形成男女不同概念的幼儿开始进行教育。在里斯本，她们选了五所小学作为试点。她们制订了一份调查表格，让每个学生填写，从而了解孩子们在男女观念方面的状况，然后有针对性地进行教育。如，女孩子天性就是胆小怕事、羞羞答答的，男孩子是大胆泼辣、无所畏惧；女孩子生来爱美，要注意梳妆打扮，男孩子注意的是知识、爱好学问；女孩子应该玩娃娃、过家家，男孩子才玩汽车、玩动脑筋的游戏；女孩子长大以后要带孩子、管家务、依靠丈夫，男孩子将来才是在外面挣大钱、干大事的；在家里妈妈总是比爸爸忙，妈妈做饭、爸爸读报，妈妈打毛衣、爸爸看电视，因为家务活是妈妈的本职，等等。"改变方案"就是要改变这种错误的传统观念。从幼年时代起，就给孩子灌输一种新的观念：男女都是一样的人，除了生理上的区别之外，不论在学校里、家庭生活中和将来在社会上就业，都没有理由因性别不同而有所区别。所谓男性职业、女性职业都是人为的。在家庭中家务由女性承担并非天经地义。教育女孩子要泼辣大胆些，不要自卑，而男孩子应该温柔细致些。教育女孩子要胸怀大志，树立男孩子能干的自己也一定能干的雄心。教育男女孩子自幼要互相了解、互相爱护、互相尊重，而这种尊重绝不是停留在表面上那种"女士先行"的形式上的尊重，而是实实在在地尊重女孩子的人格，承认她们的才干，平等地对待她们。[59]

　　几乎与此同时，中国的传媒却在讨论女性的"男性化"问题。这一讨论同上述西方女性主义者涉及的是同一问题，但方向完全相反——西方女性主义的努力方向是试图模糊性别区分，使女孩更"男性化"，使男孩更"女性化"；而中国的传媒却希望将被弄模糊的性别差异重新加强，使女人"更像女人"，使男人"更像男人"。

　　中国传媒提醒人们注意女性解放中蕴含的一种"危险"，即漠视女性特征的危险。有一位记者举例说，他参加过一次"中国新时期女性电影研讨会"，落座前排的女导演个个状如铁塔，声如洪钟；而坐在后排的男性评论家、理论家们倒是纤眉细指，低声低语。这种强烈的反差令他感到痛苦。这位观察者援引马克思的异化理论，旨在说明女性丧失其性别特征是一种"异化"。他还断言：女性与生俱来的温柔、慈悲、耐心、细致等特征不会随着社会政治与生产关系的改变而改变。[60]

　　的确，我国从 20 世纪 50 年代鼓励女性走出家庭参加社会生产活动以来，"男女不分"成为时尚，它既是对男女不平等的社会地位的挑战，也是对男尊女卑的传统观念的挑战。这一时尚在"文革"时期达到登峰造极的程度。它不仅表现为女人要同男人干一样的事情，而且达到有意无意地掩盖男女两性生理心理差异的程度。那个时代造就了一批自以为有"男性气质"或被男人看作有"男性气质"的女性。在那时，女人不仅要掩饰自己的女性特征，而且对于想表现出女性特征的意识感到羞惭，觉得那是一种过时的落后的东西。20 世纪 80 年代以来，女性的性别意识在沉寂几十年之后重新浮现出来。最明显的表现是，女性开始重新注重衣着化妆，表现"女性特征"的意识一旦苏醒，立即变得十分炽烈。女性意识的复苏还表现在大量的影视作品中。

　　在否定"文革"中女人的"男性化"过程中，又有人矫枉过正，表述了一种近似本质主义的思想：由于女性是人类生命的直接创造者和养育者，因而对生命有着本能的热爱，这种热爱生命的天性，使女性具有了独特的文化意识和文化心态。现代工业社会的最大缺陷，就在于它常常使人忘记了"人是生物"这一点，而生物离开生物性活动，就不可能获得幸福。如果男性文化将使生命变成机械并使其遭到毁灭，女性就必须履行自己作为生命的创造者和养育者的职能，发挥母性和女性独特的社会作用。这类思想的本质主义表现在几个方面：首先，它假定由于女性能生育，就"本能地"热爱生命；可是男人也为生命贡献了精子，也是生命的"直接"创造者，为什么他们就没有"对生命本能的热爱"呢？其次，它假定男性文化"将生命变成机械"，女性文化强调人的"生物性"，这是缺乏证据的。此类说法同西方有人将男性同"文化"联系在一起、将女性同"自然"联系在一起的想法如出一辙，而这种划分是本质主义的。

这种本质主义的性别观念深入社会意识中，有时甚至以科学知识的方式表现出来。如前所述，人们在分析男女两性特质上的差异时都相信：女性逻辑思维不如男性，女性重感情、男性重理性，等等。女性是否比男性更重感情？人们以为这是一个先验的事实，其实它却存在着极大的疑点。在我看来，这是一种本质主义的观念，没有实验的证据可以证明女性比男性更重感情。毋宁说，人类中有一些人比另一些人更重感情，但是前者不一定是女人，后者亦不一定是男人。换言之，有些男人是重感情的，也有些女人是不重感情的。把重感情当作女性整体的特征是错误的，而把它当成是天生如此更是本质主义的。

中国的传统性别观念与西方一个很大的不同点在于，西方人往往把男女两性的关系视为斗争的关系，而中国人则长期以来把男女关系视为协调互补的关系。阴阳调和、阴阳互补这些观念一直非常深入人心。但是，这并不能使中国人摆脱本质主义的立场，即把某些特征归为"男性气质"，把另一些特征归为"女性气质"，而且认为这些气质的形成都是天生的。后现代女性主义反对本质主义的立场对于上述文化理念来说是颇具颠覆性的，因为它根本否认所谓男性与女性的截然两分。对于深信阴阳两分的中国人来说，这一立场是难以接受的，甚至比西方人更难接受。这倒颇像法国和英国革命史上的区别：法国压迫愈烈，反抗愈烈，双方势不两立，结果是流血革命，建立共和；英国温和舒缓，双方不断妥协退让，结果是和平的"光荣革命"，保留帝制。在两性平等的进程中，西方女性主义激昂亢奋，声色俱厉，轰轰烈烈，富含对立仇视情绪；而中国女性运动却温和舒缓，心平气和，柔中有刚，一派和谐互补气氛。但是在我看来，也正因如此，若要中国人放弃本质主义的观念，恐怕比西方更加艰难，需要更长的时间。

4．如何看待两性刻板印象

两性的刻板印象的存在是一个毋庸置疑的现实。应当如何看待这个现实的存在呢？

我们首先必须认识到，所谓男性气质和女性气质完全是由文化和社会建构起来的。即使男女两性确实存在如刻板印象中所说的那些差异，这些差异也是由社会建构起来的，而不是由男女两性的解剖生理差异造成的。即使是生理性别也不纯属于生理领域。由于性别是社会建构而成的，因此，政治、社会和道德都会对肉体发生影响。

在自然（nature）还是养育（nurture）、先天还是后天的问题上，可以肯定地说，在男性气质与女性气质、同性恋与异性恋的形成过程中，养育的作用比自然的作用更重要，后天的因素比先天的因素更重要。正如第一代女性主义理论家穆勒所说：关于女性神经敏感、不适合于家庭生活以外之事，爱动，易变，不能坚持，易受影响，因此不适合做高级严肃的事务。这是精神活力的浪费，如果把它引到一个具体目标，这种状态就会终止。所谓女性的气质全是教养的结果，"一如自从'发歇斯底里'和晕厥已不再时髦，我们就看到它们几乎绝迹了"。[61]

从社会建构论的观点出发，对性别刻板印象的形成原因可以做出下列理论解释：

第一种是认知理论，从小灌输的信息和参照体系形成了性别的刻板印象。

第二种是社会角色理论，社会环境强化了性别信念。人们一般期望社会劳动者要积极活跃，而持家者应当富于交际性。这一期望要求符合规范的行为，因此公司雇员工作努力，持家者则富于团队精神。行为者本人和周围的人都促进符合规范的行为。男性不成比例地成为雇员，女性不成比例地成为家庭主妇。因此男性看上去更有力量，女性看上去更善于交际。

第三种是社会认同理论，它强调动机因素。刻板印象可以是一个群体的认知过程，而不仅发生在个人的头脑中。每个人都要在积极的群体中获得正面的身份认同。

第四种是权力的观点，强调社会结构因素，认为个人与群体是有意保持性别刻板印象的，以便进一步提高自己的地位，压低其他群体的地位。

我们还应当认识到，男性气质和女性气质的区分是维持社会控制的工具（性别秩序）。性别刻板印象的直接后果是：限制知识的探索，误以为某种性别就是某种样子的；限制有独立目标的行为，要求按照规范行事。在现实生活中，女性对"女性气质"的焦虑像男性对"男性气质"的焦虑一样久远。这种焦虑就是来自遵从性别气质规范的压力。

人相信性别有差异，赞同许多刻板印象的性别差异，并且认为全社会都是这样看的。人按照他人的性别刻板印象的期望来行动，人规范自己的行为以符合性别刻板印象的自我建构，结果是所有人都按照性别的刻板印象来做事情。

女性对男性化感到恐惧，冷峻、富于攻击性、有野心、忽视孩子、高智商的女性被视为不够"女性"的女人。男性对女性化同样感到恐惧，怕人说自己有"女人气""娘娘腔"。女性把自己的男性气质、男性技巧掩盖起来。她们在同男技工一起工作时，把一些高明的建议假装成是"幸运的猜测"，以掩饰自己是个很懂行的人。

男人也不可避免地进入人际关系互动支持结构和相互依赖链，所有的社会都如此。男人在男权制系统中保有权力，同时也伴有痛苦的矛盾：他们必须压抑情感，变得异化和孤独。女性运动增加了男性的痛苦，但是有望将男性权力与男性的痛苦一起消灭。

总之，在对性别刻板印象的遵从的过程中，性别刻板印象变得越来越强大、越来越僵硬、越来越固定、越来越不容"越轨"。它最终建立起一种性别的秩序，限制了人的自由。

在 21 世纪，性别刻板印象已经越来越过时。在女性普遍就业的今天，很难说在女性的生活和性格中的女性气质是否多于男性气质。许多女性家内、家外、家庭、事业都很出色、成功。互联网上没有年龄、没有种族、没有性别、没有健康疾病。没有强弱之分，只有精神和心灵。性别刻板印象已经无从谈起。在新的时代，性别刻板印象已经式微，一个性别气质上的多元时代已经离我们越来越近。

三、关于性问题的论争

过去的一个世纪是西方性观念变化巨大的一个世纪，而在中国这个变化发生于几十年前。西方从维多利亚时代要遮盖钢琴腿以免引起下流联想，到在海滩上可以暴露腿、胸和臀，观念发生了巨大的转变，人们改变了对男女两性的看法、对性的看法。

美国性学家盖格农认为：性学时代是从 1890 年开始的，其间性研究者和活跃分子试图将性导入"科学"领域。最大规模的几次性学调查是：金西，

12000 例, 1948—1953 年; 海特, 15000 例, 1972—1986 年; 英国, 20000 例, 1994 年; 马斯特斯和约翰逊, 10000 例。

20 世纪 60 年代以来, 性的问题逐渐成为一个政治问题, 成为一个公众和学术话语的题目。到了 20 世纪 80 年代, 性政治问题既是一个重要的社会论争的题目, 又是大众文化中随处可见的因素。性问题所涉及的内容非常广泛, 例如, 与家庭有关的性、性行为本身、性与母性、生育控制、堕胎与生育权利、性作为商品——卖淫业与色情业, 等等。对于女性主义来说, 有关性的问题地位尤其特殊, 因为性是女性研究的一个主要自变量。

1. 女性主义在性问题上的分歧

女性主义者在性问题上的观点有很大差异。弗里丹把它放在次要地位, 她认为, 只要女性获得了社会平等, 性问题就会自行解决; 格里尔尽管不反对异性爱, 却要求解放了的女性不要结婚; 费尔斯通则号召"在每间卧室中进行革命"; 同性恋女性主义者倾向于把性解放摆在更为重要的地位, 既要争取两性平等, 又要争取性倾向选择的自由, 她们争取女性解放的根本动机是性解放, 并认为只有通过完全摆脱异性恋才能实现女性的性解放。

虽然女性主义者在性的问题上观点各异, 但是概括起来, 可以被大致划分为两个阵营——激进派阵营和自由派阵营。从 20 世纪 70 年代末 80 年代初, 女性主义内部出现了关于性问题的激烈论争, 这一论争使得两个阵营渐趋成型。激进派倾向于对性的基本否定, 被称为否定性的一派(anti-sex); 自由派倾向于对性的基本肯定, 被称为肯定性的一派(pro-sex)。它们的论争引起了人们对两个问题的关注, 一个是女性运动与性自由的关系, 另一个是女性运动内部差异所具有的含义。

性与两性不平等的关系问题一直是女性主义内部最富争议性的问题。大多数女性主义者都认为，男性在经济和社会上的权力影响到他们与女性的性关系；女人在性的权利和权力上与男人是不平等的；双重标准的问题普遍存在。女性运动向传统的性观念提出挑战。传统性观念认为，如果一个男人与许多女人有性关系，那么他只不过是一个花花公子；可如果一个女人同许多男人有性关系，她便失去了身份和尊严。这种男女双重标准对女人显然是不公平的。此外，女性运动最常提到的一个要求是："男人不应当把女人仅仅当作一个性对象（sex object）。"女性主义向男性压迫与女性屈从的秩序挑战：过去一向是男人控制女人的性，男人"播种"，女人则应准备接受痛苦、被"耕耘"、被穿透；男人就像拥有土地和财产一样，也拥有妻子的性、生育能力以及她子宫的产品。

激进女性主义的性观点认为，异性恋性关系一般具有性客体化特征（男性是主体和主人，女性是客体和奴隶），它导致男性对女性的性暴力。女性主义应当拒绝任何导致或将男性性暴力"正规化"的性实践。作为女性主义者，我们应当通过发展我们自己的性的优先权来控制女性的性，它与男性的性不同——更关注亲密关系，较少表演性。理想的性关系是发生在充分自愿的、平等的伴侣之间的，他们有感情卷入，不扮演两极角色。[62]

激进女性主义在性问题上的代表人物是麦金农和德沃金（MacKinnon and Dworkin）。她们两个人的名字出现在许多激烈反对两性性关系的场合，因此有人创造出一个带有讽刺的称呼"麦德分子（Mac Dworkinites）"。在某种程度上，激进女性主义的性观点已经被妖魔化了。

在性问题的两大阵营中，激进派还持有如下观点：性自由所要求的是伴侣之间的性平等，双方都既是主体，又是客体；最重要的是要扫除男权制机制，其中包括淫秽色情品制售业、男权制家庭、卖淫、强制性的异性恋；同时要反对男权主义的性实践，例如虐恋（S/M）、猎艳式的临时性关系、童恋以及阳刚阴柔（butch/femme）角色的划分，因为这些实践会导致女性的性的客体化。

自由派女性主义的性主张包括：异性恋及其他一些性实践中存在压抑——父权制资产阶级的性规范压抑了每个人的性欲望和性快乐。为了使多数派保持"纯洁"，性少数派被污名化、受到控制。女性主义应当拒绝所有的理论分析、法律限制或道德评判，因为它们将性少数派污名化，从而限制了所有人的自由。作为女性主义我们应当通过要求实践所有能够给我们带来快乐和满足的性行为的权利来控制女性的性。理想的性关系是发生在完全自愿、平等的伴侣之间的。他们通过协商，使用任何他们选择的方式，最大限度地获得双方的性快乐和性满足。[63]

自由派的观点与激进派针锋相对，她们认为，性自由所要求的是与激进派观念完全相反的实践，她们鼓励超越社会所认可的性行为规范，坚决反对将性行为划分为政治上正确和不正确的两大类，反对把性行为限制在所谓政治上正确的界限之内。她们借助于从弗洛伊德、马尔库塞到马斯特斯和约翰逊（Masters and Johnson）的理论，提出男女两性的性的基本不同点在于女人受压抑，因此释放女性的性能量比压抑男性的性能量更为重要。

因此，这两派的区别又可以概括为，自由派更看重释放女性的性能量，而激进派则致力于压抑男性的性能量。两派在对待性的看法上的分野实质上是赞成性（pro-sex）和反对性（anti-sex）两种态度。前者对性持肯定态度，对各种形式的性表达，包括淫秽色情品、同性恋、虐恋以及女同性恋中的模拟男女角色（阳刚阴柔）关系，全都持容忍或接受的态度；后者则对性持否定态度，反对淫秽色情品的制作和消费，反对性关系中的暴力及统治与服从关系，等等。前者强调男女双方共同探索性的自由，后者却持有男性的攻击性性行为是许多社会问题的根源的看法；前者支持中性的立法程序，后者反对中性的立法程序；前者接近于法理社会的个人价值，后者则接近于礼俗社会的社区价值。

自由派持有一种关于享用性快乐的理论，它主张，女性主义应当把性快乐作为一种权力，因为如果总是把性作为一种控制手段来谈论，会令人感到性是一件很危险的事。在西方社会的观念中，女性的肉体既是低贱的，又是神圣的。女人们对性行为怀抱着一种羞耻、窘迫和害怕的感觉。她们讨厌自己的乳房，因为它们要么太大，要么太小；她们不喜欢自己的阴毛和臀部。对于青春期的性行为，男孩子受到鼓励，女孩子却受到训诫和禁令，女人因此认为性是危险的、神秘的、不可言传的东西。成年女性免不了性冲动，却又必须隐瞒它。凡此种种，导致了许多青春期少女和年轻女人学会了对自己的性欲感到恐惧，并讨厌自己的肉体。[64]

将现代社会与传统社会相比，性被允许与生殖和婚姻家庭关系保持更远的距离。在性追求和性快乐的追求中也容纳了更多一般被归属为女性的需求，如情感的亲密、社区和性平等。在所有的动物当中，只有人类具有生殖目的之外的性活动，人不仅喜欢性活动，而且将其变为宗教仪式，变为一种持续的体育运动，甚至是一种职业。除生育外，性还是人类交流的工具。它既可以表达正面的情感：爱、亲密、兴奋和快乐；也可以表达负面的情感：统治、攻击、愤怒、仇恨和羞辱。性是人与人关系中最紧密、最亲热的方式。

自由派关于享用性快乐的立场可以追溯到女性运动的第一次浪潮，其代表人物是高德曼（Emana Goldman）。她以性的自由表达作为中心议题。她认为，性解放不仅是个人的实现，而且是人从剥削和私有财产制下的解放。她坚决反对男性对女性的性占有和性控制，反对贞节观念。她对性问题的看法虽然影响并不太大，但较早注意到了这个被主流女性主义运动忽略了的问题。伍德胡尔（Victoria Woodhull）也曾公开主张女性的性独立和性自由，她在一次讲座中宣称："是的，我是一个主张性爱自由的人。我有着不可转让的、宪法赋予的，也是天赐的权利，我想要爱哪个人就可以爱哪个人，想要爱多久就可以爱多久。只要我愿意，就可以每天换一个情人。"[65] 在20世纪60年代的女性运动第二次浪潮中，自由派的主张更加明确，那就是，应当将女性寻求性满足当作女性主义的一个重要目标。

然而，在艾滋病恐怖出现之后，自由派的观点受到挫折。社会上出现了一种新的性伦理，即有节制的性伦理。人们把性当成一种恐怖的事情（panic sex），性的文化价值和性行为方式都有改变，一反过去盛行一时的乐观主义的性解放和快感政治学（the politics of ecstasy）。在这个性传染病的时代，人们惊恐之余做出的反应是：安全的性行为、对身体的控制和管理，以及持续监视的美学（aesthetics of perpetual surveillance），因为性现在已经同死亡和疾病连在了一起。有的女性主义者抨击了这种貌似有理的道德主义回潮。女性主义者伊丽加莱说："我不赞成这种观点，因为这等于是说，性是罪恶和疾病，无论是什么力量，只要能起到限制性活动的作用，就是对人类的拯救。为此我们还要感激艾滋病，因为它将从诱惑中拯救我们，引导我们到智慧去的路。"[66]

社会上一向存在着性问题上的双重标准。这个双重标准就是在性方面对男女两性有不同的要求，适用不同的道德伦理标准。自由主义女性主义认为，性平等就是女性享有像男性那样的性自由；激进女性主义则认为，性平等就是女性自己定义"性自由"，不为男性服务，不要像男人所拥有的那种性自由。

总之，在女性主义内部对性持基本肯定态度的自由派和对性持基本否定态度的激进派之间，一派强调女性的性的屈从性，另一派强调性的快乐。这种分歧还导致了下列问题上的论争：淫秽品问题、美与身体的问题、卖淫问题、虐恋问题以及暴力问题。这些论争全都与性有关。

2．女性主义的关注点

女性主义理论家罗宾认为，性的权力体系不能被归结为性别体系。它与性别问题有交叉，但是性与性别是两个领域。

女性主义对性的关注集中在以下领域和问题上：

一是探索女性的性的真正形式，探索更符合女性身体的欲望的性话语。

二是将某些女性的性方式理解为对男性统治的抵抗，或反对异性恋霸权的激进的越轨行动。

三是将某些性形式理解成对女性的社会压迫、对女性的暴力的潜在和系统的方式。

四是将性概念扩展到一种包括但不限于生殖器中心的活动。

五是将性理解为社会建构的，具有性别、种族、阶级和生殖实践的社会分层的意义，提出主观能动性、抵抗与权力问题。

六是将性建构成一个准独立的社会领域，允许他种解释、规范和价值的探索。

七是搞清性身份及与其相关的性别形成的概念。[67]

在与性有关的具体实践和问题当中，女性主义讨论和关注过下列问题：

第一，关于女性性欲的问题。女性的性欲是与男性完全一样的吗？如果有不同，表现在哪些方面，对于理解女性以致对于理解人性具有什么样的意义？

法国学者伊丽加莱是女性主义中最早关注女性性欲问题的学者之一，她说，女性性欲的特殊性还从未被承认过。两性的性都是从阴茎中心主义的角度被理解的，专横傲慢的，仅仅追求性高潮的。而女性的性欲是多重的，非中心的，弥散的。女人有多种性器官，因此有多重性快感，不仅仅是单一的性高潮。[68] 她的意思是，女性的性欲不像男性那么单一，仅仅集中在生殖器官，仅仅关注于性高潮。女性除生殖器官外的其他身体器官也能感受到快乐；除了性高潮之外，还有非高潮类的快乐感觉。

伊丽加莱批判了弗洛伊德和拉康的心理学，认为他们否定了女性的性差异，压抑了我们的性。由于女性的性总是用男性作为参照物，因此在"男性气质"的阴茎主动性与"女性气质"的阴道被动性的对立上，弗洛伊德及其他许多人总把不属于阴道被动性这个行为模式的性活动视为阶段性的活动、不成熟的行为或异类，有此类行为的女性不属于性方面"正常"的女性。阴蒂快感不存在阉割情结，而阴道是因为放置阴茎才有价值，被禁的手必须去寻找一个能够带来快乐的替代品。[69] 女性主义的性观念主张为被禁止、被贬低、被病理化的阴蒂快感正名，承认女性性欲的特殊性，还女性性欲一个"清白"，给女性性欲一个合法的地位。

第二，两性关系对性行为的影响。人类学调查表明，男女的角色越是格格不入、势不两立，性就越是成为一种困扰，越是被说得"肮脏不堪"，故作正经的或清教徒式的过分的性压抑以及如今以色情作品大肆泛滥为特征的性反抗，表现的同样都是那种性迷恋或性反感。在这样的社会里，人类对亲密的性行为的基本需求被异化了，暴力也因此酿成。[70] 女性主义的目标之一就是让女性能够享受到性自由。但是与此有着密切关系而且同等重要的是，女性能够从性别主义之下获得自由。

豪威（W.Hollway）将性话语中的性别差异概括为下列三类：

第一类是男性性动力话语。此类话语旨在说明，男性的性是直接由生理冲动造成的，其功能是保证物种的繁衍；而女性的性动力却极其微弱，可以忽略不计。

第二类是享有与占有话语。此类话语将女性划分为妻子与情人、处女与妓女、玛丽亚与夏娃。家庭光荣的维护在于女性完全屈从于男性的控制。

第三类是宽容话语。在此类话语中，一夫一妻的原则受到挑战。它主张，性是自然的，不应被压抑。它只考虑冲动和欲望，不考虑人际关系。一夜情就是此类性话语在人们行为中的典型表现。传统男女两性道德的双重标准并未消失，女性尚不习惯完全没有感情投入和责任感的与陌生人的性，而男人早就喜欢这种性活动。[71]

第三，还有一个引起许多争论的问题，即异性恋霸权问题。有一些女性主义者，其中最激烈的是女同性恋分离主义者，公开提出应当反对异性恋，认为它是男性压迫女性的机制；也有人不是绝对反对异性恋，而仅仅反对异性恋的霸权地位。这两种立场的区别在于，前者将异性恋视为女性受压迫的基本机制，而后者则把异性恋当作多种性方式当中的一种。

异性恋作为一个物质和历史实践的类别变成一个表演性的类别。通过引进性的可转变的行为、快感和幻想的场面，以及与无定型的外表相关联的新的色情语言，它能够被同性恋关系制造出来，传播社会特权和等级的清楚意识，反之亦然。[72]

挑战人类性行为的各种形式的统治结构的斗争往往具有政治性。这些斗争无论被称为变态还是反常，都受到社会与技术变迁的影响，这些变迁使质疑性别与性关系成为可能。规则、政策和控制的新形式不断涌现，有些属于新的"正规化"范畴。规范化机制常常在旧机制将退未退时出现。在 20 世纪 80 年代的保守势力大回潮中，规范性别与性的国家政策与公共政策表现为：大力提倡异性恋，从国家政策角度强化歧视，国家将艾滋病说成是同性恋疾病，法律不承认长期的同性恋伴侣关系，家庭政策不承认单亲家庭、同性恋家庭，强奸案的处理中使女性成为受审者等。以致有一种观点认为，20

世纪 60—70 年代的性革命失败了，原因是：第一，换偶活动、性聚会、随意性交等，不仅从威胁健康的角度，而且从反淫秽力量（宗教右派加女性主义）方面，都遭到强烈反弹；第二，离婚对儿童产生不利影响（性革命提高了离婚率）；第三，反对对配偶和子女的虐待（其中包括性虐待）。

第四，围绕虐恋问题上的论争。有一批女性主义者激烈抨击虐恋活动，认为此类活动中所包含的权力关系和暴力因素是男权制压迫女性在性领域的典型表现。她们在抨击男权制的两性关系时常常不成比例地使用虐恋的符号、道具和传媒形象，把它当作男性对女性的性暴力、性虐待的典型。例如激进女性主义者杰弗瑞斯（Sheila Jeffreys）就公开抨击虐恋活动，认为它是男性气质的尤其是男同性恋的性实践。她认为女性主义应当质疑快乐，并避免对权力和不平等的性感化。[73]

女性主义对虐恋的忧虑来自以下问题：受虐（否定个人权利）和施虐（享有无限权力）都是来自男权制原则的东西。虐恋中的施虐者与现实中的施虐者不好区分。弗洛伊德曾将施虐倾向归入男性气质，将受虐倾向归入女性气质。社会现实中的施虐与受虐、同性的施虐受虐也不一定就完全没有相互重叠的情况发生。

虐恋的特点是：建立在不平等的结构上；说是自愿，实际上有强迫性；相互依赖；有权无权双方可以对换位置。

对于心理分析女性主义来说，关于女性是否天生有受虐倾向的问题一直是个敏感的问题。如果女性的受虐倾向是天生的，那么男性统治的社会结构就有了心理学的基础。女性主义认为，虐待狂是仇视女性的男权文化的必然表现，是利用女性内心最深处的性欲来强化男性的统治，使这一统治看上去是自然的。

一位心理学者为虐恋做了如下的定义："所有那些包含把统治与服从关

214

系色情化的性实践。"常常被引述的一位有受虐倾向的女性的故事是这样的：从6岁起，她的性幻想中就有盖世太保型的人物，他们强迫她很痛苦地裸露身体，使她受窘，羞辱她，伤害她的肢体，高高在上地统治她。她一直觉得自己不正常，是变态，直到她听到统计资料说，有25%的女性有过被强奸想象，就像《飘》里面的白瑞德对郝斯嘉所做过的婚内强奸那样，她才改变了对自己的严酷看法。一种被普遍接受的观念认为，粗暴地对待女性，似乎能够增加男性的魅力。[74] 如果所有的女性都有天生的受虐倾向，那么男性对女性的统治和虐待就是天然合理的了。女性主义当然不能接受这样的理论。

使女性的受虐倾向问题大大复杂化起来的是有一大批女性并不否认自己对虐恋活动的喜爱。与反对虐恋的态度针锋相对的是，美国西海岸女同性恋组织（West Coast Lesbian Group）成立了一个虐恋组织——萨莫瓦（Samois），这个名字借用了在虐恋经典文学作品《O的故事》一书中出现的一个地点的名字。这一组织的成立令女性主义者感到震惊和愤怒，因为这个组织是专为有虐恋倾向的女性而成立的，并自诩为女同性恋和女性主义的组织。它的宗旨是，积极鼓励那些有虐恋倾向的女性，让她们不必为此害羞，应当对自己的想象持完全接受的态度，接受这类想象所带来的性满足。它认为，这种以双方协商为前提的相互给予的快乐是自由和解放的表现；是对资产阶级家庭的性道德的挑战；是一种典型的不以生殖为目的的性活动；是用人的整个身体的每一根神经去体会人的热情和欲望。

萨莫瓦的主要理论家是罗宾，她是一位人类学家。她批评美国全国女性组织（NOW，一译"美国全国妇女组织"）站在了性自由和性越轨者（sexual nonconformists）的公民权的对立面，因为这个组织对虐恋、跨代性关系、色情品和公开场所的性表现持否定态度。罗宾将虐恋定义为一般意义上的性自由，理由如下：寻求性快乐和性自由属于基本人权范畴；女性主义对虐恋的批评则属于性压抑的范畴，是把性神秘化，是压制人的性实践；反对性自由会威胁到女性运动的前途。在虐恋活动与女性主义原则的冲突问题上，关键的问题是虐恋中的假暴力关系与现实生活中的真暴力关系的区别。

虐恋有个人和社会、政治两个方面，形成一个个人和性与社会政治的结构。在这个结构中，存在着对虐恋的三种态度：第一种是在个人和社会两个方面都对虐恋关系加以肯定；第二种是仅仅从社会方面否定，但是允许个人的虐恋倾向和虐恋活动；第三种是不仅从个人角度允许虐恋活动，而且认为它根本不关政治的事，只是个人快乐的一种方式而已。

1994 年 11 月 28 日，纽约某杂志的一篇文章写道："在 1974 年是自由的性；1984 年是安全的性；1994 年是暴戾的性——'虐恋文化'进入主流文化。"20 世纪 90 年代被称为"虐恋高潮（繁荣）期"（sm boom）。由此评价可见"虐恋活动"的巨大影响。女性主义绝不可能也并没有忽略"虐恋"这个从女性主义角度观察是十分敏感的问题。

第五，在性的问题上，女性主义关注的还有男性对于女性的性的刻板印象，比如认为亚洲的女人都是驯顺的，黑种女人都是淫荡和性关系混乱的，等等。此类刻板印象是对现实的歪曲，也是对当事人自由选择权利的限制。因此，女性主义反对使用此类刻板印象来描述女性的性活动与性特征。

四、关于淫秽色情品问题的论争

1. 围绕淫秽色情品的论争史

在西方，围绕着淫秽色情与审查制度的争论有很长的历史。维多利亚时代的净化社会和愚民运动，是从女王明令禁止出版淫秽书籍开始的，一开始还只是没收或销毁色情书，后来殃及许多著名的经典著作，就连莎士比亚、弥尔顿、但丁的著作都受到审查，甚至连《圣经》中与性有关的章节也遭到删节。

在17世纪的英国，没有宗教主题的淫秽色情品是不被禁止的；当18世纪反淫秽法通过以后，没有宗教成分的色情品也要受到审查了。在1868年，由英国法官希克林等做出的一项裁决中，曾为淫秽色情品下过一个定义，即要看被指控为淫秽的东西是否有意去毒害和腐蚀那些心里准备接受这种不道德影响的人，或是否有意让这类出版物落入他们手中。美国也立法禁止淫秽色情品的进口。在20世纪20年代，美国海关曾禁止巴尔扎克和伏尔泰等人的作品进口。

后来美国最高法院对希克林定义提出疑义，并根据《尤利西斯》一书出版案，提出了一个淫秽色情品的新定义：用当代社会的标准衡量，这个材料作为一个整体来说，它的主题是唤起一般人对淫欲的兴趣，而且完全没有任何社会意义。换言之，美国最高法院判定是否淫秽的标准有三个：首先，制约整个作品的主题必须是淫秽的；第二，它必须是冒犯了社会共同的准则的；第三，它必须被判定为完全没有社会价值。[75]

1959年，美国最高法院根据这一定义，驳回了纽约州禁演影片《查泰莱夫人的情人》的要求，批准放映这部影片，理由是：禁止"意识形态上或主题上的淫秽"是不符合宪法的。随后，1964年围绕法国影片《情侣们》的上映，和1966年围绕《范尼·希尔》一书的出版，最高法院又一再修正了关于淫秽色情的定义。由于这个定义实在难下，最高法院将解释权下放到州法院，有些州法院又将其下放到地方法院，允许其根据各自的标准下定义。由此可见，注重法制的国家与不重法制的国家相比，办起事来要复杂困难得多。

1970 年，美国国会任命了一个全国专门委员会调查淫秽色情品问题，他们提出的报告令议员们大吃一惊。该报告发现，接触淫秽色情品，无论对个人还是对社会，大体上都没有什么明显的损害。淫秽色情出版物与性犯罪、性过失没有必然联系。一个雄辩的事实是：没有一个社会因淫秽色情品泛滥而导致犯罪率升高；也没有一个政府因淫秽色情品的泛滥而垮台。对此的解释可以追溯到金西调查。金西调查早已发现，性幻想在社会地位低下和少受教育的男性的性行为中，仅占很小的分量：由于多数性犯罪者没有受过很好的教育，所以缺少性幻想，而对淫秽色情品的强烈反应是与幻想联系在一起的，因此淫秽色情品不是他们性犯罪中的直接因素。鉴于 85% 的成年男子和 70% 的成年女子曾或多或少地接触过淫秽色情品，而且无论法律如何禁止，大多数美国成人还是会接触到这些出版物，不如减少控制、放宽政策。这个专门委员会的最终建议是：取消各种对成年人接触使用淫秽色情品的限制和禁令；废除所有适用于成年人的反淫秽色情的法律。[76]

在淫秽色情品问题上最广为人知的是"丹麦试验"。丹麦在 1967 年和 1969 年分两步放开了淫秽色情文学和视觉产品的市场。丹麦试验的两个主要结果是：第一，合法化以后，淫秽色情品的制售经过一个短暂的高潮之后急剧下降，大多数公民对淫秽色情品产生了厌恶感。一项对大量观看淫秽色情品的后果的研究表明：被测试者的性行为并未发生变化，虽然最初他们对性想得多些，但不久他们的性幻想又降到了观看前的水平。试验表明，观看淫秽色情品产生了一种稳定地降低对淫秽色情品的兴趣的效果，不断接触此类材料使人感到餍足和无聊。他们的欲望完全满足了，发腻了。第二，犯罪率下降。1967 年的犯罪率比上年下降了 25%；1968 年又下降了 10%；到 1969 年淫秽色情品彻底解禁后，犯罪率下降了 31%。其中猥亵儿童罪下降了 80%；露阴癖的犯罪率和报案率下降；观淫癖只剩下很小的比例；暴力侮辱女性的犯罪（包括强奸和猥亵）也大幅度下降了。[77] 在淫秽色情品合法化后的十年中，任何种类的性犯罪均无增长。在英国、荷兰、西德和瑞典等国家，放宽控制淫秽色情品、同性恋和流产的法律努力获得了成功。从20世纪60—70年代，大多数西方国家都经历了从法律上的道德主义到更自由的法律制度的转变。

目前，在淫秽色情品问题上有三种基本理论。

第一种是模仿论，即人们会模仿在淫秽色情品中看到的行为。

第二种是宣泄论，即观看淫秽色情品会使郁积的性欲得到宣泄，这一宣泄会降低性冲动，使一些男人的反社会行为减少。据统计，西方的性犯罪率到20世纪60年代一直保持相对稳定，但到了20世纪60年代末下降得相当快，而这正是许多西方国家对淫秽色情品放宽政策的年代。

第三种理论是无关论，认为淫秽色情品并不会产生刺激或降低性行为的效果。

2. 反淫秽品派女性主义

在淫秽色情出版物问题上，女性主义各理论流派之间也存在着激烈的辩论与极不相同的立场。围绕这一问题的论争在20世纪70年代末和20世纪80年代的女性运动中占据了非常显著的地位。女性运动对于这个问题的讨论不是从道德角度出发的，而是从性别主义和仇女主义角度来探讨的。

在英国，女性主义者在禁止淫秽色情品问题上分成了泾渭分明的两大阵营：激进女性主义者总的来说是反对淫秽色情品的，主张应当禁止淫秽色情品的生产和消费；社会主义女性主义则与此针锋相对，她们认为，审查制度的危险性超过了淫秽色情品的危险性。前者对后者的反驳是：审查制度并不是仅仅在淫秽色情品问题上存在，审查制度总是存在的，它无时无刻不在审查着各种出版物，审查和禁止淫秽色情品并不会对审查制度起到过多的推波助澜的作用。这两种立场出于不同的原则，强调不同的方面：反对禁止淫秽色情品的人们更强调言论自由的原则；而主张禁止淫秽色情品的人则认为，淫秽色情品的制售是对女性暴力的合法化。因此又有人将女性主义在淫秽色情品上的两种立场概括为反淫秽色情（anti-pornography）立场和反审查制度（anti-censorship）立场。

也有人把女性主义者在淫秽色情品上的态度按国家区分：在英国和澳大利亚，主张采取禁止和反对淫秽色情品的观点占上风；而在美国，更多的女性主义者为言论自由辩护，警惕审查制度的危险。在美国，国会和法庭上展开了如何对待淫秽色情出版物的辩论，人们分为赞成和反对制裁淫秽出版物的两派，反对制裁淫秽出版物的一派要求对方解释其立场的政治、法律与哲学依据。

在女性主义当中，围绕着淫秽品的论争已经变成了一场旷日持久的战争。这场论争从20世纪70年代末开始，一直没有停止过。反对淫秽品一派有美国的德沃金、麦金农，英国的罗塞尔（Russell）、艾森（Itzen）。

在20世纪70年代，对淫秽色情品持反对立场这一派的女性主义组织曾动员消费者抵制淫秽出版物，在制裁淫秽出版物方面十分活跃。她们的主要观点是，在色情淫秽品的制作与消费过程中，女性成为男性所消费的"商品"，她们是被统治、被利用、被羞辱的。反对淫秽色情品的女性主义者认为，淫秽（obscenity）只是一个道德概念，而淫秽品（pornography）却是一个政治实践，是一种同时涉及有权者与无权者的政治实践。但是，即使在这一派内部，关于淫秽色情品问题究竟有多么重要以及它对于女性的受压迫是因还是果，还是有着不少的争论。有些人认为，淫秽色情品是男人针对女人的暴力行为的直接原因，但不少人认为这种观点说服力不够强。大多数人赞同这样的观点,即淫秽色情品的制售是影响男人对女人态度的间接原因。

持这一立场的女性主义者非常强调有暴力内容的淫秽品,因此,在 pornography 一词之外,她们又创造出 gorenography 一词,专指有暴力内容的淫秽品。还有人认为,不管淫秽品中是否有暴力内容,它本身就是针对女性的一种暴力。另一方面,她们也提请公众警惕那些不包含淫秽内容的纯暴力内容。她们提出,美国的电影定级制度忽略了针对女性的非性暴力内容。有不少暴力内容由于没有被定为淫秽而得以大行其道。

这一派女性主义者指出,淫秽品在美国有 100 亿美元的产值,而且已经成了一种得到公众的认可、尊重和职业威望的产业。1989 年,美国人每个月购买 900 万册《花花公子》《阁楼》《妓女》,全年租淫秽色情录像带 4 亿部,在 1991 年至 1993 年间,成人录像带的批发和零售在一般录像带商店增加了 75%。[78] 她们特别关注一种被称为"杀戮"的电影(snuff film),据说是将杀戮一个女人的真实过程全程拍摄下来。这种电影遭到激烈攻击。

主张禁止淫秽色情出版物的女性主义者讨论了淫秽出版物对女性的影响,研究了大众传媒中的性暴力及其对针对女性的暴力的间接影响。她们的研究设立了一个因果模式,认为文化因素与个人变量的交互作用会导致反社会行为。她们认为,在传媒中,广告商们总是要有意无意地把受虐女性描绘为自愿受虐。有人用 12 幅印刷广告和一项电视广告为例,做了一次电话访谈式调查。调查表明,广告商完全意识到了广告中对女性暴力的含义,但认为这样做不过是出于幽默感;不少女性也认为,传媒中包含的侮辱女性的性质不是什么严重的问题。她们认为这说明,女性在社会教化过程中已经对视自身为受害者习以为常。

在 1986 年,反对生产和出售淫秽出版物的运动使两个极端不同的群体搞在了一起，他们就是激进女性主义和福音派教会。但是，这两群人攻击淫秽出版物的原因和策略却有着显著的不同。激进女性主义认为，淫秽出版物是男人系统压制女人的做法，它暗示女性在内心深处暗自从性虐待中得到享受。他们寻找证据以证明淫秽出版物与针对女性的暴力之间有因果关系，他们支持反淫秽出版物的立法，理由是淫秽出版物侵犯女性的公民权，但是他们争取立法的努力以失败告终。福音派教会比起女性主义者在影响立法机构方面更为成功。他们也从实证研究中寻找证据，证明淫秽出版物伤害了家庭。他们成功地促使立法机构对淫秽出版物实行审查制度，把《花花公子》一类杂志从公众能方便得到的书店和图书馆清除出去。

在英国，由劭特（Clare Short）和理查德森（Jo Richardson）发起的反淫秽色情运动已经持续数年之久，运动的目标是促进立法程序，将以盈利为目的出版女性低级下流形象的行为规定为违法行为，并处以罚款。女性反暴力团体认为她们的立场还不够激进，主张将淫秽色情品的制售规定为刑事犯罪。在澳大利亚，女性反暴力剥削组织也掀起了反对淫秽色情品的运动。

在禁止淫秽色情品一派中最为出名的人物是美国女性主义者麦金农和德沃金。她们反对淫秽色情品的主要理由是，淫秽色情品的主调是男性统治女性。西方把淫秽色情品分为硬核（hard core）与软核（soft core）两类。在所谓硬核淫秽色情品中，女人被捆绑、被鞭打、被折磨、被羞辱、被杀害；而在所谓软核淫秽色情品当中，女人则是被攫取、被使用。德沃金指出："性别关系是一个简单的非历史的形式，即男人压迫女人。这种压迫的机制就是异性恋的性交。"[79] 她提出，淫秽出版物侵犯了女性的公民权；她主张，应当允许单个女性对因淫秽出版物而造成的损失起诉，成立这一新的罪名。她指出，古希腊的 porne 这一字根的原意是最下流的妓女，而淫秽出版物（pornography）中的女性形象就是把女人等同于妓女。她进一步指出，淫秽出版物是一种暴力形式，它唤醒了男性内心深处的死的本能，并将其指向女性。即使有些淫秽出版物本身并没有直接描写暴力，但它们的人物形象背后的意识形态，仍然是男性世界观念的暴力表述。她称之为"男性真理"。

德沃金提出一个脍炙人口的口号：淫秽品是理论，强奸是实践。她认为，淫秽品有效地将女性变成妓女，成为男性使用的对象。一般反对淫秽色情品的人们认为，男性的凝视将女性客体化，淫秽品将男性统治性感化。在淫秽品的话语中，女性是客体，不是主体。德沃金则进一步认为，淫秽品的问题并非将女性客体化，而是这种形式本身就是客体化。德沃金反对将幻想与行动分开，认为制造和消费淫秽品本身就是行动的形式。[80]

在淫秽品问题上，麦金农提出的一个引起争议的说法是：说就是做。罗马诺（Carlin Romano）反驳她说：为了证明说不是做，可以去想象强奸麦金农。很多女性对这个"思想实验"很反感，认为"说"就是某种程度的"做"。[81]

淫秽色情品的制售究竟有没有违反女性的公民权？是否应当加以制裁？抑或它是可以得到允许的一种自由的表达方式？麦金农和德沃金坚决主张禁止淫秽品，提倡审查制度，她们二人起草法律，要求对其采取民法行动，得到"道德大多数"（Moral Majority）和极端保守团体的支持。1983 年，反淫秽品法由麦金农、德沃金起草，得到明尼阿波利斯市政委员会的批准。反淫秽法的通过主要依赖于右派的支持。1984 年，该法被用于印第安纳波利斯美国书商协会与哈德那特的诉讼案中，原告败诉。1986 年，美国最高法院判定这项法律是违反宪法的，因为它违反了宪法第一修正案有关言论自由的条款。女性主义运动反对淫秽品，有与右派合流的危险，这一点特别遭到其他女性主义者的诟病，他们认为反对淫秽品派的目的是规范女性的性行为，而不是解放女性。

后来麦金农和德沃金又共同为印第安纳波利斯市起草了一项《市政府法令》，该法令允许性暴力行为的受害者对淫秽品的作者——"对罪行负有间接责任者"——提出起诉。这项法令草案一开始没有被批准。在1989年至1990年间，在美国的印第安纳波利斯，地方权力机构批准了一项法令。这项法令规定，女性在出现下列情况时可以提起诉讼：第一，在她们被胁迫制造淫秽色情品时；第二，当她们被胁迫观看淫秽色情品时；第三，当她们是某项侵犯的受害者，而这项侵犯是淫秽色情品所导致的直接后果时；第四，公开制售淫秽色情品是对女性公民权的侵犯。

麦金农区分了宗教右翼与反淫秽的女性主义。她认为前者的反淫秽是出于道德原因，而后者则是出于女性主义的政治观点。她认为与淫秽联系在一起的是美德与邪恶，与淫秽品联系在一起的是有权与无权；淫秽是抽象的，淫秽品是具体的。其实，二者都是政治和道德的，二者的区别在于，反淫秽品女性主义想改变美国的文化气氛，降低针对女性的暴力，消灭那些降低女性自我评价和自信的力量；而反淫秽的保守派是反性的，使性成为禁忌，把它隐藏起来。

反淫秽女性主义相信，一半人口的安全和健康比创造女性的堕落形象的自由权更有价值，认为自由派的观点说得好些是将淫秽品中的女性形象合理化，说得坏些是促进虐待狂的暴力。[82]

她们认为，淫秽品是性别主义和法西斯主义的。淫秽品是反人性的和暴力的，不是性。

在美国，对淫秽品的审查制度只针对儿童淫秽品，对于成人淫秽品是没有限制的。因此，反淫秽品派的女性主义者抱怨说，我们好像不能反对伤害女性的淫秽品——淫秽品的行动被当作言论来加以保护，而我们反对淫秽品的言论倒被当作行动来消灭了。

3．反审查制度派女性主义

反审查制度派女性主义者对反淫秽品派女性主义者的批评主要有以下方面：

（1）反淫秽品运动具有对两性的性的非常简单的看法：女性总是被动的、受虐的，而男性是不道德的、虐待女人的，是由阴茎不可抑制的欲望驱动的。

（2）被批评为使用了错误的方法在淫秽品与性犯罪二者之间建立了虚假的因果关系。

（3）夸大了淫秽品的暴力程度。

（4）简化了淫秽品中的权力关系。

（5）与右翼合流。

麦金农和德沃金所起草的反淫秽品法案一出台，马上引起激烈的辩论，法案的主要反对者是"女性主义反审查制度行动力量"（The Feminist Anti-Censorship Taskforce，简称 FACT），它的对立面就是以麦金农、德沃金为首的女性反淫秽品组织，WAP（Women Against Pornography）。女性主义反审查制度力量的代表人物有万斯（Carol Vance）、斯尼托（Ann Snitow）、威利斯（Ellen Willis）、戈登（Linda Gordon）、米利特、理奇（Adrienne Rich）和罗宾。

罗宾指出，在这个问题上有两种倾向，一种是坚决批判对女性性行为的各种限制和压抑，另外一种是赞成保守的、反性的观点。她本人当然是前一种倾向的支持者。[83] 她们担心的是，持保守反性观点的人会不知不觉落入道德派的陷阱，限制了女性对自身的性欲与快乐的追求。她们反对法案的理由还有，担心它被保守派右翼利用来审查女性主义观点及出版物，为传统的家庭价值辩护。对于这种担心，德沃金做出的反应是：如果说反淫秽色情品的法律是带有审查制度色彩的法律，那么为什么反种族歧视的法律就不算是带审查制度色彩的法律呢？

罗素早年也表达过对女性主义者陷入道德派陷阱的担忧，他说过："最初，男女平等所要求的，不仅涉及政治问题，而且也与性道德有关……那些争取女性权利的先锋分子是一批极为严厉的道德家，他们希望用以前束缚女人的那些道德锁链来束缚男人。"

巨大的争议使得反对淫秽色情品运动进展缓慢。麦金农和德沃金被攻击为性别本质主义者，把性别的概念当成了跨文化和超历史的普遍适用的概念，为不同阶级、种族、民族和不同性倾向的女性的不同经验强加了一种错误的统一性。反审查制度派女性主义者指责这两位激进女性主义者并没有发现什么"男性真理"，而是臆造了一个激进女性主义的关于"男性真理"的神话，认为她们的观点的效果不是增进了男女两性之间的了解与沟通，而是将两性的距离加大了。

反审查制度派主张，完全可以批评淫秽品，可以批评其中男权主义的成分，但是不应笼统地反对所有的淫秽品。

在这里，女性主义者遇到了一个两难命题：作为一个自由主义者，不应当禁止淫秽色情品的生产；作为一个女性主义者，又应当禁止淫秽色情品的生产。有人提出，女性主义不应当"自我检查"，同时也不应当允许别人来检查自己。既要反对"麦卡锡策略"，也要批判维多利亚时代女性的无性化（asexual）价值观。女性主义者瓦兰斯（Elizabeth Vallance）就曾说过这样一段深思熟虑的话："我越来越倾向于这样一种观点，那就是，如果你是一个自由主义者，你将很难从理智上认为禁止淫秽色情品是有正当理由的。"[84]

持有反对禁止淫秽色情品观点的女性主义者认为，美国淫秽出版物审查委员会的报告夸大了淫秽出版物的有害后果，过于强调了淫秽出版物对于针对女性的暴力的潜在影响力。她们提出的主要争论点是，应不应当对有暴力内容的淫秽色情品和无暴力内容的淫秽色情品加以区别，将淫秽与色情加以区别。有一种较为精细的观点，将淫秽出版物与色情出版物加以区分。调查表明，前者得到负面评价，但后者得到正面评价，有暴力内容的淫秽出版物得到最负面的评价。[85]

反对禁止淫秽色情品的女性主义者指出，有调查表明，接触暴力淫秽出版物和影视作品基本上不会导致针对女性的攻击性或反女性的性想象和态度。在接触淫秽出版物与对女性的态度之间没有任何关系。除青少年之外，被认为易受淫秽色情品影响的是潜在的性犯罪者，淫秽色情品会导致这些人犯罪。但一项对在押性罪错者同其他犯人及普通人的对比研究表明，接触淫秽色情品对这三组人的影响并无差别；犯罪与否的差别倒是更多地取决于年龄、教育和社会经济阶层的区别。有人指出，淫秽出版物问题的最初提出是出于道德动机。虽然现在更多的人是从女权的角度提出问题的，但它仍是一个道德问题，只不过在现在的提法中，科学和科学家扮演了重要的角色。他们创造出一个神话，即淫秽出版物与暴力的因果关系的神话。[86]

在这场关于色情材料的论争中，特别引人注目的是自由主义女性主义的反审查制度的立场。它强调指出，禁止色情材料的出版会伤害到出版自由和言论自由这一基本原则，为专制主义的审查制度张目；而对基本人权的损害也是对女性权益的损害；审查别人也会同时审查了自己。一个明显的后果是，如果要求一般地禁止色情出版物，也就要禁止女同性恋类的色情出版物，这就伤害了这部分女性的利益。因此，有人提议，应当做的事情不是一般地禁止色情出版物，而是改变过去色情材料以男性为主要消费对象的局面，多出版为女性服务的色情材料，以便既改变了女性在这个领域被剥削、被消费的局面，又维护了出版自由的基本原则。她们提出，我们女性所需要的不是去禁止男性中心的淫秽色情品，而是应当去生产女性中心的淫秽色情品；不是去禁止男性"消费"女性，而是由女性去"消费"男性，或女性自己"消费"自己。她们进一步提出，应当创造一套新的淫秽色情话语，用以创造出女性的淫秽色情品（female pornography/erotica），用女人的话语而不是用男人的话语来表达女性的性，改变传统淫秽色情品中所反映出来的权力关系——男人以女人为商品的消费。她们在淫秽色情品问题上提出的口号是："由女人来生产，为女人而生产（by women, for women）。"[87]

这一观点的提出有如下实证依据：有人研究了男女两性对淫秽色情材料的敏感性的异同，结果是出人意料的——女性对淫秽色情材料的反应比男性强烈。过去人们有一种定型观念，认为男性对淫秽色情材料远比女性敏感，其主要依据是，在金西样本中，女性报告对淫秽色情材料有所反应的比例大大低于男性。例如，约有半数男性报告有时会被淫秽色情故事唤起性兴奋，而听过这类故事的女性中仅有 14% 曾被唤起性兴奋。但是，最新调查发现了完全不同的结果。在 1970 年，一项以男女各 128 名大学生为对象的对淫秽色情幻灯片和电影的反应的研究结果表明，男女两性对淫秽色情材料的反应没有差异或差异很小。40% 的女性报告比普通男性还要强烈的唤起反应；所有女性和差不多所有男性都有生殖器反应；是女性而不是男性报告在看这类淫秽色情材料后 24 小时内表现亲昵和性交行为者增加。因此，说女性对这类淫秽色情材料没有感应是没有根据的。

著名的 1975 年海曼实验采用了测量器具来记录男女两性对淫秽色情材料的身体反应。这项研究所获得的重要结果是：第一，明显的性行为描述类淫秽色情品刺激作用最大；在生理测量上和自我评定上，无论男女都对淫秽色情内容表现出最强烈的反应；女性对其刺激性的反应比男性还要强烈；而对于纯粹的浪漫故事，无论男女都没有引起性反应。第二，男女两性都感到，女性主动和女性中心的情节最具有性的唤起力。第三，女性有时会意识不到自己生理上的性唤起。[88]

女性媒体受众对淫秽色情品的消费份额也再次印证了上述微观实验的结果。在美国，有线电视用户为 2200 万户，成人娱乐电视台 200 家。1985 年统计，有线电视淫秽节目的观众 60% 是女性。根据 1987 年《时代》杂志的报道，每年色情级电影录像带的租出数量为 1 亿盘次，其中 40% 是女性租的。《红书》杂志调查了 26000 名女性（1987 年），其中有一半人定期看淫秽影片，85% 至少看过一次。[89] 斯堪的纳维亚一色情杂志的订户有 40% 是女性。除此之外，也很难区分开以男性观众为主的淫秽片和以女性观众为主的色情片（后者被定义为柔和、温存、不过于暴露）。

从 20 世纪 70 年代开始，在西方的现实社会中已经出现了这样的现象：女性作为消费者，男性的形象作为商品。其中包括艺术中的男性裸体、女画家用男性模特、男性的封面画、男性裸体挂像。表演男性的彪悍和性感的男性脱衣舞 20 世纪 70 年代中期在美国出现，作为女性外出夜生活的节目之一。不仅大城市有，郊区小镇、中西部、南部也有这种活动。在此类活动中，观众全是女性，没有男性。将男性客体化也是女性主义应当争取的。

据分析，近几十年间女性对淫秽品的兴趣增加的主要原因是女性解放运动的成功。著名女性主义理论家苏珊·桑塔格站在反审查制度一边，她提出的观点是，应当支持萨德对一切禁忌所做的破坏性挑战。萨德是法国大革命时期的一位著名作家，他的写作颠覆了所有的性行为规范和禁忌，表现出一种高度的自由精神。

女性主义作家安吉拉·卡特也持有反审查制度的立场，她指出，禁止淫

秽品的结果会和 20 世纪 20 年代禁止贩酒一样，证明是失败的。它只会将
淫秽品的行情交由犯罪组织来经营罢了。

反审查制度派的女性主义者主张，不仅应当保护公民的言论自由和出版
自由的权利，而且应当鼓励和正面支持反映女性和女同性恋性欲的淫秽品。
女性主义社区和女性主义政治的重要政治功能就在于建构一个"女性"的正
面类别。女性主义不应当回避性的问题。女性主义完全可以做到既反对严格
的审查制度，又反对男权社会。

麦金农将反审查制度派女性主义者称为"女性主义运动中的汤姆叔叔"，
大致是取其甘心做奴隶之意。反审查制度派被批评为赞成淫秽品、赞成男权
制。尽管如此，反审查制度派并没有动摇自己的立场。一部名为《为淫秽品
辩护》的著作表明了反审查制度派女性主义的主要观点，那就是：要保护所
有公民的一般自由权利；禁止淫秽品将会威胁到女性的自由，尤其是性自由
权利；禁止淫秽品行动已经并会继续导致自相矛盾和自毁的效应：限制淫秽
品并不能改善男权制，反淫秽品法被加拿大政府错用来限制同性恋类和女性
主义类的书籍。

反审查制度派女性主义者特别关注为人们的性幻想留下空间的问题，认
为绝不能将人的幻想和行为混为一谈。对于淫秽品这样一种幻想的产物，反
淫秽品派认为，幻想反映了现实；反审查制度派则认为，性幻想和性行为并
不必定反映在性活动范畴之外的态度和行为中。

反审查制度派女性主义者指出：一方面，全面禁止是不对的，因为有些
女性喜欢淫秽品；另一方面，要反对淫秽品中所反映出来的男权。一方面，
应当充分满足人们的性需求，其中包括对淫秽色情品的需求；另一方面又要
反对性别主义。

综上所述，反审查制度派女性主义的淫秽品对策是：第一，淫秽品合法

化，作为遵守宪法出版自由、言论自由的做法；第二，反对淫秽品中男权主义、性别主义的内容，主张淫秽品中的男女平等。

在淫秽色情品问题上，俄罗斯的情况有点特殊：自从苏联解体以后，淫秽色情业十分兴旺。性自由与政治自由的气氛掺杂在一起，使那里关于淫秽色情品的论争带上了西方所没有的政治色彩。

在俄罗斯，从1985年开始，传媒上展开了一场关于淫秽色情品的公开辩论。1988年，发生了一件最为有名的色情事件：在苏联中央电视台电视节目《午夜前后》中，播出了一场莫斯科伏洛夫斯基街的淫秽色情表演，其中有一位只在身上抹了一些奶油的裸女。这一事件将辩论推向高潮。此外，近年来，在俄罗斯的报刊上出现大量女性"上空"照、半裸照，淫秽色情杂志以合资形式出现，全国各地涌现出许多公开销售淫秽色情照片的公司。1990年7月，还在索契举办了第一届俄罗斯"色情节"（Festival of Erotica）。人们对此感到疑惑：这些现象似乎是从性压抑下解放出来，但又同女性形象的商品化联系在一起。

俄罗斯的这场公开讨论主要围绕着两个问题展开：一是此类活动可以被允许的界限；二是关于性道德和性行为的讨论。迄今为止，俄罗斯所有的淫秽色情品展示的都是裸女，显而易见，它们是为男性观众服务的，目前性行为本身和非异性恋的性表现还比较少见。人们的意见大多集中于两个方面：从正面效果看，它是禁忌的放松，在国内营造了一种宽松的氛围；从反面效果看，这类现象是对女性的商品化利用和商业剥削。

从1985年开始的这场围绕淫秽色情问题的辩论有一个显著的特点，那就是它带有相当明显的政治色彩。俄罗斯刑法第228条是禁止淫秽品的，淫秽的度量尺度从最广义的到最狭义的幅度很大，而这一定义往往是根据政治标准而不是根据法律标准来确定的。在基辅，有一个地下组织，取名为"进步政治色情团体"。他们认为淫秽色情品具有反对保守派的意义，淫秽色情品的女主人公不仅是色情的象征，而且是政治革命之象征。[90]

五、关于卖淫问题的论争

1. 卖淫问题

在西方，卖淫业经过了一个堕落衰败的过程。在古代的美索不达米亚，所有的女性都必须有一段时间在神庙里度过，她们在那里接待男性前来性交。在古希腊，法国的路易十四、路易十五时期，英国的维多利亚时代，卖淫都曾受到法律的公开承认或默许。在 1820 年，维也纳曾是欧洲性活动的中心，在它的 40 万人口中，就有 2 万名妓女；在 1839 年，伦敦警察总监宣布，伦敦仅有 7000 名妓女，可据统计实际上接近 8 万名；在 1860 年的巴黎，警方承认有 3 万名娼妓；在 1852 年的旧金山，全市仅有 25000 名市民，就有 3000 名妓女；在 1869 年的辛辛那提，20 万人口中有 7000 名妓女；同年，费城的 70 万人口中有 12000 名妓女；在 1866 年，纽约有 99 座"幽会院"，有 2690 名妓女和数以百计的女招待。卖淫成为当时许多女性的第二职业。

早年，高等妓院中常有哲学家和政治家的聚会，此类高雅人士曾将妓院当作讨论智慧与知识方面问题的场所；现在，西方的妓院已经大多成为中下层阶级的泄欲场所，妓女的地位也越来越低下，名誉扫地。20 世纪以来，卖淫越来越多地遭到法律的干涉，合法妓院的数量比 19 世纪中期大为减少。在美国，除了内华达州的少数地区之外，卖淫均被规定为非法。在 20 世纪六七十年代，反卖淫的呼声很高，西方各国的"红灯区"渐渐销声匿迹。据统计，光顾过妓院的美国男性不到 5%，经常去妓院的男性不到 1%。但是，禁止卖淫的法律并未根除卖淫现象。据估计，在美国靠卖淫为生的女性达50万，还有些人偶尔卖淫，这群人的数量不固定。

在日本，从1958年3月31日午夜12时起，公开的卖淫活动在日本历史上第一次遭到正式禁止。全国有15000个妓女（不包括许多未注册的妓女）失业了。当然，卖淫并没有真正结束，而仍在日本的许多地方存在。日本许多新富翁随安排周密的旅游组织奔赴曼谷、台北和马尼拉。其实在日本国内，按摩诊所、土耳其风格浴室都兼营嫖妓。

性剥削和性旅游已经成为世界男权制文化的一个典型表现。男性到第三世界的妓院消费被国际援助机构当作发展战略的一项建议提出来。如世界银行、美国国际发展机构等机构的做法。性旅游以东南亚为最甚，目标国主要涉及泰国、菲律宾、韩国。日本公司将招待商人去性旅游作为工作报酬来安排。女性在此领域的工作应当被视为服务行业的一部分，是国际性别劳动分工的一部分。联邦德国的私人婚介公司将亚洲、拉丁美洲女性卖为人妻。他们公开做广告，广告词中说这些女人"屈从、听话、驯顺"。整个过程由跨国旅游公司、连锁饭店、航空公司及下属工业和服务机构组织运行。

据1978年的调查，在泰国的曼谷有250多家旅馆提供性服务；另据1980年的统计，泰国女性中有近3%的人涉足性服务业；据1986年的统计，进入泰国的游客中，有73%是欧美日男性商人。

在中国，清朝被推翻后的民国初年，娼妓业比清朝时发达普遍，最盛时的1917年，仅北京一地注册妓院就有391家，妓女为3500人，私娼不下7000人。但是当时的妓院大多除性欲满足外，还提供美食饮料、音乐舞蹈。这一点既有中国文化特色，又同欧洲旧式的妓院有相似之处。1949年新政权一建立便开始禁娼。1949年11月，北京市第二届人民代表大会率先做出禁娼决定，当即关闭妓院，将妓女集中起来加以教育，并为她们治病，使其成为自食其力的劳动者。

2. 女性主义关于卖淫问题的论争

卖淫是一种没有受害人的犯罪行为（在一些国家）或非罪行为（在另一些国家），因此卖淫问题毋宁说是一个道德伦理问题。在西方社会中，只要谈起性道德问题，无论是大师罗素还是福柯，无论他是哪国人，绝不会不提到英国的维多利亚时代，那个时期的性道德规范已经有了一种成语的地位——用它来指称典型的清教型的性观念。在那个时期，所有的女人都被列入贞女或娼妓两类，非此即彼；女人依据对性行为的两种态度被塑造为相互对立的两种人，即好女人和坏女人。罗素在一篇文章里回忆说："在我小的时候，有身份的女人普遍认为，性交对于绝大多数女人都不是一件快事，她们在婚姻中所以能忍受性交的痛苦，只是出于一种义务感。"他还指出："维多利亚时代的女性在精神方面是受到束缚的，许多女性现在仍然如此。这种束缚在意识方面并不明显，因为它属于下意识的抑制。"

在如何处置卖淫现象的问题上大致有三种立场：卖淫非法化；卖淫合法化；卖淫非罪化。

第一种立场是视卖淫为非法。世界有一些国家和地区以法律形式规定卖淫为非法，但是警方对卖淫行为往往采取眼开眼闭的办法，并不严格执行有关的法律，或只对此作较轻的处罚，因此很少有什么国家能够真正取缔所有的卖淫活动。

19 世纪的女性主义运动是反对卖淫的。当时女性主义提出的口号是"女人投票，男人贞洁"。男人的卖淫消费被当作男女双重道德标准的一个典型表现。性学家威克斯指出：从 19 世纪 50 年代以后，英国社会有一种对卖淫的社会含义的"广为传播的恐惧"，人们大量使用"社会邪恶"与"社会弊端"这些词汇，使卖淫具有了极大的"象征重要性"。卖淫对于"可敬的中产阶级已婚女性"构成了一个"他者"，直接影响了婚内性关系。人们相信，妓女有特殊的避孕方法，是不道德的，而反对避孕成为可敬的已婚女性的生育规范。[91]

第二种立场主张使卖淫合法化。它主张使男女双方同意发生的性行为不成立为犯罪，不论有无报酬。卖淫合法化的一个好处是，通过对妓女征税，可以使妓女和嫖客的利益安全得到保障，这在很大程度上能够使妓女摆脱剥削，不必完全依赖于妓院老板。这种做法还可以减轻治安系统的负担，可以使妓女较少遭受黑社会的侵扰，在受到威胁和盘剥时，能有更多的机会寻求警方的保护。它把卖淫业与卖酒业相比：卖酒业由政府控制，抽取重税，对服务的时间、顾客年龄和持照人资格都有专门规定。已经采用妓女注册领执照，并开设红灯区的国家（城市）有英国、法国、瑞典、荷兰（阿姆斯特丹）、德国（汉堡）等城市。有人担心如果卖淫合法化，新的妓女会大量产生。但是在卖淫合法化的国家并未发生这种情况。

主张卖淫合法化的人们往往从功能论角度分析卖淫：卖淫的社会功能是为广大男性军人、变态者和长相丑的人服务，还有许多男性找妓女是为了逃避传统男性异性恋角色。传统男性异性恋角色太过强调男性的能力、勇猛和统治地位。四分之一的嫖妓者是为了被动地躺在那里，让女人去做一切事。在北美所做的一项数千人的大规模调查表明，48% 的嫖客向往"被动的性"，而另一项类似调查的结果中，这个比例更高达 74%。

对于卖淫现象应当采取什么态度，在女性运动和女性主义的各个流派中有着激烈的论争。最主要的困难在于又要反对卖淫又要保护妓女这一两难命题。一方面，女性运动不可能赞成卖淫，因为它使女性的身体商品化，供男性剥削和消费；同时，它也反映出女性地位的低下。另一方面，女性运动也不能支持禁娼的立法，因为它限制了女性掌握和处置自己身体的权利。于是，女性运动就在卖淫问题上陷入两难境地。

于是，在卖淫这个问题上出现了第三种立场，即自由主义女性主义关于卖淫非罪化（decriminalized）的观点。她们的态度受到了1963年沃芬顿报告（Wolfenden Report）的影响。英国沃芬顿爵士受政府委托，在调查研究的基础上，为英国制定对同性恋和卖淫活动的法律提出专家报告，报告的题目是"关于同性恋与卖淫问题委员会的沃芬顿报告"，这个报告影响巨大，地位崇高，在西方法律思想史上具有不容忽视的深远意义。报告的一个重要结论是："私人的不道德不应当成为刑事犯罪法制裁的对象。"[92]刑法不应承担对每个不道德行为的审理权。例如，婚外性行为也是不道德行为，卖淫和其他婚外性关系只有程度上的不同，只惩罚卖淫行为是不公正的。因此，卖淫不应被从所有其他不道德行为中单挑出来，被置于刑法审理的范围之中。按照英国的现行法律，警察只能以拉客（强求）的名义逮捕妓女，而娼妓和嫖客不会因双方自愿的不道德行为受到刑事惩罚。

自由主义女性主义指出，反卖淫法是违宪的，这是因为：第一，反卖淫法是歧视女性的，它假定男性自然不会是娼妓，而且它不惩罚嫖客；第二，反卖淫法侵犯了人们控制自己身体的权利。女性是自己的主人，如何处置自己的身体，包括有代价地提供性便利一类的行为，均与他人无关。然而，自由主义女性主义同时又认为，卖淫在道德上是堕落的，所以尽管卖淫应当非罪化，却不应当提倡。

自由主义女性主义对卖淫的观点引起较大争论，反诘者提出：按照这个逻辑，人有没有权利把自己卖为奴隶？人可不可以这样来处置自己的身体？还有人提出这样的问题：卖淫的合同是否应当像一般的商业合同那样得到保护？在第四次世界女性大会上，有妓女在研讨会上提出，她们既不要非法化，也不要求合法化，而要求像做秘书工作一样的工作权利——做秘书并不用去领执照。

为了反对人们的歧视，法国、意大利、美国等国的妓女都举行过罢工和游行示威活动。20世纪70年代末，美国成立了一些保护妓女的组织，进行保护妓女的基本人权的活动，这些组织有旧金山的"抛弃旧道德组织"（GOYOTE）、纽约州的"纽约保护卖淫者组织"（PONY）、夏威夷的保护卖淫者组织（DOIPHIN）以及马萨诸塞州卖淫者联合会（PUMA）、西雅图卖淫者团体（ASP）、加利福尼亚的娼妓联合会等。[93]

在卖淫问题上，马克思主义女性主义主张从社会背景上去理解卖淫现象。它认为，资产阶级的一夫一妻制婚姻关系实质上就是卖淫关系——两个卖淫合成一个贞节。这是因为，在这种婚姻关系中包含财产关系在内，是以婚姻形式表现出来的钱与性服务的交换。按照这一逻辑，街头的卖淫和有财产关系在内的婚姻关系之间只有形式的区别，实质是一样的——都是用钱来交换性服务，只不过一个是短期的，一个是长期的；一个是零售，一个是批发而已。因此，马克思主义女性主义的结论是，只有在推翻资本主义制度以后，才有真正的婚姻自由。

在大多数的社会和文化价值当中，女性的荣誉总是同对丈夫的童贞（virginity）、贞节（chastity）以及忠贞（fidelity）联系在一起的，可是激进女性主义却认为，在一个男权社会中，大多数女性都进入了以女性特征为其资本的服务行业，如保姆、服务员以及性对象。婚姻本身也是这样的行业之一。一切形式的男女交往互动都是卖淫形式的变种，无论是给男人做妻子、当秘书，还是做女友，都会起到维护男权统治的作用。激进女性主义之区别于自由主义女性主义和马克思主义女性主义的一点在于，它坚持认为娼妓只能是女人，不包括男人和其他形式的有报酬劳动在内。

上述三个女性主义流派对卖淫行为看法各异，但有一个共同点，那就是，从女性的利益出发，三个流派都不认为卖淫是犯罪。在卖淫问题上分清犯罪与道德的界限是很有必要的，既然卖淫是一个道德问题，它就不再属于由法律来处治的范畴。由它所反映出来的是女性的地位高低、卖淫女性的道德水准和社会的道德水准问题，而不是刑事犯罪问题。

关于卖淫问题有一场著名的辩论，论辩双方都是女性主义者。由于论辩双方都采取了冷静而关怀的态度，道理又都讲得深刻，所以值得在此引证。

反对卖淫的一方有这样几个理由：

第一，在妓女和嫖客的关系中，性是个性的完全异化，使人变成了一架机器。第二，性和衣食住行一样是身体的基本的自然的需要，想满足衣食住行和性的要求并不低下，卖淫的错误并不在于对应当免费的事要钱，卖淫也并不比食品超市更不道德。但是，卖肉和卖"人肉"难道没有区别？在性活动中难道没有隐私、个性和亲密感是不适合于商业目的的？我们不能否认在卖肉的人和妓女之间有很大区别。人们对前者是尊重的，却认为后者是"不体面的"。嫖客不关心妓女的人性，只关心她的性表现，把妓女只看成"一块肉"而已。第三，卖淫是男性对女性的性剥削，房产主和黑社会的保护人在剥削妓女。第四，服务和工作都是身体是不可分割的一部分，身体与自我意识也是不可分割的。妓女不能仅仅出卖其性服务．她也出卖其身体。第五，不应当拿性与衣食住行相比，因为没有后者会死，没有前者不会死。有时人有可能得不到衣食，但是性宣泄没有可能得不到。卖淫也不同于没有爱和感情的性关系，二者的区别不是在家吃饭和下馆子吃饭的区别，而是女性的自由与屈从的区别。性关系中的重要区分在于：性关系是自愿的还是强迫的。男女关系中最基本的问题不是性而是权力。卖淫是对男性作为性主人的公开承认，它将屈从作为商品在市场上出卖。

不反对卖淫的一方是这样阐述自己的立场的：

我们不应当认为双方自愿的商业性交易有什么错误，将爱与商业的性加以比较也毫无意义。认为卖淫和买淫关系中没有爱是反对卖淫的愚蠢理由。因为大多数的配偶并非双方有爱情发生的爱人。据统计，75%的嫖客是已婚男人，因此也并不能断言说婚内的性就是好的，婚外的性（尤其是嫖妓）就是坏的。与妓女的行为无论从伦理上还是美学上，都比无感情的夫妻性行为高尚。妓女的性服务质量也不一定低于"常规"的性行为。嫖客报告的对妓女的性感觉比婚内性关系的平均水平更高。妓女和嫖客的关系也不会因为仅就人的一种基本因素做交易而必定是不好的。妓女并没有出卖她的身体和阴道，她出卖的只是性服务。一个有报酬地帮人清洗身体的护士与有报酬的妓女所做的事情没有什么区别。

有一位女性主义妓女写了一篇论述自己经验的文章，文中写道：

我是个妓女——每一个女人的职业。她说，作为妓女要面临抢劫、暴力、强奸，甚至谋杀，为什么我干了12年呢？第一，以性换钱使妓女有了一种控制权，这种感觉不仅是指控制这一交易行为本身，而且是指控制她自己的身体和生活。通过与男性的讨价还价，商定的价格是双方认为最合适的，妓女并没有贱卖自己。他对她没有其他感觉，只是性宣泄而已，因此妓女用不着发誓忠实于任何人。第二，认为妓女出卖了身体是错误的，他并没有把她带回家，把她转卖掉，或者把她扔进垃圾堆。妓女在行为前、行为中和行为后全都掌握着自己的身体的所有权。她最多不过是出租了身体，而不是出卖。她们是以协商好的价格提供性服务。相比之下，与男性谈恋爱的女性比卖淫更容易被强迫、被强奸，还没有报酬。妓女要了报酬，所以不是强奸。强奸不是性，是男性对女性的控制。第三，男性权力控制每个女人，以致她认为，所有的女人都和她一样是妓女。在银行和在饭店工作的女性都和她一样是妓女。她出租身体做性服务，其他女人出租她们点钱和打扫房间的能力，办公室里的女人要用外貌取悦男人，还要被性骚扰。我现在不做妓女，在公司做职员，有一个公寓房，正在上学，有三只猫。我仍认为我是妓女，因为我是妓女。[94]

女性主义还十分关注批判卖淫和批判妓女之间的矛盾。娼妓的人权难得保证，杀害他们受到的惩罚较轻或者比较不容易受到惩罚。妓女是男权制社会所有女性群体中最孤立、最污名化的，不但被整个社会贬低诅咒，还被警察、嫖客、皮条客甚至某些女性主义者贬低诅咒。[95]

大多数国家规范公民的性行为是通过规范女性的行为，有些强调婚前贞节，有些强调婚后忠诚，使卖淫刑事犯罪化。虽然男妓一般占卖淫业的十分之一，但是一说卖淫总是说女性。男性从卖淫业获利，但制定使之非法的法律。有些女性主义者尖刻地批评这种现象，认为也许这一法律的制定与男性的获利是相辅相成的。

综上所述，女性主义的卖淫对策有两项基本原则：

第一项原则是：卖淫非罪化，以将伤害减到最少（拿非法化使妓女受剥削与非罪化相比，两害相权取其轻）。

第二项原则是：提高女性社会地位，以最终消灭卖淫。

六、关于认识论与方法论问题的论争

1. 女性主义认识论

女性主义的认识论所遇到的第一个问题就是：究竟有没有可能创造出一种独立于一般认识论的女性主义认识论？女性主义认识论是女性主义与哲学十分艰辛的结合过程的产物。目前，虽然女性主义认识论这一新概念已得到承认，但不少人仍然认为，女性主义认识论哲学家与职业哲学家不同，女性主义认识论与"正当的"认识论不同。总的看来，女性主义认识论还没有被知识理论的正式圈子所接受。

女性主义的认识论是对男性中心（androcentric）认识论的批判。其批判矛头指向客观性（objectivity）、理性（rationality）、伦理的中立性（ethical neutrality）以及价值中立（value-free）的神话。当女性主义者讨论到理性问题时，总要追溯到亚里士多德的理性观念，他把奴隶和女人视为理性不健全者，认为根本不值得对她们做出评论；他倒是曾讲到过理性和感情如何共同造就了身心健康的个人，可惜理性的概念一直是性别化的：理性化的男人和感情化的女人。

女性主义认识论对理性和客观性的批判有这样几个角度：首先，它认为所谓理性和客观性的认知主体是男性中心的，所以并不是真正客观的；其次，它认为纯粹的客观性是不可能的；最后，它为非理性和主观性正名。

首先，关于认知主体问题。

女性主义指出，那些自以为独立客观的认知主体实际上是一个小小的特权群体——他们是一群受过教育的、通常是富有的白种男人。女性主义批判了他们所谓的客观性、价值中立和普遍性，认为这些都是以男性为中心设计出来的，是根据典型的中产阶级白种男性的经验设计的，它压抑了这样一种可能性，即认知者的性别在认识论上是重要的。女性主义认识论反对后实证主义，反对以实证调查作为获得知识的必要条件和充分条件的观点，不相信对事物普遍适用的必要条件和充分条件是可以被发现和确定的；并且她们认为，只要这种观点还在大行其道，就不可能有女性主义认识论的地位。她们认为，男性把自己对世界的描述混同于绝对真理，把男性的偏差隐藏在中立和客观的表象之下。

女性主义认识论指出，西方哲学中所谓的理性和客观性排斥了女性和下层阶级的经验与特点，其中包括情感、事物间的联系、实践的感受和特殊性。它是系统地排斥他者（otherness）的产物。女性主义主张权力的分散，她们认为，过去认知主体（男性）的主体地位的丧失，使他们对文化少数派感到恐惧。他们拼命反对后现代主义，为自己特权化的认知地位辩护；他们拼命排斥女性、有色人种、下层阶级和同性恋。女性主义认识论因此特别提出，应当将以下五种因素中处于不利地位的人群加进认识的主体中去，它们是：性别、种族、民族、阶级和性倾向。女性主义认识论批评过去那些被公认的客观的科学对女性生活和身体的描述中的许多错误。

女性主义不仅抨击男权主义认知主体，认为他们不可能客观，而且赞美处于边缘地位的认知主体，认为这一地位对认知过程有利。有关在认识论中存在着特权地位与边缘地位的理论并不是女性主义首创的。西方女性主义运动的第二次浪潮将这一理论的发明权归功于新左派，他们虽然否定了马克思把认识的特权赋予无产阶级这一个阶级的做法（只有这一个阶级由于其所处地位才能认识到社会的发展规律），但他们仍然相信，处于社会边缘地位的人与那些处于社会中心地位的人们相比，在认识论上更为有利，也就是更容易看到事情的真相。事实上，不少女性主义者讲到女性时，就像马克思讲到无产阶级时一样，用的是同一种叙述模式。由于女性主义认识论强调认知主体的立场，因此又被称为立场认识论（standpoint epistemology），有条件的知识和身份政治。

其次，关于客观性究竟有无可能的问题。

长期以来，西方的认识论建立在实证主义的对事实的认知之上，无论是自然科学还是社会科学都是如此。经验的世界一般被当作客观的世界，它是由内在规律加以控制的，这一规律是自然形成的。

在最近的几十年间，由于后现代主义的出现，人们对纯粹的客观性产生怀疑，并围绕客观性这个问题展开激烈的讨论，其中包括：究竟什么是客观的，什么不是客观的；我们需不需要去追求客观性；我们是否有可能得到客观性；我们如何得到客观性；等等。在这一争论中，争议的双方是：实证论者对目的论者；客观论者对解释论者；现实主义者对结构主义者（其中包括后结构主义者）。女性主义认识论对于观察的客观性质疑，认为人的偏见与预期会影响到观察的结果。她们引用一个研究的结果来说明这一观点，在这项研究里，观察者被要求数扁形虫蠕动的次数。研究者让一半观察者预期有大量的蠕动，让另一半观察者预期有很少的蠕动，结果前者比后者报告蠕动的次数多一倍。这一研究结果被解释为，你预期什么就会观察到什么。[96]

社会建构理论出现之后，实证主义的观点受到了强烈的质疑：认知并不是客观的、无偏见的、非政治的过程。学术范式就像人类意识的其他形式一样，是特殊世界观的表达。在认知过程中去除人的主观性的目标从来就没有达到过。最激进的社会建构论甚至认为，就连现实都是由话语创造出来的，关于现实的知识就更加是人类的创造物——知识只是关于某事的叙事和文本，甚至是某个群体的信仰。

福柯指出，现代知识是用一套正规标准来规训个人和群体，促使我们自我监视，以符合这些标准。我们的主体性是由社会建构起来的，我们的价值观甚至我们的自我意识都是某时某地的权力关系的产物。人类选择这种理论还是那种理论并没有理性的基础。主体与客体的关系是将客体融入主体。客观真理并不存在。福柯的这一思想是振聋发聩的,具有雷霆万钧般的冲击力、震撼力和颠覆性,因此,这一思想的影响被称为"认识论电击疗法"。[97]

女性主义者向传统的男权主义认识论提出挑战,她们在科学研究的各个领域揭示出,所谓客观性往往不过是皇帝的新衣。她们认为,当今世界上占据统治地位的现代认识论的渊源可以追溯到启蒙主义;自欧洲的启蒙运动以来,理性的概念就超越了其他一切概念,占据了统治的地位,人们都相信人性的进步、相信科学方法在发现真理方面的至高无上的地位。社会科学对公众关于什么是真理、如何发现真理一直有着持久而强大的影响力。在西方思想界,一向是理性高于感情,客观高于主观,精神高于肉体。随后,它同实证主义—实验主义原则混合在一起,自我认定为纯粹客观和价值中立的认识论。

女性主义认识论提出这样的问题:客观性能够得到吗?值得去追求吗?很多的所谓"事实"都只不过是事物的一个横断面,既脱离背景,也缺乏整体性。例如,性别特征就被视为个人特征,而没有被视为制度化的社会实践的产物。在心理测试或社会学的问卷调查中,调查者让被调查者回答几十个问题,然后就把这些回答当作"事实"来看待了。这样的"事实"其实是实验和调查创造出来的,并不是人类生活实践的内在"事实"。

女性主义认识论批判了客观主义认识论的五大前提:第一,方法、程序和技术被当作价值中立的工具;第二,知识是有范围、分领域的;第三,存在着判断某种知识的有效性与真实性的标准;第四,知识是可以跨越时间和空间的永恒真理;第五,尽管知识是由个人获得的,但它却不是独特的和个人的,而是具有普遍性的。

女性主义认识论认为，人文社会科学中出现的"理性危机"是发人深省的，它具有认识论、方法论和政治的含义。它认为，危机发生的主要原因来自精神（及纯粹概念）超越肉体的历史特权。理性危机表现在以下几个方面：研究的客观性不再令人信服；像自然科学模式一样的人文社会科学知识实际上是不可能获得的：长期以来，以人类为对象的科学研究试图产生实证主义版本的"人类科学"，典型的例子有行为心理学和统计社会学，试图把研究对象——人性——缩小为物质对象，但并不是十分成功的；人文社会科学日益面临着理性自我认知的不可能性，这是一个两难命题——如果不能排除自我，理性中就必定含有非理性的内核；知识无法理解自身作为知识的自我发展过程；不可能在相互竞争的由不同立场产生出来的方法和范式中做出理性的选择。

然而，在女性运动内部也有人怀疑"理性危机"的说法，怀疑仅凭感觉、诗、神秘的沉默就能够取代理性。这种观点认为，发生了危机的并不是工具理性的可信性，而是它一向拥有的特权地位，是工具理性的统治程度。女性主义不应当从根本上否定理性，而应当反对理性的狭义的工具概念，以及过去人们加在理性问题上的性别归属——理性是有性别的，它是属于男性的。

最后，看一看女性主义认识论是如何为非理性和主观性正名的。

面对哲学和科学中那种排斥和仇视女性的传统，女性主义者发明出新的更适当地了解世界的方法。一些女性主义者认为，休谟（Hume）的认识论同这种新的女性主义的认识论最为接近，因为他主张将道德与美的判断同事实与数学的判断结合起来。

在西方文化中占统治地位的实证主义把知识对象划分为两个论域，即事实的论域与价值的论域。它认为，价值判断是不能够被证实的，因此是无意义的，不应当让价值判断来歪曲事实。它认为，科学研究的主要目的就是在事实这一论域中发现事物所由形成的必要条件和充分条件；实证主义方法不仅要适用于自然科学，还要适用于人文社会科学。这一认识论的前提是：假设存在着一种普遍的、同质的和基本的"人性"。但是，女性主义认识论却认为，人是社会的产物、是历史的变量，是被权力关系塑造出来的，不是天生如此一成不变的本质的存在。

女性主义认识论认为，客观主义的认识论是危险的，解决这种危险的办法是把主观性考虑进来。它在争论中提出这样的问题：为什么有政治导向的政治学研究能够得出比价值中立的生物学、社会科学研究更加准确的结果？为什么那些为女人而研究能够解答其他自然和社会关系的问题？它的回答是：人的社会经验不是性别中立的，因为它是有性别的人们的实践。

女性主义的认识论的一个典型形式是立场理论（standpoint theory），这一理论反客观真理论之道而行，公然标榜认知的主观性和观察事物的立场。正如马克思主义的认识论具有工人阶级的立场，女性主义认识论也公然承认自己的女性立场。

在一些认识论的具体问题上，女性主义也向传统认识论提出了挑战。例如，女性主义科学哲学家凯勒（Keller）提出一个问题：为什么科学界在单因性关系和交互作用这两类对事物的解释中特别偏爱单因论，总要为复杂的现象寻找一个最主要的影响因素？为什么在线性简化论和互动论当中它也总是偏爱前者？[98]

福柯的认识论同女性主义的认识论十分接近，主要是他那种被压抑的话语的感觉与女性主义十分接近。但有些女性主义者提出，女性主义应当超越福柯，要从理论上说明有这样一种可能性，即人可以拥有一种非话语的感觉，这将是人的主观性的最终胜利。她们说："我们必须紧紧抓住自己那些难以用语言加以表达的感觉。"[99]

2. 女性主义方法论

谈到女性主义的方法论，不能不首先提到获得许多女性主义者竭诚赞赏的一个关于女性主义研究的定义，那就是：对女性的研究、由女性来做的研究、为女性而做的研究（on，by，and for women）。另一种与此类似的提法是：由女性来做的研究、关于女性的研究、为女性而做的研究（by，about，and for women）。[100] 由此观之，女性主义方法论完全不害怕被人攻击为不客观、不科学，反倒对自己的倾向性直言不讳。

有一种传统观念认为，只有男性可以拥有知识，女性只能拥有经验，而经验是低于知识的。可是女性主义的研究坚守主观性和个人经验的价值。有女性主义者主张："所谓女性主义的研究绝对是并且必须是由女性所做的研究，因为在女权意识和女性主义之间有着直接的联系。"[101] 持这种观点的人认为，男人虽然可以支持女性主义，但不可以成为女性主义者，因为他们缺乏女性的经验。

但是也有一些人认为，男人也可以成为女性主义者，也可以拥有女权视角。有人甚至认为，男人研究女性会更客观，其结果更加可信，也更容易得到认真的对待。这就像由白人来研究黑人的家庭，就比由黑人来研究同一题目被人认为会更少"偏差"；相反，由黑人来研究白人则不但不会被人认为较少偏差，而且会被视为出于"黑人视角"。按照这一逻辑，似乎"高等"的群体可以研究"低等"的群体，其结果会被视为更加可信。比如，男人研究女人、白人研究黑人、异性恋研究同性恋。女性主义方法论认为，由"高等"人群去研究"低等"人群，由有特权的人群去研究被压迫的人群，这种做法很容易造成被调查者的客体化、"他者化"。为了反对将被调查对象"他者化"，女性主义质疑居特权地位者对受压迫者的研究资格。从女性主义方法论的角度看，早期人类学就是典型的帝国主义意识形态的产物，它居高临下地去研究"野蛮人"的文化，充满了种族或民族的优越感。正因为如此，研究者总是倾向于"往下"研究，而不是"往上"研究，因此在西方世界中，就很少有关于上层白种女性的研究资料。

这种把人群分等级的研究方法肯定是错误的，但是如果只分内外不分上下地看，由圈外人来研究某一群体似乎的确比圈内人来研究好些，前者至少不应当比后者更差，如果不会更好的话。当然他们必须首先克服对研究对象的偏见以及对研究对象不熟悉的弱点。可是，又有多少研究者在研究某一事物之前对它已经是非常熟悉的呢？从这个角度说，平等的观念和态度也许是社会研究方法的唯一出路。

女性主义研究对方法论领域的贡献可以概括为两个方面，一是研究领域的拓宽，二是研究方法的创新。女性主义的研究开拓了如下研究领域和新方法：第一，对特殊群体的研究，例如对上层女性的研究、对农场农妇的研究、对日裔美国女性的研究、对美国南部奴隶女性的研究、对美国印第安混血儿的研究。美国社会学家芭丽（Kathleen Barry）研究了性奴隶现象，人类学家研究了印第安医师、研究了世界著名的女恐怖主义者等。第二，对特殊行为的研究，如对"养家"这一行为的研究，对改进社区环境的研究。第三，开创了研究资料的新形式，如关于女性的主观社会经验的资料、关于女性主观自我的资料等。[102]

在女性主义看来，传统的社会研究关注的仅仅是男性的社会生活。社会科学关注人的物质需求（马克思主义）、性需求（心理分析）、死亡焦虑（神学和世俗哲学），但是忽略生育现象，忽视对养育、人性发展、情感和亲密关系的理解，忽视私领域中的日常生活。由于公领域和私领域的划分，社会研究将政治、经济及其相关机制定义为比私人领域更具有社会性。从抽象结构角度论述大型社会体制的研究被视为"宏观"的，是更重要、更有价值的；而对个人的、人际关系的、情感方面的研究被视为"微观"的，在学术上不重要的、价值较低的。

女性主义的跨文化研究也有其独特之点：首先，它承认文化独特性的重要性；其次，它强调深入研究异文化的必要性；再次，它强调处于不同文化中的女性之间的共性；最后，它强调对研究资料作批判评价的必要性。它特别注重对女性主义研究中种族中心主义（ethnocentrism）的批判，反对忽略第三世界女性的倾向，批判那种以美国的中产阶级白种女性为全世界女性的代表的倾向。

女性主义研究的访谈方法偏爱半结构化的访谈方式（semi-structured interview）。这是一种定质的（quantitative）数据收集技术。它既不同于采用参与观察方法的民族学方法（ethnography），也不同于传统的在调查者与被调查之间缺少互动的大型结构性调查（survey research and structural interview）。

女性主义研究的方法注重权衡访问熟人与访问生人的利弊。例如，在美国，有些少数民族女性只愿接受熟人的访问，不愿回答生人的问题，因为她们害怕移民局的查询，对陌生人容易产生不信任感和敌意；相反，有的堕胎女性只愿接受陌生调查者的访问，在性问题的调查上也是这样，在这类情况下，调查者是生人更能使被调查女性感到轻松，容易讲出真情。

在女性主义研究方法中，也存在着亲近调查对象与同她们保持距离这二者之间的两难处境问题。如果同调查对象过于亲近，可能会感情用事，歪曲事情真相；如果同调查对象保持距离，又远离了"为了女性而研究女性"的原则。女性主义研究方法主张，研究者在研究过程中不应避开对调查对象做出个人反应，并且认为在研究中做出个人反应是有益处的。例如，在调查访问被虐待女性的过程中，研究者做出的个人反应完全可以成为研究的一部分。为什么有必要对调查对象做出情感反应呢？因为研究者的情感反应有助于打破被调查对象对现状的困惑感和麻木感；而且研究者本身也需要得到对方的支持；此外，做出个人反应会给研究带来整体感。她们强调这正是女性主义研究方法的特点，她们认为："归纳的方法对于理解有机体是不合格的，无论这些有机体是蜘蛛、星鱼还是女性；我们只有用一双饱含爱意的眼睛去看，才能理解有机体。"[103]

女性主义研究的方法论在伦理方面提倡调查者帮助被调查者，这在传统调查方法中是被完全忽略了的。在 20 世纪 80 年代，女性主义学术研究的特点就在于，它是与社会活动相结合的。与过于强调价值中立的研究相比，女性主义研究是有价值导向的研究（value-oriented inquiry），研究的前提是为了改善女性的状况。大多数女性主义学者都有这样一个特征，那就是，她们认为目前的社会状况是需要改变的。

女性研究在传统的研究方法之外，创造出一些新的方法，如口述史的方法。口述史的方法可以在了解事实与行为的同时，发现被调查者的情感与主观性。这一方法促使女性主义者们去了解象征互动主义（symbolic interactionism），使她们更加关注过程，而不太强调结构，拒绝那些貌似中立和客观的研究，并在研究过程中使女性从单纯的客体变成研究的主体。历史上最早记录女性生活史的做法始于 1890 年，它的第二次浪潮是 20 世纪 60 年代末期。但是，口述史的方法在主流社会学中处于边缘地位，这种凭主观抽取调查对象的个人研究被主流社会学认为价值很低。

女性主义研究偏爱口述史方法的原因有以下几种：第一，为了发展女性主义理论；第二，为了表示对他人的敬意，例如，有些俄裔的移民喜欢用口述史的方法来记录他们祖辈人的生活；第三，为了社会正义，为了让人们通过这种叙述听到那些在某一社会中被大多数人忽视的人们的声音；第四，它有助于社会各阶层之间的理解与沟通，能够使中上层女性加强对下层女性的了解；第五，它能够揭示出某些事件在女人眼中的意义。

对女性个人生活史的访问和记录受到女性主义的高度重视，认为使用这种方法能够打破已有的边界，创造出新的公众话语。由于在过去的公众话语中，男性为主的色彩很重，因此女人的生活史在公众话语中的出现比起一般的个案生活史更具有特殊的意义。它有助于打破以男性话语为主的公众话语，使两性的话语在公众话语中都占有一席之地。

传统的社会调查方法把人分为调查者和被调查者，把被调查者变成不可能对社会现象有任何提示的客体。而女性主义则主张将对被调查者的控制改变为一种密切的关系，例如请女性用自己的话语表达她们自己。女性主义方法论相信，通过对调查对象的情感支持，能够得到更好的数据和对事实更富有意义的理解。做女性主义研究的唯一正确的方法应当是从女性的生活经验出发，使用定性研究的方法，并且不轻易做出强有力的宽泛的理论概括。[104]

在传统观念中，定量的研究方法一向被视为"硬方法"（hard methods），如大型问卷调查和数据分析；相反，定性研究方法则被视为"软方法"（soft methods），如民族学方法（ethnographies），深入访谈方法和观察法。女性主义者批评统计学，视之为"男权文化中所谓'硬性事实'的僵硬定义的一部分"[105]，并主张女性主义的研究只应采用定性方法，不应采用定量方法。例如，心理学家格拉汉（D. Graham）和劳玲（E. Rawling）就断然否定任何自称属于女性主义研究的定量研究。她们将研究分为三类：女性主义的、性别主义的（sexist）和非性别主义的（nonsexist）。"女性主义的研究视角以定性为主，一旦采用了定量的技术，女性主义研究者总会感到需要为此表示歉意；而性别主义和非性别主义的研究视角却是以定量为主的，一旦采用了定性技术，研究者也总会为其研究将缺乏科学的严谨性而表示歉意。"[106]

在社会学研究中，使用实验组和对照组的实验方法一向被当作检验假设的最佳方法，但恰恰是这种方法，忽略了人性的复杂性，也往往会忽视被试者的性别、种族和阶级特征对实验结果可能产生的影响。与定性研究相比，定量研究方法往往将复杂的思想和经验缩减成为可度量的变量，从而牺牲掉了整体的意味和对事物整体的理解。

但也有人忧心忡忡地提出，如果女性主义社会科学家们拒绝使用定量的方法，将会使她们自己被迫处于这一学科的边缘地位。据统计，美国的心理学研究目前有71%采用实验的方法；在美国的主要社会心理学杂志发表的文章中，采用实验方法的占到78%。如果完全否定实验方法，女性主义心理学将不可避免地处于心理学研究的边缘地位。

对女性主义方法论的批评还包括：女性主义研究方法的不可能性。因为研究者和被研究者之间的不平等地位是不可避免的，研究者可以选择对调查结果的报告内容，可以随时撤出现场，可以控制对资料的最终解释权。此外，定性研究方法往往样本很小、同质性强、代表性差，不能代表那些工作时间固定、家务繁重和不善言辞的人。[107]再有，定性研究对理论和政治运动的作用和影响往往比较小，这些都是女性主义方法论遭遇的障碍和问题。

因此，不少女性主义学者反对完全排斥量化方法的倾向，认为不应该排除量化和实验方法。她们指出，女性主义方法论与男权主义的方法论的区别只不过在于，前者乐于承认和采纳范围更广的方法和技术，其中包括那些并非不严谨、只是不那么僵硬的方法和技术。

总之，女性主义的方法论不仅不标榜价值中立，而且还认为，每个人做研究时都不可避免地要在三个方面受到价值观的影响：如何选题；如何做这项研究；如何解释研究结果。应当指出的是，持有这种观点的并不仅仅是女性主义者，不少方法论专家也同意这种看法。

银河说 女性主义的研究方法应该更具普遍性

　　其实，女性主义首先是一种观点，而不是方法。但是的确有一些研究方法是女性主义所看重的，女性主义也创造了一些新的方法。在我看来，即使是由女性主义者或从女性主义立场出发创造出来的方法，也都应当以进入整个研究方法的武库为目标。换言之，它应当努力成为一种具有普遍意义的方法。所谓普遍意义有两个内涵：其一是它也可以适用于除女性研究领域之外的各种研究；其二是它可以由女性主义者之外的其他研究者普遍使用。

引文注释

[1] Tripp, A. (ed.) *Gender*. Palgrave, 2000.

[2] 倍倍尔著，葛斯，朱霞译. 妇女与社会主义. 中央编译出版社，1995.

[3] Nadeau, R. L *S/He Brain, Science, Sexual Politics, and the Myths of Feminism*. Praeger, Westport, Connecticut, London, 1996.

[4] Nelson. E. D. and Robinson, B.W.*Gender in Canada*. Prentic-Hall Canada Inc. Scarborough, Ontario, 1999.

[5] 斯坦能著，罗勒译. 内在革命. 内蒙古人民出版社，1998.

[6] 见3条

[7] 同上条

[8] 钱明怡等编. 女性心理与性别差异. 北京大学出版社，1995.

[9] 见4条

[10] 同上条

[11] French, M.*The War Against Women*. Summit Books, 1992.

[12] 见5条

[13] Gotz, I. L.*The Culture of Sexism*. Praeger Publishers, 1999.

[14] 见3条

[15] Dunphy, R.*Sexual Politics*. Edinburgh University Press, 2000.

[16] Jackson, S.and Scott, S.*Feminism and Sexuality*. A Reader, Columbia University Press, 1996.

[17] Wood, J.T. *Gendered Lives, Communication, Genger, and Culture*. Wadsworth Publishing Company, 1999.

[18] Jaggar, A.M.and Young, I.M. *A Comparision to Feminist Philosophy*. Blasckwell Publishers, 1998.

[19] 见16条

［20］见 18 条

［21］见 4 条

［22］Cromwell，J.*Transmen and FTMs, Identities, Bodies, Genders, and Sexualities*. University of Illinois Press，Urbana and Chic:ago，1999.

［23］穆勒著，汪溪译. 妇女的屈从地位. 商务印书馆，1995.

［24］Meyers. D. T.（ed.）*Feminist Social Thought: A Reader*. Routledge，New York and London，1997.

［25］Glover，D.*and Kaplan, C Genders, Routledge*. London and New York，2000.

［26］见 1 条

［27］转引自第 1 条

［28］同上条（以下拉康关于性别的思想，及女性主义对拉康这些思想的评价，均同见于本书）

［29］见 1 条

［30］转引自第 1 条

［31］见 25 条

［32］转引自第 1 条

［33］转引自第 1 条（以下德里达语同转引自本书）

［34］转引自第 1 条（以下巴特勒语同转引自本书）

［35］见 25 条

［36］见 18 条

［37］同上条

［38］王逢振编. 性别政治. 天津社会科学院出版社，2001. （以下巴特勒语均同转引自本书）

［39］见 15 条

［40］见 25 条

［41］见 1 条

［42］见 25 条

［43］见 18 条

［44］Bacchi. *C. L Same Difference, Feminism and Sexual Difference*. Allen and Unwin，1990。

［45］弗里丹著，程锡麟等译. 女性的奥秘. 四川人民出版社，1988.

［46］Barrett，M.and Phillips，A.（ed.）*Destabilizing Theory，Contemporary Feminist Debates*. Polity Press，1992.

［47］Peterson，V S.and Runyan，A.*S Global Gender Issues*. Westview Press，1993.

［48］海德著，陈主珍等译 . 妇女心理学 . 广东高等教育出版社，1987.

［49］见 1 条

［50］转引自格里尔著，欧阳显译 . 女太监 . 漓江出版社，1991.

［51］转引自海斯著，孙爱华，唐文鸿译. 危险的性 . 上海人民出版社，1989.

［52］Pearsall，M.*Women and Values.Readings in Recent Feminist Philosophy*. Wadsworth Publishing Company，1993.

［53］见 48 条

［54］Bryson，V. *Feminist Political Theory*. The Macmillan Press LTD，1992.

［55］况世英等. 应当重视女性智力的开发. 人才与现代化，1988（4）：16-18.

徐南. 女性成才的障碍及对策初探. 理论与现代化，1991（6）：37-39.

［56］雷泽蒂等. 性别与健康. 女性与发展，1993.

［57］转引自王政. 美国女性健康运动的起因与发展. 中国女性与发展：地位、健康、就业. 河南人民出版社，1993.

［58］米德著，宋正纯译. 性别与气质. 光明日报出版社，1989.

［59］陆颂和. "改变对女性的态度"方案. 中国女性报，1986-09-05.

［60］马凡. 女性解放岂能以男性标准为转移? 中国女性报，1988-03-18.

［61］见 23 条

［62］见 18 条

［63］见 18 条

［64］爱森堡等著，屈小玲，罗义冲等译. 了解女性. 光明日报出版社，1990.

［65］转引凯查杜里安著，李洪宽等译. 人类性学基础. 农村读物出版社，1989.

［66］Irigaray. *I. Je, tu, nous, Towafd a Culrure of Difference*. Translated From the French by Alison Martin, Roudedge, New York and London, 1993.

［67］见 18 条

［68］同上条

［69］见 16 条

［70］弗里丹著，邵文实，尹铁超等译. 非常女人. 北方文艺出版社，2000.

［71］见 16 条

［72］见 18 条

［73］见 16 条

［74］Bartky, S.L. *Feminity and Domination Studies in the Phenomenology of Oppression*. Routledge, 1990.

［75］拉里亚等著，张丛元等译. 人类性心理. 光明日报出版社，1989.

［76］转引自第 76 条

［77］盖格农著，李银河译. 性社会学. 河南人民出版社，1994.

［78］Chancer, L.S.*Reconcilable Differences, Confronting Bearty Pornography, and the Future of Feminism*. University of California Press, Berkeley, I-os Angeles, London, 1998.

［79］转引 Campbell.K. (ed.) Critical Feminism, Argument in the Disciplines. Open University Press, Buckingham, Philadelphia, 1992.

［80］见 16 条

［81］见 18 条

［82］French, M.*The War Against Women*. Summit Books, 1992.

［83］Bacchi.C.L.*Same Difference, Feminism and Sexual Difference*. Allen and

Unwin, 1990.

[84] 转引自第 84 条

[85] Senn, Charlene Y, and Radtke, H. *Lorraine: Women's evaluations of and affective reactions to mainstream violent pornogrphy, nonviolent pornography, and erotica, Violence-and-Victims*. 1990, Fal., Vol 5 (3), 143-155.

[86] Altimore, M. *The Social Consrruction of a ScientiFic Myth: Pornography and Violence, Journal of Communication Inquiry*. 1991, 15.1, wintef, 117-133.

[87] Richardson, D. and Robinson, V (ed.) *Introducing Women's Studies*. macmillan, 1993.

[88] 见 48 条

[89] Machinnon, K. *Uneasy Pleasures, the Male as Erotic Object*. Cygnus Arts, London, 1997.

[90] Rai, S., Pilkington, H. and Phizacklea.A. *Women in the Face of Change, The Soviet Union.Eastern Europe and China*. Routledge, London and New York, 1992.

[91] 转引 Harding, J. *Sex Acts, Practices of Femininity and Masculinity*. Sage Publications, 1998.

[92] Pearsall, M.*Women and Values, Readings in Recent Feminist Philosophy*. Wadsworth Publishing Company, 1993.

[93] 塞威特兹等著, 陈泽广译. 性犯罪研究. 武汉出版社. 1988.

[94] Minas, A. (ed.) *Gender Basics, Feminist Perspectives on Women and Men*. Wadsworth, 2000.

[95] 见 79 条

[96] 见 48 条

[97] Chafetz, J.S. (ed.) *Handbook of the Sociology oF Gender*. Kluwer Academic/Plenum Publishers, 1999.

[98] Keller, E. F. *Gender and science: 1990, in The Great Ideas Today*.

Encyclopedia Britannica, 1990.

[99] Ramazanoglu, C. (ed.) *Up against Foucault, Explorations of Some Tensions Between Foucault and Feminism*. Roudedge, London and New York, 1993.

[100] Miller C.with Treitel, C.*Feminist Research Methods*. An Annotated Bibliography, Greenwood Press, 1991.

[101] Reinharz, S. *Feminist Methods in Social Research*. Oxford University Press, 1992.

[102] 同上条

[103] 同上条

[104] 见 98 条

[105] 见 102 条

[106] 同上条

[107] 见 98 条

第五章

女性主义
之后

在新时期，女性主义应当怎么办？应当做什么来改变现状？

在女性主义运动之后，出现了各种各样与女性主义有关的运动和思想流派，其中比较重要的有男性运动、后女性主义和新女性主义。男性运动可以被分为两大类：一类是支持女性运动的进步男性运动，另一类是反对女性运动的保守男性运动。

一、进步男性运动

支持女性运动的进步男性运动在女性主义运动第一次浪潮时没有出现，20世纪女性主义运动第二次浪潮之后才有。新时代自由男性运动的基本观点是：如果男女不平等，不仅是女性受压迫，男性更加受压迫。所谓男性受压迫是指：按照男权社会的规则，男性必须工作挣钱养家，承受了重大的生存和竞争的压力；男性不能表现出内心温柔脆弱的一面，在人格的发展上受到压抑；由于压迫女性，男性也丧失了在男女平等的环境中生活的经验。

进步的男性运动认为：老式的性别歧视低估了女性的无权经验，而新式的性别歧视低估了男性的无权经验。男权运动不是反女性主义的，而是真正反对性别歧视的运动。它主张男性通过对女性主义的了解来确认自己的身份，包括正面的身份和反面的身份。前者不搞性别歧视，后者是歧视女性的。这一进步运动认为，目前的性别体系既有男性特权，同时又是压迫男性的。"简言之，男性气质是来源于负罪感，由负罪感塑造，由负罪感来维持的"。[1]这种压迫导致了男性的疾病、残疾和早夭。

进步男性运动因此提出重建父性的主张，鼓励男性公开宣称他们拒绝男性气质的传统规则，转而分享温柔的感觉，表达更慈爱、更关怀、较少竞争性和攻击性的男性气质。一些女性主义者是这样理解男性运动的："也许他需要她甚于她需要他？大男子气概在美国奄奄一息：他们能够敏感脆弱、温柔多情、富有同情心；既然已经无熊可杀，他们就不必有大块的肌肉；他们可以承认他们害怕，他们甚至会哭泣——可他们仍旧是男人。"[2]

进步男性运动所倡导的新型男人、新型父亲要做传统男性不屑于做的事情，他们帮助女性购物、做饭、带孩子，晚上孩子睡觉之前不出门娱乐。改变传统男权社会中男性对照顾孩子的态度，分担家长责任。

对于进步男性运动的支持程度有阶层的差异，越是处于社会上层的人们越倾向于接受进步男性运动，而越是处于社会底层的人们观念越传统。1979 年一项调查表明：大多数来自最受压迫的底层的男人是唯一把注意力放在"获得成功"、挣更多的钱之上的群体。从 18 岁至 49 岁的被调查男子中，大多数人对"个人的成长""自我实现""爱"和"家庭生活"的重视要高于对挣更多的钱和"获得成功"的重视。男性像女性一样用一种于工作成功和个人生活满足之间获得更加平等的平衡方式建立自己的生活。即使在两性关系方面，进步男性运动的参与者也可以有一种全新的观念，即同全无独立性的女人在一起耗人心血；和独立的女人有更多的乐趣。[3]

进步男性运动所向往的男性形象一反传统男性的彪悍、粗犷，增加了温柔和细腻。影片《四个婚礼和一个葬礼》就是这样一部关于一个男人过于可爱以致不像（传统的）男人的故事，一反过去男性的粗犷形象。在传统的男权社会中，同性恋恐惧症和娘娘腔恐惧症非常厉害，根本不能想象电影中会出现这种温柔可爱型的男性形象。

女性运动的重要人物弗里丹感慨地说："似乎男女在背道而驰。女人似乎是要走出家庭，在男人的工作世界中实现她们的自我；而男人似乎是要解放自己，不再用工作领域的成功来定义自己，并趋向于在家庭和其他自我实现的新领域给自己一个新的定义。"[4] 总之，女性关于"新好男人"的想法并不只是幻想。由于男性气质既非生理决定也非道德上不可改变，新型的而非传统的男性气质完全有可能由社会和文化建构起来。

二、保守男性运动

男性运动中的第二类是反对女性主义的保守的男性运动。与女性主义运动第二次浪潮的立场和主张针锋相对，西方新右派的立场是：赞赏家庭价值，反对堕胎，反对女性主义运动，反对非传统家庭，反对青少年性活动，反对福利国家政策，反对社会主义。其中最主要的目标是反对女性主义和同性恋。

到了 20 世纪 80 年代，在美国是保守的里根政府上台，在英国是保守的撒切尔夫人执政，女性主义的乐观主义情绪退潮，回复到男女不平等的状态。女性运动在 20 世纪 80 年代以后进入低潮，西方各国出现反女性主义回潮。法卢迪（Susan Faludi）在 1991 年出版《反挫》（*Backlash*）一书，在《纽约时报》排行榜上连续数周位居榜首，为保守的男性运动点了题。这个保守的男性运动在学术领域的表现是男性研究，在社会上的表现是男性觉悟群体的出现。

保守的男性运动主要表现在以下几个方面：

首先，西方社会出现了一种越来越仇视女性主义的政治文化气氛，它将女性主义思想变成嘲笑的对象，说它是过时的（性别之间的不平等已经结束了，女性现在可以自由地去做任何事情），有心理问题的（歇斯底里，反应过度，没有幽默感），或者是不正确的（不客观的）。它直接攻击女性主义，说它是反家庭的、无幽默感的、愤怒的、无趣的、憎恨男人的，所有的女性主义者全都是女同性恋，等等。虽然在社会现实中的确有许多女同性恋者是女性主义者，也有许多女性主义者是女同性恋者，但是有些女同性恋者不是女性主义者，有些女性主义者不是女同性恋者。保守的男性运动把女性主义者与女同性恋者等同起来，只是表明它对女性主义的仇视。

其次，保守的男性运动力争在现实生活中夺回女性已经争得的权利，如合法堕胎的权利；限制女性升迁，如设置"玻璃天花板"；推动以压制女性为目标的运动，如原教旨主义；对女性施暴；将女婴流产掉；等等。在美国和一些西欧国家的回潮时代，很多女性以为已经永远获得的权利又重新受到攻击，比如合法堕胎的权利、离婚的权利、女性进入劳动力市场的权利等。

一时间，一种"女人回家"的思潮甚嚣尘上，希望女人能够回归传统女性角色。这种观点认为，女人在公领域与男人的竞争造成了双重的伤害：一方面她们把男人逼成了工作狂，以便能够留住自己的好工作，如脑力劳动的职位；另一方面使男人更容易接受坏工作，如体力劳动的职位。由于控制人口的计划生育运动的普遍展开，女人腾出了许多时间进入劳动力市场，从而改变了男性的重要性和中心性，也改变了女性在家庭中的地位。这时，一个新的问题出现了：女人不再像过去那样需要男人了。女人不管怎样都是被人所需要的，因为只有女人能生育，而男人却没有这种不可或缺的功能。然而，男人也需要被别人需要的感觉。保守的男性运动因此指责女人进入社会生产劳动是"使男人失业，给女人增加负担"。[5]

再次，保守的男性运动大搞男性权利游说活动，其男权制性质暴露无遗。男性运动的一个代表人物威特康（Roger Whitcomb）提出，要反击女性主义运动的浪潮，维护男权制家庭，反对单亲母亲家庭，并且将社会的弊病全部归咎于单身母亲，抗议英国上议院1991年废止的"婚内强奸可豁免"的条例，反对1989年"儿童法案"，认为父亲成了没有权利的签署支票的机器。他们认为，离婚时母亲得到抚养权，男性支付抚养费，这是对男性的歧视。他们还提出了男性气质和男性权力的问题，争取由男性辅导员来辅导少年罪犯，特别是针对女性和儿童的犯罪当事人。

1993年底，英国的男性运动不断在报刊上写文章，攻击女性主义。到了1997年，英国的男性运动变得更加有组织，他们攻击"平等权利委员会"，反对所有的平等权利立法，主张堕胎刑事化（非法化，认定为女性谋杀），对强奸危机救助中心发起直接的攻击。

保守的男性运动抱怨所谓"颠倒的性别歧视"，专指那些保护女性的法律。而实际情况是：白人男性在美国总人口中只占39.2%，但是在福布斯财富排行榜（拥有2.65亿美元以上财产者）的人当中却占到82.5%，在议会中占到77%，在州长中占到92%，在大学终身教授中占到70%，在日报编辑中占到90%，在电影新闻导播中占到77%。[6] 女性对男性不但谈不上有什么性别歧视，就连起码的平等地位也还远远没有争取到。

第四，强调家庭价值，倡导回归家庭。布雷（Robert Bly）版本的"男性运动"具有极为强烈的本质主义倾向。保守观点认为：男性和男性气质从本质上不同于女性和女性气质。它依赖生理学和达尔文的进化论，希望恢复传统的男性统治的核心家庭，让女性重回家庭扮演贤妻良母的角色，发起反堕胎运动。

这一运动中最具代表性的是于1990年春天出现的所谓"承诺运动"，该运动由比尔·麦卡尼（Bill McCartney）发起，他是一位基督教保守派人士，他在运动中大声疾呼，号召那些主张回归家庭价值的男人们承诺做个好丈夫、好父亲、好社区成员。

承诺运动在1991年有4300名男性参加；1993年增加至5万人；1994年27.8万人；1995年72.7万人；1996年增至100万人以上。运动号召男人做虔诚的基督徒，反对男性不负责任，抛弃家庭和不忠。

美国全国女性组织批评这个运动中的人是"对男尊女卑感觉良好的人，是一股危险的政治潜流"。[7] 因为承诺运动始终在强调：男性是一家之主。当夫妻达不成共识时，男人要负起责任，而所谓"负起责任"被批评为压抑女性的声音和权利。这些"新好男人"还认为同性恋是罪恶，坚决不能接受，因此他们被批评为保守政治运动，而不是一个代表着社会的健康精神的运动。

第五，提倡男性价值，表现形式之一是神话时代运动。以布雷为首的这个运动倡导回归神话时代的价值，重新去发现男性思维和感觉的深刻的神秘根源，认为这样会重塑男性的精神、情感和智力的健康肌体，使男性变得自信、强大，在情感方面既活跃又敏感。

倡导男性价值的《钢铁约翰》占据美国出版物排行榜 30 周。这些男性举办大规模的读书活动，倡导男性与自然在一起、摆脱女性与文明、恢复他们的兄弟情谊、寻找男性的独特感觉、摆脱工业化和女性主义的压迫。在回归自然的活动中，男人们集体到森林里去击鼓、放歌，聆听诗歌和神话故事，接近狩猎祖先，宣泄男性想同另一男性建立深刻的精神联系的渴望。

对保守的男性运动的批评是：它不能面对性别不平等的社会现状，不愿意承认性别不平等的客观存在，其实质是希望保持男女两性之间的不平等关系。

三、后女性主义

在 20 世纪 80 年代末，西方媒体纷纷宣布了"女性主义之死"，以及"后女性主义时期的到来"。这一宣告并没有反映真正的现实，女性主义仍然在为争取男女平等做斗争。但是，后女性主义思潮的确开始在西方国家登台表演。

概括地说，后女性主义的思潮有三个关注点：一是认为女性主义夸大了男女不平等的问题，是一种"受害者"哲学；二是认为男女不平等的问题原本就不该政治化，是女性主义人为制造出来的；三是认为对于男女不平等问题不宜以对立态度提出，而应以寻求两性和谐的态度提出来。

后女性主义拒绝女性主义的一个主要理由是，认为女性主义夸大了男女不平等的问题，把女性塑造成"受害者"，从而制造了一种"受害者"哲学。好像所有的男性都是压迫者，是强奸犯；所有的女性都是被压迫者，是强奸犯罪的受害者。

后女性主义认为，在男性与女性之间并没有任何利益上的真正冲突。女性只要愿意就可以为自己赋权。如果她们没有权力，那只能怪自己。虽然她们遇到了"玻璃天花板"的问题，但那不是不可克服的。女性只要通过一个自愿的行为就可以战胜性剥削，那就是赞美性的快乐，不要抱怨阴茎的邪恶，其实阴茎是很奇妙的东西。男人强奸、虐待、殴打女人都是女性主义的夸张。男性所赋有的性攻击性是一个值得赞美的生理事实。

20世纪80年代的"回潮"要求女性回归传统角色，要求母亲待在家里，认为母亲出去工作是自私的不负责任的表现，并且认为许多家庭问题都是女性到社会上就业导致的。1996年格伦特（David Gelernter）发表了《母亲为什么应当待在家里》一文。虽然很多有思想的人都认为所谓"奇妙女性运动"和"完美女性运动"十分可笑，但是仅在美国就有超过40万女性参加了此类的付费学习班，学习如何使自己具有性的吸引力，如何服从丈夫。参加此类活动的女性大多是在经济上依赖男人的女性和支持保守价值观的女性。

一位名叫施拉夫利（Phyllis Schlafly）的人劝告女性抵制女性主义，

说女性主义会把女人变成男人，她劝女性回归家庭角色，做男人的贤内助和持家者、家庭主妇。她说，女性主义是想给女性添麻烦，而不是帮助女性。男女不平等已经不复存在，因此女性主义已经没有继续存在的必要了。

后女性主义的纯保守观点在家庭问题和性别问题上有着细微的区别。它认为传统的性别秩序毫无问题，是天然合理的秩序；而传统的家庭却算不上是一个文明的制度，是一种"压迫女人并摧毁了男人对女人的关爱、做女人的可爱伴侣的能力"的制度。它要求男性对其在传统家庭中的角色做出改变，要比传统男人多一些关爱、对女人更平等一些。

后女性主义中也存在着不同的立场、观点和不同的派别。自由派后女性主义致力于发现男女平衡的情况，认为男女双方本来是平等的，但被既存的性别观念所制约了。激进派后女性主义则把当代男性气质视为建立在有利于男性利益和特权的权力体系之上的男权制社会的副产品。她们认为，男性气质的特征是仇女和对女性的暴力，是对其他男性甚至是对其自身的仇视。[8]

就连女性主义运动的领袖人物也开始检讨女性主义运动的失误："我们的失败在于，我们在有关家庭问题方面存在盲点。它表现在我们自己极端反对那种妻子、母亲角色，那种全身心地依靠男人、养育孩子、充当家庭女性的角色。这种角色曾经是并且仍然是许多女性获得权力、地位及身份的源泉，是她们实现自己的目标、自我价值并获得经济保障的源泉——尽管这种角色早已不再那么安全了。"

弗里丹甚至在 20 世纪 90 年代就说过："我怀疑，到 2000 年时，菲利斯·施拉夫利或葛罗莉亚·斯坦尼姆、贝蒂·弗里丹之流是否还有存在的必要。有关女性平等权利的争论将会成为令人怀旧的历史。"[9]

总之，后女性主义的观点认为，女性主义的立场已经过时或过于夸大，男女不平等的问题已经不存在了，所以女性主义已经没有存在的必要了。

后女性主义的第二种观点的代表人物是汉娜·阿伦特（Hannah Arendt）。她的主要观点是反对把性别问题政治化，认为这些问题不属于政治范畴，而应当归属于亚里士多德理论中传统的家务范畴。简言之，阿伦特认为，"女性问题"根本不是适合于进入政治领域、经由政治途径加以解决的问题。

阿伦特拒绝基于身份的政治，她的政治观念试图对抗的不仅是把政治空间划分为公共领域和私人领域的做法，还有一直十分盛行的把性和性别纳入二元对立的硬性的身份范畴的做法。她反对把政治设想为共通的社群身份，如性别、种族、民族或国籍的表述。在她看来，如果一个政治团体成立的基础是一个先验的、共有的和稳定的身份，它便有可能封闭政治空间，压制政治行动所要求的多元性和多义性，或者将其同质化。取消多元性或多义性的企图，必然导致"废除政治领域本身"以及"对所有他者的强行统治"，或者是"把真实的世界换成一个想象的世界，在这个想象的世界中，所有的他者根本就不存在"。[10]

阿伦特把身体排斥在政治范畴之外，认为身体具有绝对的暴虐性和不可抵制性，以及自我的多重性。她认为，法国大革命的失败之处在于，穷人为其身体的需要所驱使，突然闯到现场。当人公开地为饥饿或贫穷的身体提出要求时，人类拥有的独立性和主动能力便被压抑下去了。

阿伦特对人的身体及其需求的评价极低，认为政治不应当建立在这样低级的需求之上。她说，至于我们是"什么"，既无趣也无味，心理和生理的自我无可称道。私人领域的自我就像我们的内脏器官，"毫无特异之处"。生理自我的特点在于："如果这个内部自我显现出来，我们将是千人一面的。"与单一、单义的身体不同，行动的自我是多重的，是自由的，有创造性的，起改造作用的，而且是不可模仿的。

阿伦特认为，斗争存在于私人自我和公共自我之间。私人自我逃避风险，留在家中；公共自我是在偶然性的公共领域里勇敢甚至是鲁莽行事的行动者。日常生活的操劳的自然过程是可以预测的、重复性的和周期性的，加上家庭的专制，使人成了牺牲品。私人自我的一切皆被注定，不可能享受到与公共领域的行动联系在一起的自由。

阿伦特对女性主义政治主体保持沉默，对任何声称"女性的经验"或者"女性了解事物的方式"的单一性都非常警觉。她会批评任何一种女性主义政治，如果它的基础是对普遍女性范畴的追求或暗示，并且掩盖了（或禁止、惩罚或压抑）这一范畴本身内部的差异和多元性。

早期工人运动活动家罗莎·卢森堡也持有与阿伦特类似的观点，她对女性解放运动非常反感。面对这些女性的平等要求，她可能想要回敬一句：差异万岁。她所追求的是："拒绝会籍，面对某种平等时选择差异。"她抵制住"难以抗拒"的女性运动的诱惑，以一己之力面对挑战，并因此为自己赢得了一个独特的、非同质性的身份。除了拒绝在政治上使用女性这一身份之外，她同时认为自己的犹太身份也是个人的私事，因为它是一个事实，它就毫无可行动性。

中国也有些人持有与上述观点相似的反对性别政治的后女性主义观点。中国的一些男性学者主张普适性人文主义，反对"性别化判断"。他们认为，性别问题是由文化界的"性别分子"制造出来的。性别差异或性别不平等的问题本来并不存在，是性别差异的提法本身造成了问题，而人类的发展最终会消灭性别的差异。尽量少从性别差异判断事物是女性解决她们自己的问题和性关系问题的唯一途径。[11] 这是一种有意识的性别盲点。对于社会中存在了几千年、现在虽有改善但仍然存在的两性不平等现象采取了一种视而不见、有意忽略的态度。

后女性主义的第三种观点是用求和谐而不是斗争的方式来解决男女不平等问题。

持有这一观点的人主张，女人必须学会在强奸的威胁下生活：人的平等的性其实是根本不可能的，因为男性的性天生就是暴力的、黑暗的、有攻击性的和强有力的。女人只能学会去适应它，而不要企图改变它或假装自己是更优越的。

他们说，如果你被强奸，那也没办法，这是自由的代价。我们不能约束男人的性，男人的性具有不可控制的一面，而这正是它使性变得有趣的一部分。的确，它有时会导致强奸。但是女性主义所要求的是给男人去势。[12]

后女性主义者帕格里亚（Camille Paglia）说：男性气质的精力和天才、男性的性冲动创造了文明。"如果把文明交到女人手上，我们现在还住在小草棚里呢！"[13] 她还说，没有必要为男人去势，因为女人也可以有"蛋"，女人像男人一样能操人。有趣的是，正当艾滋病使一些男同性恋者放弃插入式性交之时，一些后女性主义者刚好开始赞美性的插入。一位后女性主义女同性恋喜剧演员说：并不是我不喜欢阴茎，我只是不喜欢待在阴茎尾端的男人。[14] 这种思想的潜台词是：放弃乌托邦，接受你的命运，通过用男人的规则与男人竞争来解放自己。

后女性主义者罗芙（Katie Roiphe）批评女性主义发明的"约会强奸"（date rape）一词，以及此前女性主义力争列入强奸法律的婚内强奸，说它只不过是一个神话，除非女性将自己定义为受害者，受害是不会发生的。这就又回到了 20 年前，那时的社会和法律一般只承认陌生人强奸，婚内、亲属内或亲密关系内的强奸是根本不被承认的。女性主义因此批评帕格里亚"基本上是一位非常保守的 50 年代的弗洛伊德主义者"，说她拒绝接受 30 年来的所有发展和变化。[15]

一个无法回避的现实是，大多数 18 至 24 岁的女性虽然认同女性主义争取男女平等的目标，但是并不喜欢女性主义，往往还会憎恨"女性主义"这个词，认为它意味着愤怒、好斗精神和女同性恋；认为它意味着必须拒绝"正常女性"的性、母性、养育性、热情和非攻击性。她们虽然承认女性主义运动提高了女性地位，但是一般人都认为女性主义者是粗糙的、富于攻击性的、缺少个人魅力的、充满仇恨的、"害怕做女人"的。[16]

正如一位英国女性主义者所抱怨的那样："许多女性似乎都抱着同样的态度——'我不是女性主义者'——这种说法真让人厌烦。做一个女性主义者有什么不妥的吗？这是我一生中做过的最正确的一件事。这是最好的一个传统。女性主义者是让人钦佩的。她们维护自己性别的利益，与不公平和不公正做斗争，为建立一个更美好的社会而奋斗。"[17]

后女性主义认为女权运动有很多错误的做法。其中包括：精神控制，充当思想警察；信念的不合理、不适当；性变态，性无能，女性男性化；浪费研究经费；从政治上颠覆了关键的社会制度；加深了两性之间的矛盾和紧张关系；两性之间的仇恨原本不存在，是人为制造出来的；等等。[18]

有些后女性主义者仍自认为是女性运动中人，她们书写自身作为女人的经历。然而她们提出了"宁折不弯"的口号，声称要做个自由思想者，要摆脱女性主义的思想控制，认为女性主义是"极端的、自我中心的、令人难以忍耐的"。

在中国，由于有阴阳和合的传统文化背景，反对性别对立、主张性别和谐的观点更容易引起人们的共鸣。这种观点主张，承认女性的特殊性和性别差异，重建自然平衡，反对将性别差异建立在劳动分工上面。两性的劳动分工越细、相互依赖性越强，两性就越趋向于和谐。两性虽然具有生理上的区别，但关系是和谐互补的。这种观点认为，应当考虑阴阳和谐的传统文化是否有价值、是否有可能建立现代版本的合作与团结，应当注意新儒家对儒家学说的女性主义解释。[19]

林春提出，在中国，女性主义一方面要面对西方思想，一方面要面对中国传统。这就涉及了现代性与民族性的矛盾。[20] 这是我所见到的对中国女性主义处境最深刻的论述和提问。

女性主义是西方的思想，它是从西方的土壤中生长出来的。中国的文化背景、国情、历史与西方都有不同，性别问题在西方和在中国的表现形式肯定会有不同，在社会心理中的位置也肯定会有不同，因此，正确处理两性关系的方法也应当有所不同。如果一味照搬西方女性主义的思维逻辑，就可能犯东方主义的错误；而如果一味强调中国文化的特殊性，又有可能犯排斥现代化的错误。其实，这个矛盾在我看来也不难解决。我们可以一方面借鉴西方女性主义的思想和做法，另一方面认真分析中国文化背景下性别问题的中国式表现形式，用中国式的方式来解决中国的性别问题。好在双方的目标是明确而一致的，那就是争取男女平等。

伍尔夫说："作为一个女人，我没有国家；作为一个女人，我的国家是整个世界。"[21] 在性别属性与民族属性中，伍尔夫选择了性别属性。她是在强调，女性由于其性别所遭受的压迫是跨越国界、跨越文化、跨越阶级的。男权制的统治是跨越国界的，而女性的受压抑也是跨越国界的。因此，作为女性，我们没有国家，我们的国家是整个世界。她的说法没有错。我们全都生活在严重程度不同的男权制社会当中。当然，我们各自的男权制拥有自己的文化特色，我们不应当忽略了它们表现形式的差异。但是，全世界女性的处境肯定有一个共性，那就是男女不平等、男尊女卑。我们应当尊重彼此的差异，处境的差异，问题重心的差异，应对方法的差异，朝着一个共同的目标努力：争取男女平等。

四、新女性主义

在女性主义之后，在新的世纪，一种新女性主义悄然登场。新女性主义的最主要特征就是非常务实，不擅理论，几乎是非意识形态的。它只是就问题说问题，并不去涉及总体规划和前景。它只讲策略，不讲战略；只讲具体，不讲抽象；只讲个人快乐，不讲群体利益；只讲妥协合作，不讲斗争；只讲实际，不讲理论。如果一定要追究其理论背景，也许可以勉强追溯到后现代主义的去中心说、反对宏大叙事以及倡导局部理论的思潮。

以新女性主义者沃特（Natasha Walter）为例，她根本不提男权制和男性权力的理论，非常实际。她的女性主义欢迎女性也欢迎男性，欢迎保守派也欢迎左派社会主义者。她将政治与个人分开，害怕争取政治平等要以个人的快乐为代价。她担心在否定了消费资本主义的个人主义之后，女性主义会走向清教主义和对性的否定。她提出的五点行动计划是：第一，工作世界的革命化；第二，创建全国育儿网络；第三，鼓励年轻男性分担家务；第四，援助贫困女性；第五，援助面临性暴力和家庭暴力的女性。[22]

新女性主义接受家庭和异性恋，拥护权力。她们说："你可以得到一切，但你不可以在同一时间得到一切。"它倡导女性要搞好工作与家庭之间的平衡，而不是像过去的女性主义那样常常有意无意地把工作与家庭对立起来。

曾任全美女性组织领袖的弗里丹将当初女性走出家庭的主张定位于"第一阶段"，提出了新女性主义的"第二阶段"学说。她指出：女性在第一阶段外出工作（她称之为找回黑夜）；在第二阶段，女性须与男人一起找回白昼：坚决要求重新获得对曾被称为女性领域的家庭、孩子的人性支配；在工作、工会、公司、职业中加入男人的行列，获得对工作的新的人性的支配。[23]

弗里丹将女性主义的发展图景描绘为走出家庭和回归家庭这样两个阶

段。她说，现代美国女性主义的第一阶段，家务劳动和住房仅仅被看成某种女性主义者想要从中解脱出来的东西。第二阶段应该聚焦于家庭内部及宽泛的、实际上应该说是家庭概念之内的家政革命。

著名女性主义科学家凯勒（Keller）也批评女性主义事事都要讲究政治正确性的做法，批评"冲突伦理"。她主张，不要总是要求人们"选对阵营"，而要注意到人们的差异。她认为："我们不应当总是划分正确与错误。在我看来，这种划分是幻象多于真实，对于完成政治或学术的任务毫无补益。"[24]

在新时期，女性主义应当怎么办？应当做什么来改变现状？新女性主义提出来要做的事情包括下列内容：

——揭露神话：神话之一是世界的男权制秩序一直如此，永远如此。反驳是：男权制有几千年历史，但在它之前有 90% 的历史是男女平等的历史。神话之二是任何改革的努力注定无效，男权制是如此巨大而强有力的，谁的力量也影响不了它。反驳是：在我们的有生之年，个人力量虽然有限，但靠集体力量完全有可能改变现状。

——做出打破制度中性别不平等的努力，包括正确性别平等机会立法；只有立法还不够，还要开展积极的包括具体定额与具体目标的活动；增加对性别问题敏感度。

——探索其他同样被歧视的族群或个人的经验，比较它与女性处境的异同。例如，比较反犹与憎女这两种情况。

——平行思考，把强势者摆在弱势地位。例如，尝试说"四海之内皆姐妹""张玛丽先生""我们天上的母"之类的话语。

——承认男权制的存在，关注男权制的问题，并且做点事来改变它：发出自己的声音，写信，发言。鼓励女性写作，为女性写作，写作女性的生存状态和所思所想。[25]

　　——争取舆论的支持：对那些在公众场所遇到的含有性别歧视内容的笑话说：我不认为这个有什么可笑。

　　——敢于使人感到不舒服，敢于发问：为什么所有的领导都是男人？

　　——公开选择制造另一种途径：要求男人分担家务。

　　——改变男权制的价值观和男性特权。

　　——支持男女同性恋者。

　　——反对种族主义。

　　——不怕做小事。

　　——与其他弱势群体共同工作。

　　——不遵守他人的标准。[26]

银河说 如何看待中国的女性主义

中国的女性主义在全世界女性主义思想阵营中大约也应当被视为一种新女性主义。它的基本目标是争取男女平等的最终实现。

从短期目标看，就是有什么问题解决什么问题。比如，在我们的社会中，比较差的女性参政问题，行政管理人员中女性偏少的问题，女童失学问题，大学女生比例偏低问题，女性就业机会偏少的问题，女性下岗失业比例偏高的问题，女性劳动报酬偏低的问题，出生人口性别比偏高所反映出来的流产女婴、杀害女婴、遗弃女婴问题，女童营养较差的问题，婚后男居制所带来的男女不平等问题，男性不分担家务劳动和女性工作家务双重负担问题，社会观念中的性别刻板印象问题，各类传媒中男权制思想残余问题等。

从长期目标来看，应当从争取两性的和谐发展，到争取性别界限的模糊化，最终使性别作为一个社会分层因素变得越来越不重要，使所有的个人都能使他们的个性得到充分的发展和实现，从而不仅实现男女两性的真正平等，而且实现所有个人在地位上的完全平等。同时最大限度地保留个性的差异，没有一个人会因为自己的性别感到任何一点压抑。

引文注释

［1］Nelson，E. D.and Robinson，B. W.*Gender in Canada*. Prentic-Hall Canada Inc.，Scarborough，Ontario，1999.

［2］弗里丹著，邵文实，尹铁超等译 . 非常女人 . 北方文艺出版社，2000.

［3］同上条

［4］同上条

［5］Dench，G.*Transforming Men，Changing Patterns of Dependency and Dominance in Gender Relations*. Transaction Publishers，New Brunswick and London，1996.

［6］Wood，J.T.*Gendered Lives.Communicarion，Genger，and Culture*. Wadsworth Publishing Company，1999.

［7］见 1 条

［8］同上条

［9］见 2 条

［10］王逢振编 . 性别政治 . 天津社会科学院出版社，2001. （以下有关阿伦特和卢森堡的观点均同见于本书）

［11］Jaggar，A. M.and Young.I.M.*A Comparision to Feminist Philosophy*. Blasckwell Publishers，1998.

［12］Dunphy.R.*Sexual Politics*. Edinburgh University Press，2000.

［13］同上条

［14］同上条

［15］同上条

［16］Nadeau，R. L. *S/He Brain，Science，Sexual Politics，and the Myths of Feminism*. Praeger，Westport，Connecticut，London，1996.

［17］史蒂布编，蒋显璟主译 . 女人语录 . 中国社会科学出版社 / 光明日报出版社，2001.

［18］见1条

［19］见11条

［20］同上条

［21］转引Braidoni, R. *Nomadic Subjects, Embodiment and Sexual Defference in contemporary Feminist Theory*. Columbia University Press, New York, 1994.

［22］见12条

［23］见2条（以下弗里丹的"两个阶段"均同见于本书）

［24］转引自Hopkins, P.D.（ed.）Sex/Machine, Readings in Culture, Gender, and Technology. Indiana University Press, Bloomington and Indianapolis, 1998.

［25］斯坦能著，罗勒译．内在革命．内蒙古人民出版社，1998.

［26］Johnson, A.G.*The Gender Knot, Unraveling Our Patriarchal Legacy*. Temple University Press, Philadelphia, 1997.

282

参考文献

Agger, B.*Gender, Culture, and Power, Toward a Feminist Postmodern Critical Theory*. Pareger, Westport, Conneaicut.London, 1993.

Alcoff, L.and Porter.E. *Feminist Epistemologies*. Routledge, New York and London, 1993.

Altimore, M. *The Social Construction of a Scientific Myth: Pornography and Violence*. Journal of Communication Inquiry, 1991, 15, 1, winter, 117-133.

Amico, E.B. (ed.) *Reader's Guide to Women's Studies*. Fitzroy Dearborn Publishers, Chicago and London, 1998.

Antony, L.M.and Witt, C. (ed.) *A Mind of Ones's Own, Feminist Essays on Reason and Objeaiity*. Westview Press, Boulder. San Francisco, Oxford, 1993.

Ardener, S. (ed.) *Defining Females, the Nature of Women in Society*. Berg Publishers LTD. , Oxford/Providence, 1993.

Assiter, A. *Althusser and Feminism*. Pluto Press, 1990.

Bacchi, C.L.*Same Difference, Feminism and Sexual Difference*. Allen and Unwin, 1990.

Barrett, M.and Phillips, A. (ed.) *Destabilizing Theory.Comemporary Feminist Debates*. Poliry Press, 1992.

Bartky, S.L.*Feminity and Domination Studies in the Phenomenology of*

Oppression. Routledge, 1990.

Battersby, C.*The Pheonmenal Woman.Feminist Metaphysis and the Patterns of Identiry*. Polity Press, 1998.

Bazilli, S. (ed.) *Putting Women on the Agenda*. Ravan Press, Johanneburg, 1991.

Bock, G.and James, S. (ed.) *Beyond Equaliry and Difference*. Roudedge, London and New York, 1992.

Ben, S. L. *The Lenses of Gender, Transforming the Debate on Sexual Inequality*. Yale University Press, New Haven and London, 1993.

Blakemore, C. and Iversen, S. (ed.) *Gender and Society*. Oxford Universiry Press, New York, 2000.

Bonvillain, N.*Women and Men, Cultural Constructs of Gender*. Prentice Hall, New Jersey, 1998.

Braidotti, R.*Nomadic Subjects, Embodiment and Sexual Defference in contemporary Feminist Theory*. Columbia University Press, New York, 1994.

Brodribb, S.*Nothing Mat (t) ers: A Feminist Critique of Postmodernism*. Spinifex Pfess, 1992.

Bryson, V.*Feminist Political Theory*. The Macmillan Press LTD, 1992.

Burbank, Victoria K.*Sex, gender.and difference: Dimensions of aggression in an Australian Aboriinal community*. Human-Nature, 1992, Vol. 3 (3), 251–278.

Butler, J.and Scott, J.W. (ed.) *Feminists Theorize the Political*. Rourledge, New York and London, 1992.

Campbell, K. (ed.) *Critical Feminism, Argument in the Disciplines*. Open

University Press, Buckingham, Philadelphia, 1992.

Chafetz, J.S. (ed.) *Handbook of the Sociology of Gender*. Kluwer Academic/Plenum Publishers, 1999.

Chancer, L.S.*Reconcilable Differences, Confronting Bearty, Pornography, and the Future of Feminism*. University of California Press, Berkeley, Los Angeles, London, 1998.

Chapman, J.*Politics, Feminism and the Reformation of Gender*. Roudedge, London and New York, 1993.

Code, L.*What Can She Know? Feminist Theory and the Construction of Knowledge*. Cornell University Press, Ithaca and London, 1991.

Cornell, D.*Beyond Accommodation. Ethical Feminism, Deconstruction. and the Law*. Routledge, New York and London, 1991.

Connell, D.*Transformations, recollective Imagination and Sexual Difference*. Routledge, New York and London, 1993.

Coole, D.H.*Women in Political Theory, From Ancient Misogyny to Contemporery Feminism*. Harvester Wheatsheaf, 1993.

Cromwell, J.*Transmen and FTMs, Identities, Bodies, Genders, and Sexualities*. University of Illinois Press, Urbana and Chicago, 1999.

Dench, G.*Transforming Men, Changing Parterns of Dependency and Dominance in Gender Relations*. Transaction Publishers, New Brunswick and London, 1996.

Dobash, R.E.and Dobash, R.P.*Women, Violence and Sociial Change*. Routledge, London and New York, 1992.

Donaldson, L.E.*Decolonizing Femnisms, Race, Gender and Empire*

Building. Routledge, London, 1992.

Dunphy, R. *Sexual Politics*. Edinburgh University Press, 2000.

Eckes, T.and Trautner, H.M. (ed.) *The Developmental Social Psychology of Gender*. Lawrence Erlbaum Associates Publishers, Mahwah, New Jersey, London, 2000.

Elshtain, J.B.*Public Man, Private Woman, Women in Social and Political Thought*. Princeton Universiry Press, Prinecton, New Jersey, 1993.

Fine.B.*Women' s Employment and the Capitalist Family*. Routledge, London and New York, 1992.

Finke, L.A.*Feminist Theory, Women' s Writing*. Cornell University Press, Ithaca and London, 1992.

Frankenberg, R.*Whit Women, Race Matters, The Social Construction of Whiteness*. Routledge, 1993.

French, M.*The War Against Women*. Summit Books, 1992.

Gelles, Richard J.:*Violence and Pregnancy: Are Pregnant Women at Greater Risk of Abuse*. Journal of Marriage and the Family, Vol. 50, 3:841–856, Aug, 1988.

Glover, D.and Kaplan, C.*Genders*. Routledge. London and New York, 2000.

Gotz, I.L.*The Culture of Sexism*. Praeger Publishers, 1999.

Groot, J.D.and Maynard, M. (ed.) *Women' s Studies in the I990s: Doing Things Differently?* Macmillan Press Ltd., 1993.

Hall, C.M.*Women and Empowerment, Strategies for Increasing Autonomy*. Hemisphere Publishing Corporation, Washington, Philadelphia,

London, 1992.

Hatfield, S.B.*Gender and Environment*. Routledge, London and New York, 2000.

Harding, J.*Sex Acts, Practices of Femininity and Masculinity*. Sage Publications, 1998.

Herrmann, A.C.and Stewart, A.*Theorizing Feminism, Parallel trends in the Humanities and Social Sciences*. Westview Press, 2001.

Hinds, H., Phoenix, A.and Stacey, J. (ed.) *Working out: New Directions for Women's Studies*. The Falmer Press, London, Washington, D.C., 1992.

Hirschmann, N.J.*Rethingking Obligation, A Feminist Method for Political Theory*. Cornell University Press, Ithaca and London, 1992.

Hopkins.P.D. (ed.) *Sex/Machine, Readings in Culture, Gender, and Technology*. Indiana University Press, Bloomington and Indianapolis, 1998.

Irigaray, I.*Je, tu.nous, Toward a Culture of Difference*. Translated From the French by Alison Martin, Routledge, New York and London, 1993.

Jackson, S.and Scott, S.*Feminism and Sexuality*. A Reader, Columbia University Press, 1996.

Jaggar, A. M. and Young, I. M. *A Comparision to Feminist Philosophy*. Blasckwell Publishers, 1998.

Johnson, A.G.*The Gender Knot, Unraveling Our Patriarchal Legacy*. Temple University Press, Philadelphia, 1997.

Johnson, K. A. *Women, the Family, and Peasant Revolution in China*. Universiry of Chicage Press, London, 1983.

Jones, K. B.*Compassionate Authority, Democracy and the*

Representation of Women. Routledge, New York and London, 1993.

Kate, C.and Monk. J. (ed.) *Full Circles, Geographies of Women Over the Life Course*. Routledge, london and New York, 1993.

Keller, E. F. *Gender and science: 1990*. in The Great Ideas Today, Encyclopedia Britannica, 1990.

Kirkham, P. (ed.) *The Gendered Object*. Manchester Univefsity Press, Manchester and New York, 1996.

Kourany, J. A. et al. (ed.) *Feminist Philosophies*. Prentice Hall, New Jersey, 1992.

Lawrence, Lee Adair: *Brave and batrered, Far Eastern Economic Review*. Vol I 57, Iss 32, Aug 11, 1994:48–49.

Lugo, A. and Maurer, B. (ed.) *Gender Matters*. Rereading Mechelle Z.Rosaldo, The University of Michican Press. Ann Arbor,2000.

Mackinnon, C. A. *Toward a Feminst Theory of the State*. Cambridge: Havard University Press, 1989.

Machinnon, K.*Uneasy Pleasures, the Male as Erotic Objea*. Cygnus Arts, London, 1997.

Martin, R. "Truth, Power, Self: An Interview with Michel Foucault, October, 25, 1982" in Martin, L. H. et al. (ed.) *Technologies of the Self: A Seminar with Michel Foucault*. Amherst: Universiry of Massachusetts Press, 1988.

Mathew, A. *Faif Sex in Unfair Society, Ashish Publishing House*. New Delhi,1992.

Mcloughlin, J.*Up and running, Women in Business*. Virago Press, 1992.

288

Mayer, T (ed.) *Gender Ironies of Nationalism, Sexing the nation*. Routledge, London and New York, 2000.

McNay, L. *roucault and Feminism: Power, Gender and the Self*. Polity Press, 1992.

Meyers, D. T. (ed.) *Feminist Social Thought: A Reader*. Routledge, New York and London,1997.

Miller C.with Treitel, C. *Feminist Research Methods*. An Annotated Bibliography, Greenwood Press,1991.

Minas, A. (ed.) *Gender Basics, Feminist Perspectives on Women and Men*. Wadsworth, 2000.

Mosse, J. C.*Half the World Half a Chance, An Introduction to Gender and Development*. Oxfam, 1993.

Muehlenhard, Charlene L. and Limon, Melaney A.: *Date Rape and Sexual Aggression in Dating Situations: Incidence and Risk Facors*. Journal of Counseling Psychology, Vol. 34, 2:186–196, Apr., 1987.

Myers, K. A., Anderson, C.D.and Risman, B.J. (ed.) *Feminist Foundations, Toward Transforming Sociology*. Sage Publications. Ihousond Oaks, London, New Delhi, 1998.

Nadeau, R.L.*S/He Bfain, Science, Sexual Politics, and the Myths of Feminism*. Praeger, Westport, Conneaicut, London, 1996.

Nelson, E. D.and Robinson, B. W. *Gender in Canada*. Prentic-Hall Canada Inc., Scarborough.Ontario, 1999.

Northcutt, C.A.*Successful Career Women, their Professional and Personal Characteristics*. Greenwood Press,1991.

O' Farrell, M.A.and Vallone, L. (ed.) *Virtual Gender, Fantasies of Subjectivity and Embodiment*. The Universiry of Michigan Press, Ann Arbor, 1999.

Ollenburger, J.C.and Moore, H. A.*A Sociology of Women, The Intersection of Patriarchy, Capitalism and Colonization*. Prentice Hall, 1998.

Ostefgaard, L. (ed.) *Gender and Development, A Practical Guide*. Routledge, London and New York,1992.

Pearsall, M. *Women and Values, Readings in Recent Feminist Philosophy*. Wadsworth Publishing Company,1993.

Peden, Lauren David: *What Evefy Woman Needs to Know About Personal Safety*. McCall' s, Vol.:119, Iss:8, Date:May 1992:72–78.

Person, E.S.*the Sexual Century*. Yale Univefsity Press, New Haven and London, 1999.

Peterson, V S.and Runyan, A.S.*Global Gender Issues*. Westview Press, 1993.

Plant, J. (ed.) *Healing the wounds: The Promise of Ecofeminism*. New Society Publishers, Philadelphia, PA, 1989.

Plumwood, V. *Feminism and the Mastery of Nature*. Routledge, London and New York, 1993.

Rai.S., Pilkington, H. and Phizacklea, A. *Women in the Face of Change, The Soviet Union, Eastern Europe and China*. Routledge, London and New York, 1992.

Rakow, L. F. (ed.) *Women Making Meaning, New Feminist Directions in Communication*. Roudedge, New York, London, 1992.

Ramazanoglu, C. (ed.) *Up against Foucault, Explorations of Some Tensions Between Foucault and Feminism*. Routledge, London and New York, 1993.

Reinharz, S. *Feminist Methods in Social Research*. Oxford University Press, 1992.

Richardson, D. and Robinson, V. (ed.) *Introducing Women's Studies*. macmillan, 1993.

Robinson, V. and Richardson. D. (ed.) *Introducing Women's Studies, Feminist Theory and Practice*. MacMillan, 1997.

Saulnier, C. F. *Feminist Theories and Social Work, Approaches and Applications*. The Haworth Pfess.New York, London, 1996.

Sawichi, J. *Disciplining Foucault, Feminism, Power, and the Body*. Routledge. New York, London,1991.

Scheman, N. *Engenderings. Constructions of Knowledge, Authority, and Privilege*. Routledge, New York, London, 1993.

Schubert.G.*Sexual Politics and Political Feminism*. JAI Press Inc., 1991.

Senn. Charlene Y., and Radtke, H. *Lorraine: Women's evaluations of and affective reactions to mainstream violent pornography, nonviolent pornography, and erotica, Violence-and-Victims*. 1990, Fal., Vol. 5(3):143–155.

Shams, S. (ed.) *Women.Law and Social Change*. Ashish Publishing House, 1991.

Shapiro, W.and Linke, U. *Denying Biology, Essays on Gender and Pseudo-Procreation*. University Press of America, Inc., Lanham.New York, London, 1996.

Singer, L.*Eroric Welfare, Sexual Theory, and Politics in the Age of Epidemic*. Routledge, New York and London, 1993.

Smith, S., and Watson, J. (ed.) *De/Colonizing the Subjea*. Universiry of Minnesota Press, Minneapolis, 1992.

Stacey, J. *Patriarchy and Socialist Revolution in China*. Nuiversity of California Press, 1983.

Stearns, P.N. *Gender in World History*. Routledge, London and New York, 2000.

Sterling, A.F. *Sexing the Body, Gender Politics and the Construction of Sxualiry*. Basic Books, New York,2000.

Swann, W.B.Jr., Langlois, J.H.and Gilbert, L. A. (ed.) *Sexism and Stereotypes in Modern Sociery*. American Psychological Association, Washington, D.C., 1999.

Turner, W.B.*A Genealogy of Queer Theory*. Temple Universiry Press, Philadelphia,2000.

Tinker, I. (ed.) *Persistent Inequalities, Women and World Development*. Oxford University Press, New York, Oxford, 1990.

Tripp, A. (ed.) *Gender*. Palgrave, 2000.

Waterman, Caroline K., Dawson, Lori J., and Bologna, Michael J. : *Sexual Coercion in Gay Male and Lesbian Relationships: Predictors and Implicarions for Support Services*. Journal of Sex Research, 1989, 26, 1, Feb., 118–124.

Waters, M. *Modern Sociological Theory*. Sage Publications, 1994.

Watson P. "The rise ofFmasculinism in eastern Europe" , New Left

Review 198, March/April 1993:71–82.

Weedon, C. *Feminism, VIheory and the Politics of Difference*. Blackwell Publishers, 1999.

Wetzel, J. W.*The World of Women.in Pursuit of Human Rights*. Macmillan, 1993.

White, Garland F., Katz, Janet, and Scarborough, Kathryn E. *:the impact of professional football games upon violent assaults on women*. Violence and Victims, 1992, Sum, Vol.7（2）:157–171.

Wood, J.T.*Gendered Lives, Communication, Genger, and Culture*. Wadsworth Publishing Company, 1999.

埃利斯著. 尚新建，杜丽燕译. 男与女. 中国文联出版公司, 1989.

埃伦赖特等著. 疾病和错乱——疾病的性别政治学. 女性与发展, 1993.

爱森堡等著. 屈小玲，罗义坤等译. 了解女性, 光明日报出版社, 1990.

巴雷特. 关于马克思主义女权运动理论概念的分析. 国外社会科学, 1983（3）: 48–49.

鲍晓兰. 西方女性主义研究评介. 三联书店, 1995.

倍倍尔著. 葛斯，朱霞译. 妇女与社会主义. 中央编译出版社, 1995.

布鲁玛著. 张晓凌，季南译. 日本文化中的性角色. 光明日报出版社, 1989.

程绍珍. 宋庆龄民主革命时期的女性解放思想. 郑州大学学报, 1991（5）: 80–84.

大成. 最早的民间女性社团女人社. 光明日报, 1993-09-26.

恩格斯. 家庭、私有制和国家的起源. 人民出版社, 1972.

弗里丹著，程锡麟等译. 女性的奥秘. 四川人民出版社 ,1988.

弗里丹著，邵文实，尹铁超等译. 非常女人. 北方文艺出版社，2000.

盖格农著，李银河译. 性社会学. 河南人民出版社，1994.

格里尔著，欧阳昱译. 女太监. 漓江出版社，1991.

国家统计局. 中国的女性与男性. 中国统计出版社，1995.

国务院人口普查办公室. 国家统计局人口统计司编. 中国 1990 年人口普查资料. 中国统计出版社，1993.

哈斯等著，王炳强，赵西苑等译. 工人出版社，1989.

海德著，陈主珍等译. 妇女心理学. 广东高等教育出版社，1987.

海斯著，孙爱华，唐文鸿译. 危险的性. 上海人民出版社，1989.

韩志俊等. 我国近代史上三次女性文化教育运动探讨. 唐都学刊，1989（3）：71-76.

贾格尔等. 女性主义理论概览. 国外社会学，1989（1）：53-58.

凯查杜里安著，李洪宽等译. 人类学基础. 农村读物出版社，1989.

况世英等. 应当重视女性智力的开发. 人才与现代化，1988（4）：16-18.

拉里亚等著，张丛元等译. 人类性心理. 光明日报出版社，1989.

雷泽蒂等. 性别与健康. 女性与发展，1993.

李小江. 解读女人. 江苏人民出版社，1999.

陆颂和. "改变对女性的态度"方案. 中国女性报，1986-09-05.

伦伯特. 从女性的角度看女性健康：文献的回顾. 女性与发展，1993.

马凡. 女性解放岂能以男性标准为转移? 中国女性报，1988-03-18.

马庚存. 民国初年新旧势力较量中的女性运动. 青岛大学学报，1991（3）：44-49

马克思，恩格斯. 马克思恩格斯选集. 第 4 卷，人民出版社，1995.

美国总统经济顾问委员会. 从经济角度看美国劳动大军中的女性. 经济译文. 1988（2）：13-16.

孟宪范. 改革大潮中的中国女性. 中国社会科学出版社, 1995.

米德著, 宋正纯译. 性别与气质. 光明日报出版社, 1989.

穆勒著, 汪溪译. 妇女的屈从地位. 商务印书馆, 1995.

牧原编. 给女人讨个说法. 华龄出版社, 1995.

潘允康编. 中国城市婚姻与家庭. 山东人民出版社, 1987.

钱明怡等编. 女性心理与性别差异. 北京大学出版社, 1995.

塞威特兹等著, 陈泽广译. 性犯罪研究. 武汉出版社, 1988.

沈智. 辛亥革命时期的女知识分子. 上海社会科学院学术季刊, 1991 (4): 57-66.

斯坦能著, 吕政达译. 行动超越语言. 内蒙古人民出版社, 1998.

斯坦能著, 罗勒译. 内在革命. 内蒙古人民出版社, 1998.

宋兆麟. 共夫制与共妻制. 上海三联书店, 1990.

苏南. 保证比例仅仅是临时政策. 中国女性报, 1988-03-14.

坦娜希尔著, 童仁译. 历史中的性. 光明日报出版社, 1989.

陶春芳等编. 中国女性社会地位概观. 中国女性出版社, 1993.

王逢振编. 性别政治. 天津社会科学院出版社, 2001.

王新田. 中国近代女学发展概说. 镇江师专学报, 1990 (4): 16-18.

王政. 美国女性健康运动的起因与发展. // 中国女性与发展: 地位、健康、就业. 河南人民出版社, 1993.

韦克斯著, 齐人译. 性, 不只是性爱. 光明日报出版社, 1989.

沃格尔. 马克思主义和社会主义女权理论. 现代外国哲学社会科学文摘, 1987 (5): 61-64.

沃斯通克拉夫特著, 王蓁译. 女权辩护. 商务印书馆, 1995.

沃特金斯著, 朱侃如译. 女性主义. 广州出版社, 1998.

席露丝. 英国女性的生活和愿望. 环球，1981（9）：6-7.

晓黎. 美国职业女性的又一种磨难. 中国女性，1981（8）：42-43.

徐南. 女性成才的障碍及对策初探. 理论与现代化，1991（6）：37-39.

中华人民共和国国务院新闻办公室. 中国女性的状况. 人民出版社，1994.

中华人民共和国国务院. 中华人民共和国执行《提高女性地位内罗毕前瞻性战略》国家报告. 人民日报，1994-10-11.